U0513107

SCC/WTO 全球贸易与投资监控系列研究成果　主编／王新奎

2024 年全球贸易投资与产业运行监控报告

美欧贸易技术委员会机制下的规则协调

黄　鹏　林惠玲　伍穗龙　阮淑慧
常丽娟　徐丽青　梅盛军　侯佩尧　杨　洁／著
上海市开放战略研究中心（上海 WTO 事务咨询中心）

上海人民出版社

目　　录

前　　言

　　经济全球化特别是过去二十多年来以制造业全球价值链展开和深化为基本动力的经济全球化高速发展,对世界经济格局及众多经济体带来了深远影响。特别是在以效率优先为前提的跨国公司全球生产布局为主要驱动因素、以全球价值链分工"分层式生产"和"任务贸易"为基本特征的上一轮经济全球化进程,被滥用的日益增长的技术力量与人类社会演进之间的冲突、地区民族国家的政治利益与资本的全球化利益之间的冲突,以及人类无限制的资源消耗与其赖以生存的生命圈之间的冲突等资本主义工业文明发展的三大内在冲突愈发尖锐,并催生出全球经济"再平衡"、数字转型、绿色转型等经济全球化发展新趋势。这一大背景下,以美国为首的发达经济体正以"协调单边主义"的方式加快对全球经贸规则的重构,而与重点贸易伙伴间就国际经贸规则领域的规则谈判与协调,已成为本轮美欧等发达经济体重构全球经贸规则的重要范式。

　　拜登政府上台后,在处理与盟友间经贸关系过程中有别于前任总统特朗普,提出并贯彻"新华盛顿共识",舍弃传统的通过以市场开放、商品及服务减让为核心的自由贸易协定模式,构建美欧贸易技术委员会(TTC)、印太经济框架(IPEF)、非洲经济繁荣框架(APEP)等机制,重点与欧盟、印太、非洲、南美等地区经济体开展国际经贸规则的重构与协调。该模式作为拜登政府时期与盟友协同的新范式,呈现出协调形式灵活、协调内容广泛且原则、协调目标明确的特征。其中,2021年宣告启动的美欧贸易技术委员会是美国与发达经济体规则协调的典型代表,成为拜登政府时期美国与盟友协调规则重构的重要平台与载体。

　　至今,美欧贸易技术委员会共已召开六次会议。美国与欧盟双方已就技术标准、气候和清洁技术、安全供应链、信息和通信技术与服务安全和竞争力、数据治理和技术平台、滥用技术以威胁安全和人权、出口管制、投资审查、促进中小企业获得和使用数字工具以及全球贸易挑战十个议题展开充分协调,并取得若干成果。虽然在协调议题推进过程中,美欧基于自身利益对不同议题所取得的成果进度不一,但总体上已经反映了在全球经贸规则重构的上述十个重点方面,并清晰明确了未来规则协调与重构的方向。

在全球化日益深化发展、全球经贸规则重构从多边回归单边的过程中,尽管随着美欧等经济体政府的更迭,全球经贸规则重构的方式可能会出现新的变化和调整,如美欧贸易技术委员会是否会存续也存在一定的变数,但美欧预期基于该机制所重点协调的国际经贸规则体系及其方向却是相对稳定的。本研究报告将重点梳理、分析美国与欧盟两大经济体在美欧贸易技术委员会机制下的十大重点领域规则协调的进展、内容与内涵。

摘　　要

　　本报告重点分析与梳理美欧两大经济体在美欧贸易技术委员会机制（以下简称"美欧 TTC 机制"）下的规则协调进展、内容与内涵。依据美欧贸易技术委员会机制对议题的分类，相关规则协调内容主要包括如下十个方面：

　　第一章讨论"技术标准"。美欧在 TTC 第一工作组——技术标准工作组下主要就人工智能、量子和 6G 等新兴技术领域的标准合作取得一定进展。依托 TTC 机制，美国与欧盟取得了共同发布《可信赖的人工智能和风险管理评估和测量工具联合路线图》，合作开发旨在保护隐私的人工智能技术以及联合开展人工智能对劳动力影响的经济研究等成果。

　　为达到 TTC 技术标准工作组设定的目标，美欧双方近年来也各自采取了系列措施。一方面，美国在人工智能（AI）标准、量子计算以及 6G 频谱等领域进展显著，包括发布了《AI 风险管理框架》（AI RMF 1.0），《人工智能权利法案蓝图》（Blueprint for an AI Bill of Rights）等旨在保护个人在 AI 系统中的权利的相关框架与方案；开发量子计算、量子通信和量子密码学的标准和指南；启动关于 6G 频谱管理的前期准备工作，特别是针对超高频（THz）频段的研究等相关工作。另一方面，欧盟也积极通过出台相关立法或战略推进其在美欧 TTC 机制下的承诺的协调目标。例如在人工智能技术标准领域，欧盟委员会宣示基于"风险基础监管模式"研究制定人工智能全面性监管专门立法，《欧盟人工智能法》也于 2024 年 5 月正式生效等。

　　第二章讨论"气候和清洁技术"。美欧 TTC 机制下的第二工作组——气候和清洁技术工作组关注技术在应对气候变化方面的作用，重点支持清洁技术的研发、技术性措施和标准的兼容与合作。目前，美欧在绿色公共采购以及电动汽车和智能电网的互操作性方面的合作取得了阶段性的成果，具体包括双方在 2024 年 4 月 5 日第六次美欧 TTC 部长级会议上公布的《美国—欧盟绿色公共采购最佳做法联合目录》以及 2023 年 5 月联合制定发布《政府资助实施电动汽车充电基础设施的跨大西洋技术建议》等成果。但总体而言,该工作组下实质性的进展仍然比较缓慢,进一步影响了美欧在绿色贸易政策上的协同以及与产业部门的技术性合作。例如在绿色公共采购和电动汽车领域,双方取得的部分成果仍停留于技术性的政策建议,对双方的约束力小且涉及的范围比较有限,效果需取决于双方后续的实践;又如在温室气体排放计算方法上,双方的对话开启三年有余但仍未达成共识。

为达到 TTC 技术标准工作组设定的目标,美欧双方近年来也采取了系列措施,但从双方近年来各自采取的措施看,美欧更为关心各自绿色产业的安全和竞争力,分歧大于合作。例如美国的《基础设施投资与就业法》《通胀削减法》等,欧盟《绿色协议产业计划》项下的系列立法,均从不同层面增加了对清洁技术研发和产业本土化生产的支持力度;又如在清洁能源领域以及技术和标准合作方面美欧虽然取得了诸多共识,但总体推动不足,美欧双边的关键矿产协议以及可持续钢铝全球贸易安排尚未达成乃是例证。

第三章讨论"安全供应链"。作为美欧 TTC 机制下的第三工作组——安全供应链工作组的任务是在关键部门推进各自的供应链复原力和供应安全,以促进绿色和数字转型并确保对公民的保护。为此,美欧双方在如下几个领域进行合作并取得了阶段性的协调成果:在半导体领域,建立供应链预警和监测机制以及交流补贴信息和避免补贴竞赛;在太阳能领域,促进供应链透明度,为投资新产能或振兴目前闲置的产能创造经济激励;在关键矿产领域,开始谈判一项关键矿产协议,以促进绿色转型、加强经济安全、加强国际关键矿产供应链中的环境保护和劳工权利。

同时,为达到 TTC 技术标准工作组设定的目标,美欧双方近年来也采取了系列措施,以保证供应链复原力及安全性。美国方面,其通过出台《芯片和科学法》,提出多个针对美国半导体产业的扶持办法,同时又通过《基础设施投资和就业法》调集资源,解决关键矿物供应链的脆弱性,并为国内生产稀土磁铁提供激励;还通过扩大多边外交接触、推进印太经济框架(IPEF)、建立关键矿产供应链联盟和利用美国国际开发金融公司(DFC)及其他融资工具,与盟友和合作伙伴一起支持供应链弹性。欧盟方面,其发布了《欧洲新产业战略》文件,提出了增强单一市场弹性和确保供应链安全的措施;又通过《芯片法》,强化欧洲芯片生产能力,建立芯片设计生态系统并支持芯片产业链创新,并为加强欧盟层面的半导体生态系统建立了一个框架;同时通过《关键原材料法》,促进欧盟关键原材料的提取、加工和回收,减少依赖并加强准备,确保欧盟能够获得安全、多样化、可负担和可持续的关键原材料供应;还通过《净零工业法》提高在关键净零技术领域的本土制造产能。

　　第四章讨论"信息和通信技术与服务安全和竞争力"。作为美欧 TTC 机制下的第四工作组——信息和通信技术与服务安全和竞争力工作组的目标包括支持合作伙伴发展安全的数字基础设施、确保未来的通信技术符合美欧的关键原则和价值观,以及寻求解决 ICTS 供应链所有层面和要素安全的方法三个方面。自美欧 TTC 机制启动以来,美国和欧盟双方依托该工作组,加紧协调进展,为达成上述目标而积极推进在信息通信技术和服务安全和竞争力方面的各项工作,并且也已经实现了可交付的阶段性工作成果。例如在为第三国数字基础设施提供公共融资合作方面,双方重点加强了与公共筹资机构、发展融资银行等机构的合作,通过与牙买加、肯尼亚、哥斯达黎加和菲律宾各自政府和利益相关者的合作,切实履行了对这四个国家的包容性 ICTS 项目的支持,并且正在协调和探索对突尼斯依靠可信供应商建立安全数字连接和基础设施的融资方式。又如在有关未来通信技术的合作方面,双方就 6G 的共同愿景和路线图积极采取行动,已经在第六次 TTC 部长级会议上正式通过了联合 6G 愿景,并且还计划与其他志同道合的伙伴制定计划推动 6G 网络的发展。

　　除了上述双方在跨大西洋合作方面的努力和进展之外,双方也在积极开展内部和外部的协调,推动 ICTS 供应链方面的政策目标。如,在支持合作伙伴发展安全的数字基础设施方面,美国和欧盟近年来在加大内部基础设施投资力度的基础上,先后推出多项全球性基础设施建设方案,倡导绿色、透明、善治和高标准等原则,聚焦气候、健康和卫生安全、现代化数字技术等领域。美国联合七国集团(G7)先后提出了"重建更好世界"的全球基建倡议,以及援助发展中国家基建的"全球数字基础设施与投资伙伴关系"。欧盟通过整合欧盟及其成员国现有的海外全球基础设施投资计划,提出了投资海外基础设施的总体计划——"全球门户"计划。在确保未来的通信技术符合其关键原则和价值观方面,美国政府和欧盟各自都加紧采取措施推动 5G、6G 等未来通信技术的研发,力图争夺 6G 的领导者地位等。

　　第五章讨论"数据治理和技术平台"。在美欧 TTC 机制的推动下,第五工作组——数据治理和技术平台工作组专注于数据治理和技术平台治理的协调与合作,明确了双方在平台监管、内容控制以及透明度方面的共同关切,并取得了一系列重要进展。成果涵盖数据隐私、跨境流动、数据安全技术、平台责任、透明度、在线内容管理、平台竞争和人工智能治理等多个方面。如在数据治理方面,双方致力于确保跨境数据的安全流动,并尊重彼此的法律框架。通过签署《欧盟—美国数据传输保护框架》等协议,为数据流动提供了法律保障,并推广隐私增强技术以保障用户隐私。又如在 AI 治理领域,双方构建了基于风险管理的协调框架,共同开发可信赖的 AI 系统,并推进 AI 在特定领域的应用合作。双方在测量和评估机制、AI 在特定领域的应用合作以及关于 AI 对劳动力影响的经济研究等方面取得了显著进展。未来,双方还将继续加强 AI 法规的协调,促进 AI 技术跨大西洋市场的无缝应用,并推动 AI 研究与数据共享的合作。

除上述双方在跨大西洋合作方面的努力和进展之外,美欧亦在数据治理和技术平台治理领域采取了多项措施。美国多个州如康涅狄格州、犹他州和华盛顿州等,通过了类似欧盟《通用数据保护条例》(GDPR)的隐私法规。同时,美国联邦贸易委员会也进一步加强了对金融、健康和儿童数据的隐私保护。此外,美国司法部和联邦贸易委员会针对大型科技公司的反垄断调查和诉讼力度加大,确保平台对内容管理和用户隐私承担更多责任。而欧盟则通过一系列立法进一步完善数据治理和技术平台的监管体系,例如《数据法》和《数据治理法》明确了数据共享和流动的规则,推动了对物联网数据、非个人数据以及工业数据的再利用,确保数据在欧盟内外的透明流动;又如在技术平台责任方面,欧盟通过《数字服务法》和《数字市场法》进一步加强对平台责任和透明度的监管,要求平台公开算法和内容审核信息,并对垄断行为实施更严格的审查。

第六章讨论"滥用技术以威胁安全和人权"。美欧通过 TTC 第六工作组——滥用技术以威胁安全和人权工作组在滥用技术威胁安全和人权问题上取得了一定协调成果。双方在多个关键领域达成合作共识,特别是在应对非法监控、互联网封锁以及外国信息操纵等方面。双方一致认同,必须通过立法和保障措施来保护公民免受非法监控的侵害,并推动企业在提供监控产品时履行对人权的责任,确保这些技术不被滥用。此外,美欧还专注于保护在线人权维护者免受网络威胁,特别是在防止污名化、骚扰和审查等行为上,双方承诺继续加强合作,确保维护者的言论自由和集会权利。

为了推进 TTC 第六工作组的各项工作,美国和欧盟也都积极采取单边措施。美国加强对监控技术的管控,防止其被滥用于侵犯人权,推出了《政府使用监控技术指导原则》和《商业行为与人权国家行动计划》。同时,美国还设立了"反审查技术基金",资助开发反审查工具,帮助全球人权维护者自由上网。此外,美国还修改了相关制裁法规,确保封闭社会能够获取互联网通信服务。通过"国际互联网自由倡议",美国进一步支持全球互联网自由。欧盟则采取了系列措施:为加强对监控技术的监管,确保其不会被用于侵犯人权,通过了《打击间谍软件滥用决议》和《企业可持续尽职调查指令》;发布了《欧洲数字权利和原则宣言》,通过立法保护人权维护者,特别是女性维护者,免受网络暴力的侵害;为应对信息操纵行为,成立了FIMI信息共享中心,推动成员国与私营部门之间的合作;通过"EUvsDisinfo"项目,积极打击虚假信息,并与全球科技公司合作,增加政治广告透明度,特别是在选举期间的透明度;针对俄罗斯的技术滥用行为,实施了媒体限制措施,禁止其传播虚假信息,并支持乌克兰反击虚假信息。

第七章讨论"出口管制"。美欧 TTC 机制通过设置第七工作组——出口管制工作组,加强出口管制领域的信息交流和监管合作,确定出口管制合作的共同原则和领域,解决共同的技术竞争和国防安全关切。同时,美欧还致力于在 G7 等"志同道合"的伙伴间推动更广泛的出口管制协调成果。目前,美欧 TTC 共同限制了与俄罗斯和白俄罗斯的贸易,采取了一系列经济制裁措施,限制两用物品和战略技术的出口。

除在 TTC 开展双边协调外,美欧还致力于在 G7 等"志同道合"的伙伴间推动更广泛的出口管制协调成果。例如,美国联合主要的芯片制造经济体日本、韩国及中国台湾组成"Chips 4 联盟",共同强化半导体产业的出口管制。此外,2023 年 5 月的 G7 广岛峰会也关注出口管制领域的合作,其强调"出口管制是解决对军事应用至关重要的技术转移以及威胁全球、地区和国家安全的其他挑战的一个基本政策工具。G7 申明在微电子和网络监控系统等关键和新兴技术的出口管制方面进行合作的重要性"。

除 TTC 出口管制领域的协调外,美欧又分别通过各自的国内举措进一步完善各自出口管制体系。总体而言,美国的出口管制立法体系要比欧盟更加严格全面,凸显出较强的"技术民族主义"色彩。虽然美欧在出口管制领域的立法进度和表现形式存有差异,但二者存在着共同的利益关切,主要聚焦于针对中国的技术竞争关切,表现为在半导体产业和量子计算等领域的严格出口管制;以及针对俄罗斯的国防安全关切,表现为在无人机、地图测绘等军民两用技术上的严格出口管制。

第八章讨论"投资审查"。当前,美欧 TTC 机制已成为双方就投资审查议题开展信息交流以形成共识,协同国内措施以及开展联合行动的重要协调机制,也是美欧基于"共同价值观"在 G7 等跨大西洋两岸的诸边平台推行更广泛制度合作的起点,从而以双边协调推动诸边协调,最终形成投资审查领域的协调单边主义。但需要指出的是,基于 TTC 或 G7 形成的美欧投资审查协调机制更多将重点置于相关信息的交流等方面,一个系统或联动性的美欧投资审查协同体系尚未正式确立。

但在各自推进相关协同目标问题上,美欧各自做了更多工作,并基于自身利益采取了不同的路径与方式。美国在专项式立法受阻的情况下,运用灵活的嵌入式立法和扩权式执法先于欧盟开展了对外投资审查,并充分强化了外资安全审查的执法权力;而欧盟囿于其多边主义与自由贸易的传统,以及成员国投资审查主权的协调难度,依然专注于立法升级这一项路径,且在审查资本流入和流出两个维度上的立法进度都要落后于美国。但值得注意的是,通过在 TTC 的沟通协调,美欧各自的投资审查制度规则呈现出了高度协同性,体现在审查场景、审查重点和审查目标三方面:从审查场景看,美欧的投资审查制度都呈现出从资本流入向资本流出场景的蔓延趋势;从审查重点看,美欧的投资审查重点领域都是关键与新兴技术;从审查目标看,美欧的投资审查制度都具有明显的对华制度性制衡目标。

第九章讨论"促进中小企业获得和使用数字化工具"。促进中小企业获得和使用数字技术工作组是美欧 TTC 机制下的第九工作组。美国和欧盟期望以该工作组为切入点,通过与中小企业的沟通了解其需求、经验、战略和最佳实践,并根据这些沟通内容进行分析和研究,进一步提升各自中小企业在跨大西洋和全球范围的竞争力。截至目前,该工作组已基本完成了工作计划的内容。例如工作组已根据工作计划在美国和欧盟举办了多次外联活动和网络研讨会以了解中小企业和需求及其所面临的挑战,制定了关于中小企业获得和使用数字工具的最佳实践指南,并且为美国和欧盟的政策制定者制定了关于加速中小企业获得和吸收数字工具的联合政策建议。此外,在第三次 TTC 部长级会议之后,美国和欧盟还额外启动了"人才促进增长特别工作组"(Talent for Growth Task Force),为数字转型和经济增长培养人才。

为了推进 TTC 第九工作组的各项工作,美国和欧盟也都积极采取单边措施,不仅通过外联活动听取中小企业的意见,还积极寻求各类组织或联盟的相关政策建议。美国小企业管理局通过宣传办公室举办了一系列外联会议,听取小企业意见并为政策制定者提供相关情况信息,并且通过成立公司合作伙伴关系,帮助小企业通过免费数字工具扩大影响力。欧盟相关组织机构不仅积极举行外联活动,听取欧洲不同组织或联盟(如数字欧洲、欧盟美国商会)对美欧合作路线图的建议和意见,还制定专门战略和推动政策措施来帮助欧洲中小企业摆脱数字化转型升级过程中遇到的困难。欧盟先后发布了中小企业战略以及全面的中小企业救助计划,计划包括改善监管环境,简化行政流程,促进投资,劳动力发展等方面的一系列立法和非立法措施。

第十章关注"全球贸易挑战"。 全球贸易挑战工作组是美欧 TTC 机制下的第十个工作组,其重点关注当前全球存在的影响贸易活动的各类情形,并将非市场经济政策和做法、经济胁迫、新的贸易壁垒、与贸易有关的劳工及环境和气候问题视为全球贸易面临的最突出挑战。

该工作组下,美欧在应对全球贸易挑战上的协调任务主要包括如下三个方面:一是对当前构成全球贸易挑战的情形进行认定并交流应对信息,二是确保对各自实施的应对政策的进展和目标效果的知情,三是寻求对各自采取的应对和监管措施的理解以及避免新的贸易壁垒。目前,美欧 TTC"全球贸易挑战"工作组质性的协调成果不多,更多表现为统一立场,并进一步通过多边和区域平台推动共识以及充分调动各自内部政策工具的运用。例如在应对非市场经济政策和做法方面,分享对美国和欧盟工人和企业构成特别挑战的非市场扭曲性政策和做法的信息并交流有效的应对工具;在应对贸易与劳工问题方面,共同支持促进在多边论坛上合作,包括打击童工和强迫劳动,以及在世贸组织(WTO)渔业补贴谈判中将劳工问题考虑进去。

另外,美欧双方已经将对上述各类挑战的应对均较为一致地内化到了各自的法律政策当中,并加强了针对性的立法或执法。例如在针对强迫劳动产品的禁止性立法方面,美国近年来出台的《基础设施投资和就业法》《2022 财年国防授权法》等均涉及强迫劳动的规则,欧盟的《欧盟市场禁止适用强迫劳动产品条例》也在2024 年取得了进展。但值得指出的是,在此类行动中,美欧也存在一定的政策倾向差异。表现之一是,在应对所谓"经济胁迫"问题上,美国作为时常采取经济制裁措施的国家,其打击经济胁迫的相关立法提案旨在与其盟友和伙伴共同应对贸易中的经济胁迫;欧盟于 2023 年 12 月 27 日生效的《欧盟反经济胁迫工具》则立足于其自身以及成员国的合法主权选择不受干扰;表现之二,是在处理与贸易有关的劳工问题上,美国尤其注重在贸易活动中嵌入劳工标准,且针对中国的意图明显;而欧盟在侧重环境标准时也兼顾劳工人权问题。

本报告认为，作为美国拜登政府时期与盟友协调的一种新范式，美欧 TTC 机制在规则协同方面发挥了较为重要的作用。虽然在具体协调议题推进过程中，美欧基于自身利益对不同议题所取得的成果进度不一，且美欧贸易技术委员会日后是否会存续也存在一定的变数，但美欧预期基于该机制所重点协调的国际经贸规则体系及其方向大概率是日后全球经贸规则重构的方向与重点，值得高度重视与关注。

第一章　技 术 标 准

当前,技术的迅速发展使美欧在新兴技术领域建立基于所谓"共同价值观"的跨大西洋合作变得更加紧迫。2021 年 9 月召开首次会议后,在美欧贸易技术委员会(以下简称 TTC)设立的十个工作组中,"技术标准工作组"被列为第一工作组。根据 TTC 首次会议后联合声明内容,TTC 技术标准工作组的任务是为双方制定关键和新兴技术标准的协调和合作方法,包括人工智能和其他新兴技术,从而保护在关键和新兴技术的国际标准活动中的共同利益。[①]基于该共同目标,美欧通过 TTC 积极构建正式和非正式的合作机制,以分享有关特定技术领域的技术建议信息,并寻求协调国际标准活动的机会。

从美欧 TTC 技术标准下的协调成果看,美欧在 TTC 技术标准工作组下主要就人工智能、量子科学和 6G 等新兴技术领域的标准合作取得一定进展。依托 TTC 机制平台,美国与欧盟共同发布了《可信赖的人工智能和风险管理评估和测量工具联合路线图》,合作开发旨在保护隐私的人工智能技术以及联合开展人工智能对劳动力影响的经济研究等成果。

为进一步达至 TTC 技术标准工作组下的目标,双方近年来也各自采取了系列措施。一方面,美国在人工智能(AI)标准、量子计算以及 6G 频谱等领域进展显著,包括发布了《AI 风险管理框架》(AI RMF 1.0)、《人工智能权利法案蓝图》(*Blueprint for an AI Bill of Rights*)等旨在保护个人在 AI 系统中的权利的相关框架与方案;开发量子计算、量子通信和量子密码学的标准和指南;启动关于 6G 频谱管理的前期准备工作,特别是针对超高频(THz)频段的研究等相关工作。另一方面,欧盟也积极通过出台相关立法或战略推进其在 TTC 承诺的协调目标。例如在人工智能技术标准领域,欧盟委员会宣示基于"风险基础监管模式"研究制定人工智能全面性监管专门立法,欧盟《人工智能法案》也于 2024 年 5 月正式生效;

[①]　参见美国贸易代表办公室网。

又如在量子技术标准方面,欧盟通过其量子旗舰计划(Quantum Flagship),继续推动量子技术的研发,并将其成果应用于标准化进程中。再如在 6G 无线通信系统领域,欧盟启动了 Hexa-X-II 项目,旨在进一步研究和开发 6G 的关键技术,如超高频带(THz 频段)、AI 驱动的网络管理和新型网络架构。总体而言,美欧在技术标准制定过程中已取得诸多成果,虽然在部分领域仍存在分歧,但此类分歧并未削弱跨大西洋合作的重要性,相反,这些分歧反映了双方在应对技术挑战和确保技术主导地位方面的不同策略。在各自内部,美欧均积极推行相关政策措施,以巩固各自的技术竞争力。然而,跨大西洋的合作仍然是解决分歧、加强沟通的关键一环。而且通过对这些分歧背后驱动因素的持续观测,能够寻求两大经济体未来的政策诉求和取向。

为促成技术标准领域的跨大西洋合作,美欧贸易技术委员会已举行了六次部长级会议。2021 年 9 月召开首次会议后,TTC 设立了十个工作组,其中"技术标准工作组"位列第一,彰显该工作的重要性。TTC 技术标准工作组的任务是"为美欧双方制定关键和新兴技术,包括人工智能和其他新兴技术标准的协调和合作方法,从而捍卫在关键和新兴技术的国际标准活动中的共同利益"。美欧通过 TTC 积极发展了正式和非正式的合作机制,分享有关特定技术领域的技术建议的信息,并寻求协调国际标准活动的机会。

第一节　美欧贸易技术委员会下的协调成果

美欧在 TTC 技术标准工作组下主要就人工智能、量子科学和 6G 等新兴技术领域的标准合作取得一定进展。

一、人工智能技术标准领域的协调进展

随着人工智能技术应用的不断进步,人工智能应用可能在生产力、供应链、竞争力、市场力量、创新和就业等经贸层面产生重大影响。然而,人工智能在国际经贸层面的广泛应用也衍生出新兴的风险。例如,人工智能对个人信息的控制可能侵犯隐私、创造反竞争环境、种族或其他形式的偏见,侵犯人权或是对人体健康生命安全造成危害等。面对上述挑战,美欧均已充分认识到在人工智能技术标准领域开展跨大西洋合作的重要性。双方已在 TTC 会议期间成立了专门的人工智能分组,以确保在人工智能技术标准领域采取协调的方法。

具体而言，TTC 就人工智能技术标准领域正在协调的内容包括：发布《可信赖的人工智能和风险管理评估和测量工具联合路线图》；合作开发旨在保护隐私的人工智能技术；联合开展人工智能对劳动力影响的经济研究等。

（一）发布《可信赖的人工智能和风险管理评估和测量工具联合路线图》

欧盟和美国都希望通过各自的举措将基于风险的方法和值得信赖的人工智能的价值观付诸实践。为此，美欧 TTC 于 2022 年 12 月 1 日发布了《可信赖的人工智能和风险管理评估和测量工具联合路线图》①。该联合路线图主要包括三项实质性目标：

第一，努力制定可信赖人工智能的通用术语和分类方法。欧盟和美国认识到使用标准化的术语和分类法是协调以可互操作的方式实现可信赖的人工智能和风险管理的先决条件。因此在美欧 TTC 机制下，双方致力于建立统一的术语和分类法，以提高双方在可信赖的人工智能和风险管理方面的协同能力。截至目前，美欧已在该问题的协调上取得一定进展：（1）共同发布了一份对理解基于风险的人工智能方法至关重要的 65 个关键人工智能术语清单，以及它们在美国和欧盟的解释和美国—欧盟的联合定义；②（2）绘制了美国和欧盟各自参与标准化活动的情况，目的是确定共同关心的相关人工智能标准。

此外，美欧双方表示，这项工作也将利用已经完成和正在进行的诸如国际标准化组织（ISO）、OECD 和电气和电子工程师协会（IEEE）全球性国际组织的相关工作予以推进。并将协同考量美国（例如《NIST 人工智能风险管理框架》《人工智能权利法案蓝图》）和欧盟［例如《欧盟人工智能法案》、人工智能高级专家组（HLEG）和欧洲标准化组织］各自开展的相关工作。

第二，强调在人工智能标准以及可信人工智能和风险管理工具方面的合作。在强调人工智能标准方面，欧盟和美国旨在引领国际标准化工作，促进公开透明地制定技术合理和基于绩效的标准。全球领导力和国际人工智能标准合作对于建立一致的市场竞争规则、防止贸易壁垒和促进创新至关重要。欧盟和美国旨在通过积极参与国际标准制定、遵守世贸组织原则和确定未来发展的差距来发挥领导作用。双方将让利益相关者参与进来，优先考虑人工智能的可信度、偏见和风险管理，并将中小企业纳入这一过程。

在强调可信赖的人工智能和风险管理工具方面，欧盟和美国将合作创建一个

① 参见美国商务部标准和技术研究所。
② 参见欧盟委员会网。

共享的指标和方法库,用于衡量人工智能的可信度和风险管理(包括环境影响)。双方将分析来自不同利益相关者的现有工具和标准,以确定共同点、差距和需要改进的领域。这些研究的结果将为人工智能标准的制定提供信息,并促进部署符合这些标准的可信人工智能工具。此外,美欧正在努力开发管理人工智能风险的可互操作的方法。与更值得信赖的人工智能系统相结合,这种方法可以使全球有益的产品和服务成为可能。美欧还打算研究与技术特征相关的互操作性的术语,如稳健性和准确性,以及包括安全在内的社会技术特征。

第三,强调共同监测和衡量现有和新出现的人工智能风险。欧盟和美国旨在建立知识共享机制,交流人工智能及其相关风险的前沿科学研究成果,这些研究成果对贸易和技术具有重要意义。双方计划在两个关键领域采取具体措施。首先,双方寻求开发一种追踪系统,根据背景、用例和经验数据识别人工智能中现有和新出现的风险。该追踪系统将作为定义风险来源和影响、组织风险指标和建立风险规避或缓解方法的共同基础。其将不断更新,以纳入发展动态产生的新风险、对潜在危害的更深理解、系统交互产生的复合风险以及新颖的人工智能方法或使用环境。其次,双方旨在创建可互操作的人工智能风险测试和评估。这些评估将加强研究社区、建立方法、支持标准开发、促进技术转让、为消费者选择提供信息,并通过透明的系统功能和可信度促进创新。评估将考虑人工智能部署的背景、相关的危害和好处以及人工智能技术的不断发展的性质,包括其多样化的架构和复杂的行为。

综上,为实现上述三项目标,联合路线图在最后还明确了具体实现机制,具体内容见表 1-1:

表 1-1　《可信赖的人工智能和风险管理评估和测量工具联合路线图》目标实现机制

	短期目标	长期目标
推动建立包容性合作渠道	● 建立 3 个专家组,分别负责国际技术标准制定、可信赖的人工智能和风险管理工具的开发和使用以及人工智能风险监测和评估工作 ● 制定每个专家组的工作计划 ● 制定利益相关方与专家组之间的协商计划,包括举行专家研讨会	● 为国际标准的使用和领导提供信息,举办相关专家研讨会 ● 审查和评估进展,必要时更新路线图 ● 确定合作契机,分享经验成果
推动术语和分类法共享	● 实现包括但不限于以下概念和术语的一致性:风险、风险管理、风险容忍度、风险认知、可信赖的人工智能社会技术特征	● 进一步加深对术语和分类法的共同理解,并开展修订工作

	短期目标	长期目标
推动国际人工智能技术标准制定	● 开展美欧双方关心的标准的前景分析,评估各方对标准制定的参与度和贡献度 ● 完成双边关心的国际标准的制定 ● 加强与国际标准制定机构的沟通交流	● 组织国际标准制定论坛,并就已确定的项目开展合作 ● 在共同关心的标准的制定和应用方面与专家开展合作,并提供相应支持
开发可信赖的人工智能和风险管理工具	● 建立工具选择、纳入和修正程序 ● 为相关工具建立评估标准	● 明确增加到共享中心/数据库指标和方法 ● 更新和维护共享中心/数据库
推动监测、评估已出现的和潜在人工智能风险	● 根据工具使用情况,标记已出现的人工智能风险,建立跟踪办法,并尝试建立风险分类标准 ● 确定对新出现的人工智能风险测试和评估方法	● 通过对人工智能伤害事件的实证研究,建立风险分类标准和评估机制 ● 针对新出现和潜在的风险进行理论预判

资料来源:《可信赖的人工智能和风险管理评估和测量工具联合路线图》。

(二)合作开发旨在保护隐私的人工智能技术

欧盟和美国同意开发一个关于隐私增强技术(PET)的试点项目。该试点项目旨在应对数字时代(包括人工智能)日益增长的隐私保护需求,特别是在健康和医学领域。为了确保 PET 的成功实施,TTC 正在制定符合欧盟和美国隐私标准的监管指南,包括在各种环境中使用 PET 的明确指南,促进其采用而不降低现有隐私标准。目标是加强国内和国际的隐私保护实践,以支持数据保护的强大框架。

(三)联合开展人工智能对劳动力影响的经济研究

在第三次 TTC 部长级会议之后,美欧发布一份关于《人工智能对劳动力影响》的报告[①],由欧盟委员会和白宫经济顾问委员会共同撰写。该报告强调了一系列挑战,包括人工智能可能会取代以前未受到自动化威胁的高技能工作,以及人工智能系统可能以影响劳动力市场的方式存在歧视、偏见或欺诈行为。该报告建议资助适当的就业过渡服务,采用有利于劳动力市场的人工智能,并投资于确保人工智能招聘和算法管理实践公平透明的监管机构。

---

① 参见:European Commission and the White House Council of Economic Advisors, The Impact of Artificial Intelligence on the Future of Workforces in the European Union and the United States of America (Washington D.C.,2023),载于白宫网。

二、量子科学技术领域的协调进展

除人工智能外,量子科学的标准协调也是其中一个重点。当前,美国和欧盟已在 TTC 成立了一个量子特别工作组,致力于弥合双方在量子技术研发上的差距,并推动国际标准的统一。相关工作范围包括技术准备水平的共同理解、统一基准的开发以及关键量子技术组件的识别。具体协调内容包括如下三个方面:**一是建立专家任务小组**。美国和欧盟计划成立一个专家任务小组,目的是减少量子信息科学与技术领域研发合作的障碍。这个任务小组将共同制定评估技术成熟度的框架,并讨论知识产权和出口管制等相关问题。**二是推进国际标准**。双方致力于在国际标准机构中推进量子技术的标准化工作。这包括共同开发评估和测量工具,用于信任量子系统的评估和风险管理。此举旨在通过国际合作来增强创新,降低贸易壁垒,并保护人权和公民尊严。**三是协作研究项目**。美欧双方还计划在量子科学的研究项目上进行合作,特别是在极端天气和气候预测、健康和医疗、电网优化、农业优化以及应急响应管理等关键领域。这些项目将有助于推动全球科学界的进步。通过这些举措,美国和欧盟不仅在量子技术标准上取得协调,还在增强双方的技术合作和国际竞争力方面迈出了重要步伐。

此外,美国和欧盟申明必须迅速动员起来,以确保双方的数字通信网络免受未来可能出现的与密码分析相关的量子计算机的威胁。对此,双方决定以共同的技术框架、统一基准,以及合作研发量子技术关键零件等方式,增加双方在量子技术研发的共识。截至目前,双方已在后量子密码学(Post-Quantum Cryptography,以下简称 PQC)领域的联合工作为美国—欧盟网络对话(U.S.-EU Cyber Dialogue)提供了支持,使美国和欧盟的合作伙伴能够共享信息,以了解在 PQC 标准化和向 PQC 过渡方面的活动。

三、6G 技术领域的协调进展

在通往 6G 的道路上,美国和欧盟都认为先进的连通性可以促进更具包容性、可持续性和安全性的全球经济。因此,美国和欧盟希望通过 TTC 平台,为双方提供独特的机会促进研究和创新方面的合作,以确保 6G 技术的开发和部署符合共同的原则和价值观。为此,美欧于 2023 年 5 月共同发布了《6G 展望》[①],概述了包

---

① 参见欧盟委员会网。

括 6G 在内的未来几代通信技术共同愿景的指导原则。此外,大西洋两岸的两大行业协会于 2023 年 12 月联合制定了 6G 行业路线图。路线图确认了利益相关方合作开发 6G 网络的承诺,并提出了学术界和产业界的一整套重要战略思考和建议。

表 1-2　美欧 TTC 对安全、开放、有弹性的 6G 技术领域设计愿景

设计方向	具体愿景
可信赖的技术与国家安全保障	● 由安全和弹性技术支持的 6G 技术,作为更广泛的安全可信通信生态系统的一部分,加强参与政府和合作伙伴保护国家安全的能力
安全、弹性和隐私保护	● 6G 技术由采用系统性网络安全方法的组织开发,包括:通过使用技术标准、接口和规范;安全设计等方法;能够确保基本服务的可用性;以及设计为安全故障并快速恢复的系统 ● 可靠、有弹性、安全并保护个人隐私的 6G 技术 ● 为通信网络提供高水平安全性的 6G 技术和架构,包括通过降低更大的网络复杂性或更大的攻击面带来的潜在风险
全球产业主导和包容性标准制定与国际合作	● 建立在全球标准、接口和规范之上的 6G 技术,这些标准、接口和规范是通过开放、透明、公正和基于共识的决策过程开发的 ● 6G 技术建立在尊重知识产权的全球标准之上,促进可持续性、可及性、包容性参与、互操作性、竞争力、开放性和安全性
合作促进开放和互操作创新	● 6G 技术使用符合全球行业主导和包容性标准制定和国际合作原则和接口原则的标准,以实现来自不同供应商(包括软件和硬件)的产品之间的无缝互操作性 ● 认识到国际合作在促进开放、安全、弹性、包容、可互操作网络(如开放无线接入网)以及安全、弹性、包容和可持续的 6G 生态系统中的重要性 ● 受益于联合研发和测试的 6G 技术,并利用虚拟化、软件定义网络、人工智能等创新技术
可负担性、可持续性和全球连通性	● 6G 技术允许节能部署和运营,提高环境可持续性、设备的可修复性和可回收性,以及支持社会可持续性所需的可负担性 ● 6G 技术可通过规模经济等机制获得,通过标准化和竞争环境实现,能够弥合数字鸿沟,提供可靠的覆盖和一致的体验质量,在允许创新用例的同时尽可能减少服务水平的差异 ● 6G 技术有助于其他行业和部门通过促进数字化转型来减少对环境的影响 ● 发展中国家广泛使用和可访问的 6G 技术 ● 利用卫星和高空平台站(HAPS)等非地面网络(NTN)的 6G 技术
频谱与制造	● 具有安全和弹性供应链的 6G 技术 ● 通过多个软件和硬件供应商,在 ICT 价值链以及计算和连接连续体的所有要素中促进全球竞争市场的 6G 技术 ● 可以利用新的频谱分配或已经为无线服务分配的频谱的 6G 技术 ● 有效利用频谱的 6G 技术,并通过设计纳入频谱共享机制,与现有服务提供商共存

资料来源:欧盟委员会网。

四、其他领域的协调进展

除上述几个重要领域外,美欧在诸如电动汽车、数字身份等领域,也取得了若干协调成果。

第一,在电动汽车及充电设备领域,TTC 会议期间,美欧就电动汽车充电标准及基础设施方面积极展开交流并探讨合作,以试图在标准方面采取协调的方法。在电动汽车充电标准方面,已经合作制定了一个关于电动重型车辆充电标准的共同愿景。双方承认国际电工委员会(IEC)、国际汽车工程师学会(SAE)和国际标准化组织(ISO)在电动重型车辆充电方面采用了兆瓦级充电系统(MCS)。双方将继续合作,为高功率充电制定一个跨大西洋的测试程序,最高可达 MCS 水平,确保互操作性和系统充电性能。这些努力将确保利益相关者将受益于完全兼容的技术规范。此外,双方都赞赏为实现物理连接器(插头)的兼容性和所有功率级别的通用车辆—电网通信接口所做的努力,并认识到私营部门运营商之间可能会有更多的解决方案。在电动汽车充电基础设施方面,打算在 2023 年为政府资助的电动汽车充电基础设施的实施制定联合建议,旨在推动电动汽车在美国和欧盟的采用,并为未来的"车辆到电网集成试点"(Vehicle to Grid Integration Pilots)的公开示范提供建议。美欧欢迎美国和欧盟公布关于政府资助的电动汽车充电基础设施实施的联合技术建议。建议提出:(1)制定一个联合标准支持战略;(2)支持开发和实施具有成本效益的智能充电基础设施,避免搁浅资产;(3)确定解决剩余挑战和支持消费者、工业和电网所需的规范前研究、开发和示范。

第二,在数字身份领域,美欧贸易和技术委员会(TTC)在数字身份领域的协调内容主要包括以下几个方面:首先,美欧双方致力于推动互操作性,确保数字身份系统在跨境场景中的无缝运作。美欧双方发布了《数字身份映射报告》,旨在识别跨大西洋互操作性和跨境使用数字身份的机会。这一举措有助于确保不同国家和地区的数字身份系统之间的无缝对接,从而促进跨境贸易和人员流动。其次,双方合作制定并采用共同的技术标准和框架,以促进数字身份的安全性和隐私保护。双方合作制定并采用共同的技术标准和框架,以提升数字身份的安全性和隐私保护。这一合作包括对现有标准的映射和对接,如美国国家标准与技术研究院(NIST)数字身份指南的应用,以确保两地数字身份系统的安全性和可靠性。第三,双方分享最佳实践和技术方案,以提升各自的数字身份基础设施的可靠性和用户体验。通过技术交流活动和专家会议,美欧分享了各自在数字身份领域的最佳实践和技术方案,旨在提升各自数字身份基础设施的可靠性和用户体验。例如,双方举办了一系列的技术交流和研讨会,涉及政府、产业、学术界和民间组织的专家参与,共同探讨数字身份的未来发展方向。最后,美欧共同努力推动相关法律和政策的协调,确保数字身份在跨大西洋贸易和合作中的合法性和一致性。美欧致力于推动相关法律和政策的协调,以确保数字身份在跨大西洋贸易和合作中的合法性和一致性。双方的合作包括对现有法律框架的评估和调整,以确保在数据保护和隐私方面的法律要求得到满足,从而支持跨境数字身份解决方案的实施。

第三,在 3D 技术领域,首先,双方致力于推动 3D 打印、3D 扫描和虚拟现实(VR)等技术的标准化,以确保不同系统和设备之间的无缝对接和互操作性。其次,美欧重视 3D 数据的安全性和隐私保护,合作制定相关技术标准和最佳实践,确保数据在传输和存储过程中的安全性。此外,双方鼓励在 3D 技术领域的创新和技术研发,通过共同投资前沿研究和实验室项目,推动技术进步和应用,例如在 3D 打印材料和虚拟现实方面的合作。美欧还致力于协调相关法规和政策,确保 3D 打印产品的质量、安全标准和知识产权保护。最后,双方重视教育和培训,通过合作开展教育项目、培训课程和认证计划,提高行业从业人员的技术水平和专业能力。通过这些合作,TTC 在 3D 技术领域不仅促进了技术和标准的对接,还增强了跨大西洋应用的安全性和可靠性,为进一步深化跨大西洋的技术和经济合作奠定了基础。

第二节　美国采取的相关措施述评

一如美欧在 TTC 中人工智能、量子和 6G 等新兴技术领域的标准合作一般,美国也通过其国内措施进一步加快上述领域的技术标准化工作。

一、美国关于人工智能标准化工作的相关措施

近年来,美国在人工智能(AI)标准上的进展显著,主要体现在几个关键领域,每个领域都有相关政策的出台来支持和推动。这些政策确保了 AI 技术的安全性、可靠性、互操作性和全球竞争力。

(一)美国《AI 风险管理框架》

2023 年 1 月 26 日,美国国家标准与技术研究院(NIST)正式公布《AI 风险管理框架》(AI RMF 1.0)。NIST 隶属于美国商务部,主要从事物理、生物和工程方面的基础和应用研究,以及测量技术和测试方法方面的研究,并提供标准制定、标

准参考数据及有关服务。该文件供设计、开发、部署或使用 AI 系统的组织自愿使用,旨在指导组织机构在开发和部署 AI 系统时降低安全风险。由于这一框架在 AI 学界和产业界进行了广泛的信息收集和讨论,一经发布即成为业界公认的 AI 风险管理指导体系。

该框架共分两大部分,第一部分探讨应如何有效识别人工智能风险,NIST 表明如何识别、减轻及最小化涉及人工智能技术的风险与潜在危害,将是各界开发可信赖人工智能系统及其负责任使用上的重要步骤。对此,AI RMF 聚焦于"可信赖的人工智能系统"(trustworthy AI systems)关键特征的描述,即有效性与可靠性;安全;安全性与弹性;负责任与透明度;可解释性与可阐述性;隐私强化;以及公平管理有害偏见。另外,在人工智能系统构建方面主要有四方面考量。一是风险框架,包括对风险、影响、危害的理解与处理,以及人工智能风险管理的挑战、风险承受度、风险等级排序。二是目标受众,理想情况下,AI RMF 应当适用于人工智能的全生命周期和多维度活动。三是风险和可信度,可信赖的人工智能系统应当满足诸多条件,信度效度兼备始终是首要条件和必备基础。四是有效性评估,包括衡量人工智能系统可信度基础改进的方法,涉及对政策、流程、实践、实施计划、指标、量度和预期结果的定期评估。

第二部分为 AI RMF 的核心,NIST 在风险有效识别的基础上,进一步建构人工智能风险应有的治理架构与管理标准,并提出以治理(Govern)、映射(Map)、测量(Measure)及管理(Manage)为核心的风险管理架构设计,同时阐述公、私部门应如何落实人工智能风险管理体系。AI RMF 的主要优势在于可充分对应持续发展中的人工智能技术与实务应用情形,同时无论导入者的规模及能力为何水平,只要充分遵循 AI RMF 风险管理流程,便有机会在获取人工智能创造的优势之际,降低人工智能系统对于个人乃至于整体社会所带来的负面影响。

(二)美国《人工智能权利法案蓝图》

2022 年 10 月 4 日,美国《人工智能权利法案蓝图》(Blueprint for an AI Bill of Rights)由白宫科技政策办公室发布,旨在保护个人在 AI 系统中的权利。该蓝图中关于技术标准的内容主要集中在以下几个关键方面:

首先,在技术透明性和解释性方面,蓝图要求制定和实施标准,以确保 AI 系统的工作过程和决策依据是透明和可解释的。用户和受影响的个人应能够理解系统的运行逻辑和结果。AI 系统必须提供足够的信息,使用户能够理解其决策过程,包括对数据输入、算法处理和输出结果的详细解释。此外,还需开发审计工具和评估方法,定期对 AI 系统进行检查,以确保其符合透明性和解释性标准。其次,在公平性和无偏见方面,蓝图强调制定技术标准,确保 AI 系统在决策过程中不会产生偏见和歧视。系统应在设计和开发阶段进行充分测试,以识别和纠正潜在的偏见。使用标准化的评估工具和方法,持续监控 AI 系统的公平性,确保在不同群体中的表现一致,不存在系统性偏差。在数据隐私和安全方面,蓝图要求制定技术标准,确保 AI 系统在处理个人数据时遵循严格的隐私保护要求,包括数据加密、访问控制和数据匿名化等措施。此外,还需建立和实施安全标准,保护 AI 系统免受外部攻击和内部滥用,确保数据在传输和存储过程中的安全性。最后,在责任和问责机制方面,蓝图要求制定技术标准和指南,明确 AI 系统开发和运营过程中的责任和问责机制,确保系统在出现问题时能够迅速识别和采取纠正措施。建立持续监督和评估机制,定期检查 AI 系统的合规性和性能,确保其符合预定的技术标准和伦理要求。

二、美国关于量子技术标准化工作的相关措施

美国在量子技术标准化工作方面采取了多项措施,以确保在这一前沿领域的技术发展和应用中保持领先地位。这些措施主要由国家标准与技术研究院(NIST)主导,并涵盖了技术研究及标准制定、国际合作等多个方面。

首先,国家标准与技术研究院(NIST)在量子技术标准化方面的主要工作包括开发量子计算、量子通信和量子密码学的标准和指南。对于量子计算,NIST 正在制定标准和评估方法,以确保量子计算机的性能和可靠性,例如参与国际标准化组织(ISO)和国际电工委员会(IEC)的量子计算标准化工作,从而推动全球量子计算技术的发展。在量子通信和密码学方面,NIST 领导制定量子密钥分发(QKD)等技术的标准,并评估和推广抗量子攻击的密码算法,确保未来量子计算环境中的数据安全。这些标准和指南为量子技术的实际应用提供了重要的规范和保障,推动了量子技术的广泛应用和发展。

其次,在国际合作方面,美国通过 NIST 积极参与国际量子技术标准化工作,确保在国际标准制定中占据重要位置。NIST 与多个国际标准化组织合作,包括 ISO、IEC 和国际电信联盟(ITU),共同推动量子技术的标准化。此外,美国还通过双边和多边合作项目,与欧盟、日本、加拿大等国家和地区合作,推进全球量子技术标准的统一。

三、美国 6G 技术标准相关措施

自 2023 年以来,美国在 6G 通信技术标准化方面采取了前瞻性的战略,以确保其在全球通信技术中的持续领先。联邦通信委员会(FCC)在 2023 年启动了关于 6G 频谱管理的前期准备工作,特别是针对超高频(THz)频段的研究。FCC 开展了一系列关于频谱分配和管理的公众咨询和研究项目,以探索如何最有效地利用这些高频段以支持未来 6G 网络的需求。此外,美国标准开发组织,如 3GPP(第三代合作伙伴计划)和 ATIS(电信行业解决方案联盟),继续在 6G 通信技术标准化的技术开发中扮演核心角色。这些组织正在推进的标准化工作包括:新型网络架构的定义、AI 和机器学习驱动的网络优化、超高频通信技术,以及支持极低延迟和超高带宽的新型通信协议。与此同时,美国还通过"无线未来计划"(Future Wireless Initiative)进一步加大对 6G 技术的研发投入。该计划不仅关注 6G 网络的技术性能,还着重解决 6G 时代可能面临的挑战,如网络安全、能源效率和智能化管理。这些努力使得美国在 6G 标准的制定过程中占据主导地位,并为全球 6G 技术的广泛应用奠定了基础。

此外,2024 年 2 月 26 日,白宫官网发布了 10 个国家[①]的联合声明——《支持 6G 原则的联合声明:安全、开放和韧性设计》[②],就 6G 无线通信系统的研发和共同原则达成共识,并承诺通过合作来支持一个开放、互操作、可靠、安全的全球连接。为建设一个包容、安全与可持续的未来,这些国家将采取政策来保护国家安全、确保隐私和网络安全、推动全球标准制定与国际合作,以促进开放创新,以及实现 6G 技术的可负担性与可持续性。

第三节　欧盟采取的相关措施述评

如同 TTC 以及美国在人工智能、量子科学和 6G 等新兴技术领域的标准合作一般,欧盟也通过出台各类措施进一步加快上述领域的技术标准化工作。

一、欧盟在人工智能技术标准领域的相关措施

为有效应对人工智能技术推进与实务应用所带来的各项风险,欧盟委员会宣

---

① 包括美国、澳大利亚、加拿大、捷克、芬兰、法国、日本、韩国、瑞典和英国。
② 参见白宫官网。

示将基于"风险基础监管模式"研究制定人工智能全面性监管专法。2024 年 5 月，欧盟《人工智能法案》正式生效。在风险监管导向下，该法案将人工智能系统应用上伴随而生的潜在风险，区分为四个人工智能风险级别：即最低风险（Minimal risk）、高风险（High-risk）、不可接受风险（Unacceptable risk）和有限风险（Limited risk）。并针对不同的风险级别的人工智能系统，法案赋予了不同程度的义务，旨在实现监管平衡。

首先，对于不可接受风险的人工智能系统，欧盟采取了最为严格的监管措施。这些系统被认为对安全性、基本权利和人类尊严构成了不可接受的威胁，因此被全面禁止。例如，社会评分系统或通过潜意识影响人类行为的人工智能系统均在禁止之列。此举不仅体现了欧盟对人权和伦理的高度重视，也为全球人工智能监管树立了一个道德标杆；其次，高风险人工智能系统的监管要求则更为复杂和细致。高风险系统包括那些在特定应用领域可能对健康、安全和基本权利构成重大威胁的人工智能技术。欧盟要求这些系统必须建立全面的风险管理系统，确保数据的高质量管理，提供详细的技术文档，并保存操作记录。这不仅增强了系统的透明度和可追溯性，还通过人类监督机制防止了自动化决策中的潜在失误；对于有限风险人工智能系统，欧盟主要关注透明度和用户知情权。这类系统对人类安全和权利构成的风险较小，但仍需告知用户他们正在与人工智能互动。例如，聊天机器人需要明确提示用户其人工智能身份，这既保护了用户的知情权，也减少了可能的误解和信息不对称；最后，对于最小风险人工智能系统，欧盟的监管最为宽松。这些系统对安全和基本权利的威胁很低，因此只需遵守一般的法律义务和基本的透明度要求。大多数日常应用中的人工智能系统，如电子游戏中的人工智能或垃圾邮件过滤器，均属于这一类别。这种宽松的监管策略，鼓励了创新和广泛应用，同时确保了基本的安全和透明度。

此外，欧洲标准化委员会（CEN）、欧洲电工标准化委员会（CENELEC）和欧洲电信标准协会（ETSI）等欧洲标准化组织加速了 AI 技术标准的细化工作，涵盖数据治理、算法透明性、伦理规范和风险管理等方面。这些标准不仅为 AI 技术在欧洲的安全应用提供了依据，还确保了欧洲在全球 AI 标准化进程中的重要地位。

二、欧盟在量子技术标准领域的相关措施

在量子技术领域，欧盟在标准化方面的进展尤为显著，特别是在量子通信和量子传感技术的标准制定上。欧盟通过其量子旗舰计划（Quantum Flagship），继续推动量子技术的研发,并将其成果应用于标准化进程中。ETSI 在 2023 年发布了新的量子密钥分发(QKD)标准,这是量子通信技术安全标准的重要里程碑。该标准为量子通信网络的安全部署提供了技术指导,确保了量子通信系统在欧洲的互操作性和全球市场的竞争力。此外,欧洲标准化委员会与欧洲电工标准化委员会在量子传感技术的标准化方面也取得了进展,特别是在医疗和精密测量领域的应用标准。这些标准为量子技术在不同领域的广泛应用提供了规范,使得欧洲能够在全球量子技术竞争中保持领先地位。

三、欧盟在 6G 技术标准领域的相关措施

欧盟在 6G 通信技术标准化方面的工作主要集中在技术研发和频谱管理政策的制定上。2022 年 10 月 7 日,欧盟委员会启动了 Hexa-X-II 项目,这是 Hexa-X 项目的延续,旨在进一步研究和开发 6G 的关键技术,如超高频带(THz 频段)、AI 驱动的网络管理和新型网络架构。通过这一项目,欧盟不仅为 6G 通信的技术标准提供了重要的技术基础,还推动了新兴技术的整合,以应对未来的通信需求。与此同时,欧洲通信委员会(ECC)在 2023 年更新了频谱管理政策,为 6G 频谱的分配和使用提供了新的指导方针。ECC 在频谱协调方面的努力确保了 6G 技术在欧洲的顺利部署,并为其在全球范围内的推广打下了基础。通过这些措施,欧盟正积极引领全球 6G 技术标准的制定进程,确保了欧洲在未来通信技术中的主导地位。

第二章　气候和清洁技术

美欧TTC"气候和清洁技术"工作组关注技术在应对气候变化方面的作用,重点支持清洁技术的研发、技术性措施和标准的兼容与合作。该部分主要涉及气候技术产品和服务的贸易与投资、关键矿产供应链的安全、绿色公共采购、清洁能源部门的发展与公平竞争以及电动汽车部门标准的兼容性和碳密集型部门的碳强度计算方法等领域的协调。

目前,美欧在绿色公共采购以及电动汽车和智能电网的互操作性方面的合作取得了阶段性的成果。具体包括:双方在2024年4月5日第六次TTC部长级会议上公布的《美国—欧盟绿色公共采购最佳做法联合目录》,该目录汇集了美国和欧盟绿色公共采购从战略规划到采购前、采购中和合同授予后等采购流程四个阶段所使用的政策、实践和行动,以供美欧在绿色公共采购做法上相互参考借鉴;在电动汽车充电基础设施的兼容性方面,初步的成果包括2023年5月美欧联合制定发布的《政府资助实施电动汽车充电基础设施的跨大西洋技术建议》以及2024年4月发布的《关于未来车辆—电网集成(VGI)试点公共示范的联合技术建议》,两份建议通过支持扩大电动交通的基础设施和技术接口的统一协调,旨在实现美国和欧盟在清洁能源和去碳化方面的承诺,以使公司和最终用户以及跨大西洋贸易和投资受益。

但需要指出的是,从该工作组的整体目标看,上述领域的部分成果,仍停留于技术性的政策建议,对双方的约束力小且涉及的范围也比较有限,其效果取决于双方后续的实践。总体而言,该工作组下实质性的进展仍然比较缓慢,尤其是在温室气体排放计算方法上,双方的对话开启三年有余但仍未达成共识,这也进一步影响了美欧在绿色贸易政策上的协同以及与产业部门的技术性合作。

为达到TTC技术标准工作组设定的目标,美欧双方近年来也采取了系列措施,但从双方近年来各自采取的措施看,美欧更为关心各自绿色产业的安全和竞争力,分歧大于合作。例如美国的《基础设施投资与就业法》《通胀削减法》等,欧盟

《绿色协议产业计划》项下的系列立法,均从不同层面增加了对清洁技术研发和产业本土化生产的支持力度;又如在清洁能源领域以及技术和标准合作方面美欧虽然取得了诸多共识,但总体推动不足,美欧双边的关键矿产协议以及可持续钢铝全球贸易安排尚未达成乃是例证。

TTC 是拜登政府就任以来,美欧进行跨大西洋对话的新机制。为应对气候变化,在社会经济绿色转型发展背景下,TTC 特别设立了"气候和清洁技术"作为第二工作组,鉴于技术对解决环境挑战和连接市场机会的重要性,气候和清洁技术工作组的任务包括:甄别机会、采取应对措施和激励措施,以支持技术开发、跨大西洋气候中立技术、产品和服务的贸易和投资,以及在第三国的合作、研究和创新,并共同探索计算全球贸易中所含温室气体排放量的方法、工具和技术。

第一节　美欧贸易技术委员会下的协调成果

按照 TTC 第一次部长级会议确定的气候和清洁技术工作组的方向,TTC 后续会议进一步推进了具体的工作部署,以实现美国和欧盟在 2050 年达到净零排放的气候目标。

一、美欧气候和清洁技术合作的领域

2022 年 5 月 16 日举行的第二次 TTC 部长级会议明确了美国与欧盟在气候和清洁技术方面的重点合作领域,包括促进绿色公共采购政策的合作、统一计算特定产品碳足迹的方法以及推进电动汽车和智能电网的互操作性三个方面。在此基础上,2022 年 12 月 5 日召开的第三次 TTC 部长级会议提出了发起新的"跨大西洋可持续贸易倡议",该倡议将确定贸易和环境可持续性关键领域的行动,包括能源密集型产业去碳化、促进部署对过渡到更循环和净零经济至关重要的商品和服务,即关注绿色和可持续的未来、增加跨大西洋的贸易和投资。在 2023 年 5 月 31 日举行的第四次 TTC 部长级会议上,鉴于美国《通胀削减法》出台后造成的美欧盟友关系负面影响的持续发酵,双方为此讨论了美欧关键矿产供应链合作以及清洁能源激励对话,以使欧盟能够享受《通胀削减法》第 30D 条清洁车辆的税收优惠,以及避免各自的激励措施可能引起的跨大西洋贸易和投资流动的任何中断。第五次及第六次 TTC 部长级会议则主要在前几次会议的基础上进一步推动了合作领域的落实工作。

（一）具体的合作事项

1. 绿色公共采购

第二次 TTC 部长级会议确定绿色公共采购为气候和清洁技术工作组的重点工作领域之一。公共部门拥有庞大的采购预算以及在提供关键公共服务方面的重要作用，可以为部署有助于减少二氧化碳排放的技术提供机会。因此，美欧的目标是努力达成共识，以期在政府采购程序中的可持续性考虑上达成一致，重点是绿色产品和技术的采购，如智能移动和智能能源网络技术。

在绿色公共采购方面，美欧的合作主要从讨论该领域最佳做法的联合目录开始，这一工作旨在加速筛选部署能够可衡量地帮助减少碳排放以及加强跨大西洋贸易的技术。

2. 碳足迹计算方法

美欧认为生命周期温室气体（GHG）评估方法，包括碳足迹计算方法，是大西洋两岸监管机构用来识别和鼓励生产和销售低碳产品的一个越来越重要的工具。美欧计划在 TTC 下探讨为产品生命周期内温室气体排放评估制定统一的方法，以帮助跟踪和减少二氧化碳排放，并以此促进双边和多边的合作。同时，美欧还打算探讨新兴技术，如区块链、人工智能/机器学习和/或物联网，在测量和利用生命周期温室气体评估方面可以发挥的作用。

在包括碳足迹在内的生命周期温室气体评估方法领域，美欧已经开始就选定的产品和供应链的现行做法和方法进行了专家级交流，以尽快为最适合跨大西洋融合的领域制定建议。

3. 电动汽车和智能电网的互操作性

面对全球电动汽车市场的大幅扩张，美欧计划从电动汽车及其充电桩开始，合作开发相互共享的操作要求和验证方法。这一行动对于提高电动汽车的普及率和促进美国和欧盟市场的车辆与电网的稳定整合至关重要，一方面，提高电动汽车充电基础设施的兼容性可以帮助解决新出现的技术问题，支持电动汽车的创新，并最终最大限度地减少贸易壁垒，加强美国和欧盟的产业；另一方面，促进电动汽车的普及将有助于减少对化石燃料的依赖，并有助于按照战略优先事项在能源自主方面取得进展。

4. 关键矿产供应链

为了实现成功的绿色转型，并确保经济安全，美国和欧盟认识到有必要就共同关心的关键矿物、金属和中间材料的供应链进行合作。美国和欧盟注意到双方在许多关键矿物品类上都依赖进口，而且往往来源有限，这种依赖使其容易受到地缘政治冲击和自然灾害等的干扰，因此双方在该问题上具有协调行动的利益。随着美国《通胀削减法》的出台，美欧在关键矿产供应链的合作方面产生了更加实际的需求，一方面如上所述旨在解决双方关键矿产供应链对外依赖性的共同问题，另一方面也是为了修复欧盟与美国因《通胀削减法》在新能源汽车补贴待遇上产生的裂痕。对此，美国和欧盟于 2023 年 3 月宣布就关键矿产协议开始专门谈判，这是美国和欧盟在关键矿产供应方面合作议程里的主要部分，也是美欧 TTC 协调下的重要行动。

（二）框架性的合作机制

除上述 TTC 部长级会议重点推进的具体合作事项之外，TTC 会议还提到了多项合作机制或者对话性机制。这些机制包含更宏大和广泛的目标以及探索性的议题，未就某一具体事项开展合作，更侧重于在各自采取应对措施的基础上通过沟通交流实现信息共享、促进下一步协调或者保持措施的透明度。

1. 跨大西洋可持续贸易倡议

为了支持应对气候变化的共同愿望，美国和欧盟在 2022 年 12 月召开的 TTC 第三次部长级会议启动了"跨大西洋可持续贸易倡议"（Transatlantic Initiative on Sustainable Trade），该倡议为双方实现下列目标提供了对话平台：（1）推动跨大西洋贸易和投资，以进一步促进有助于过渡到更加循环和净零经济的货物和服务；（2）强化关键供应链韧性和可持续性；（3）确保绿色转型的公平性和包容性；（4）推动全球向低排放和绿色未来转型。

在 2023 年 5 月举行的第四次 TTC 部长级会议上美国和欧盟制定了跨大西洋可持续贸易倡议工作方案，TIST 的合作重点将围绕以下四个方面：（1）为跨大西洋市场一体化提供可持续的商业环境；（2）为清洁经济提供具有韧性和可持续性的供应链；（3）在绿色经济中为工人和消费者提供福利；（4）为绿色转型提供全球路径。

TIST 框架下的合作分两个阶段进行：在 TTC 第四次部长级会议上形成第一阶段成果，即在 TTC 各工作组当前的工作基础上产生交付的成果，并启动新的工作计划；在第五次部长级会议提交第二阶段成果，并启动新的工作计划。

2. 清洁能源激励对话

美国和欧盟于 2023 年 3 月 10 日启动了清洁能源激励措施对话，作为 TTC 的一部分,以确保各自的激励方案是相互促进的。美欧强调反对零和竞争,在推动未来的清洁能源经济方面,双方将以协调的方式进行公开和透明的合作,以确保各自的激励措施最大限度地提高清洁能源的部署和就业。该对话的目标还包括解决关于未来激励项目的设计及效果的系统性问题,并包含促进关于第三方的非市场政策和做法的信息共享。

在提高透明度方面,美欧打算分享各自公共激励计划的具体信息,并首先选取一个部门进行试点,后期将可能扩展到更多部门,并将探索建立互惠磋商机制;在应对第三国的非市场政策和做法方面,美欧清洁能源激励对话将继续探索政策工具和可能的协调行动,包括促进供应链多样化、减少依赖性和建立抵御经济胁迫的能力,以解决这些政策和做法造成的危害。

二、美欧气候和清洁技术合作取得的成果

(一)绿色公共采购

根据 TTC 部长级会议的工作部署,美欧在绿色公共采购领域的合作首先从梳理双方的最佳做法开始。在 2024 年 4 月 5 日第六次 TTC 部长级会议上,《美国—欧盟绿色公共采购最佳做法联合目录》(以下简称《联合目录》)最终公布,这是气候和清洁技术工作组下的重要成果之一。《联合目录》汇集了美国和欧盟绿色公共采购从战略规划到采购前、采购中和合同授予后等采购流程四个阶段所使用的政策、实践和行动,这些政策、行动和最佳实践可以激励政策制定者和政府实体增加绿色公共采购实践的运用,从而加速绿色产品、服务和技术在公共部门的部署。

对于上述采购过程中的每个阶段,《联合目录》都介绍了欧盟和美国支持和实施的现有举措、政策和行动,并补充了欧盟和美国绿色采购市场具体案例。美国和欧盟还将继续就如何使用《联合目录》以及最大限度地发挥其扩大影响开展合作。

(二)电动汽车和智能电网的互操作

美国和欧盟在电动汽车和智能电网的互操作领域的合作主要从两方面进行,一是电动汽车充电基础设施的兼容性,二是电动汽车充电系统标准。

在电动汽车充电基础设施的兼容性方面,美欧合作取得的初步成果包括在 2023 年 5 月联合制定发布的《政府资助实施电动汽车充电基础设施的跨大西洋技术建议》。该建议包含三个层面:首先制定一个联合标准支持战略,在此明确了美国和欧盟电动汽车充电基础设施的实施提供参考的现有标准;第二项建议详

细介绍了成本效益高的智能充电基础设施的开发和实施，以避免参与基础设施推广的利益相关者的资产搁浅；第三项建议确定解决剩余挑战和支持消费者、工业和电网所需的规范前研究、开发和示范。2024 年 4 月，美国与欧盟发布了《关于未来车辆—电网集成（VGI）试点公共示范的联合技术建议》，该建议是对《政府资助实施电动汽车充电基础设施的跨大西洋技术建议》的补充，通过最佳做法，包括使用共同定义和项目成果表，以及确定统一的技术接口，以支持大西洋两岸的沟通和协调。两套建议通过支持扩大电动交通以及实现美国和欧盟在清洁能源和去碳化方面的承诺，可以使公司和最终用户以及跨大西洋贸易和投资受益。

在电动汽车充电方面，美国和欧盟在 2022 年 5 月 16 日的 TTC 部长级会议上决定首先就"重型车辆的兆瓦级充电系统（MCS）标准"进行合作，并争取最迟在 2024 年通过一个共同的国际标准，以提供最高水平的互操作性、安全和保障。这些工作包括为车辆到电网的整合领域制定详细的工作计划以及在各自的研究实验室开展工作。在 2024 年 4 月举行的第六次 TTC 部长级会议上，双方指出在过去的两年中，美欧为重型汽车充电点的兆瓦级充电系统的推广提供了便利，但截至 2024 年 6 月，双方仍未发布关于重型车辆的兆瓦级充电系统的共同标准。

（三）碳足迹计算方法

在碳足迹评估方法领域，TTC 气候和清洁技术工作组的目标是努力为美国和欧盟就选定的碳密集产品的联合建议提供共同的方法，以促进双边和多边合作以及跨大西洋碳排放计算方法的趋同。美欧表示已就选定产品和供应链的现行做法和方法进行了专家级交流，以从最适合跨大西洋融合的领域制定建议。

TTC 部长级会议并未披露具体选定的碳密集型部门，不过紧随 TTC 的成立，美欧于 2021 年 10 月 31 日宣布开启"可持续钢铁和铝全球安排"谈判工作，其中一项重点内容是就钢铁和铝行业的碳排放探索共同的评估计算方法。该谈判计划于 2023 年 10 月之前取得成果，但并未如期达成。截至 2024 年 6 月，美欧在钢铝行业碳排放计算的共同方法方面仍未发布具体成果。

第二节　美国采取的相关措施述评

美欧 TTC 气候和清洁技术工作组关注的内容较为广泛，包括气候技术产品和服务的贸易与投资、关键矿产供应链的安全、绿色公共采购、清洁能源部门的发展与公平竞争以及电动汽车部门标准的兼容性和碳密集型部门的碳强度计算方法等。除了在前述各方面展开的双边合作之外，美欧均从各自内部的立法、贸易政策和战略规划上跟进了部署。

就美国而言，TTC下各项与气候和清洁技术有关的议题在其国内的表现可归纳为两个方面：一个是在清洁产业领域，通过财政补贴、关税措施、政府采购等不同政策工具来促进美国本土清洁产业和技术的发展，并遏制所谓的不公平贸易和非市场经济做法；另一个主要是在关键矿产供应链韧性方面，通过关税措施、与盟友合作等方式来确保清洁产业部门关键矿产供应链的安全并实现生产布局的调整。

一、对内促进清洁产业部门发展

TTC关注清洁、低碳产品和技术的部署，以实现气候目标，对此美国拜登政府在其执政中期相继通过多部立法，均不同程度的包含着对气候中和的支持措施。通过经济绿色转型引导美国清洁制造业的提升和企业的回流是拜登政府的执政承诺，同时也是TTC讨论的内容。美国国内措施重点支持和关注的清洁产业部门包括电动汽车以及电动汽车充电基础设施、太阳能等清洁能源行业。

（一）电动汽车领域

拜登政府2021年8月发布的总统行政令《加强美国在清洁汽车和卡车领域的领导地位》确立了到2030年美国销售的所有新乘用车和轻型卡车中50％为零排放汽车的目标，包括电池电动汽车、插电式混合动力电动汽车或燃料电池电动汽车三种车型。[①]在美国主导下，电动汽车领域也是美欧TTC关注的重要行业。为促进电动汽车部门发展，美国的政策措施主要从激励电动汽车本土制造和投资电动汽车充电基础设施两方面推进。

1. 电动汽车制造

在支持电动汽车普及方面，美国的政策重心在于提升本土电动汽车制造的产能和促进电动汽车消费，对此美国主要采取了两类政策措施进行推动，一类是补贴政策，即鼓励电动汽车关键组件的研发生产、在北美地区制造以及鼓励电动汽车的消费；另一类是关税措施，即通过美国《1974年贸易法》第301条对他国进口的电

---

① Executive Office of the President, Strengthening American Leadership in Clean Cars and Trucks, Executive Order 14037 of August 5, 2021，载于美国联邦注册官网。

动汽车征收高关税(以下简称"301 关税"),以保护和培育国内产业,目前该措施主要针对中国。

(1) 财政补贴

美国最新的立法,包括 2021 年 11 月的《基础设施投资与就业法》(IIJA)以及 2022 年 8 月的《芯片与科学法》(CHIPS)和《通胀削减法》(IRA),通过税收抵免、赠款等补贴方式均为电动汽车产业提供了支持,以部分抵消生产成本上升的影响以及刺激消费需求。白宫网站称上述三部法律将投资超过 1 350 亿美元来建设美国的电动汽车未来,其中包括关键矿物采购和加工以及电池制造。[①]此外,2022 年 10 月,拜登政府还发布了《美国电池材料倡议》,旨在动员整个政府确保用于动力和电动汽车的关键矿物供应的可靠和可持续。

《芯片与科学法》主要投资于扩大美国用于电动汽车和充电器的半导体制造能力。《芯片与科学法》为美国半导体研究、开发、制造和劳动力发展总计提供了 527 亿美元,其中 390 亿美元的制造业激励措施中有 20 亿美元用于汽车和国防系统的传统芯片,[②]以便为汽车这样的关键商业部门的本土发展提供芯片供应保障。

《基础设施投资与就业法》直接对电动汽车制造业领域提供赠款,其主要针对电动汽车的关键组件,即电池,[③]这包括对电池材料生产赠款、电池制造和回收赠款、电池和关键矿物的赠款,受赠人为美国的大学、国家实验室、私人公司、州/地方政府。在电池材料生产赠款方面,《基础设施投资与就业法》提供 30 亿美元资金,用于投资生产设备、生产建设、对现有电池材料加工设施进行改造或重新装备等;在电池制造和回收赠款方面提供了 30 亿美元资金,用于投资示范项目、基础设施建设、电池组件制造、先进电池制造和回收的现有设施改造或重组;电池和关键矿物的赠款共计 1.25 亿美元,主要为研究、开发和示范项目提供资助,以创造创新和实用的方法,提升电池的再利用和再循环。

《通胀削减法》在上述两部立法的基础上,对电动汽车制造业的补贴主要采取税收抵免、信贷等方式,重点是在消费端,包括对合格消费者购买符合条件的新的

---

① The White House, FACT SHEET: Biden-Harris Administration Driving U.S. Battery Manufacturing and Good-Paying Jobs, October 19, 2022,载于白宫官网。

② The White House, FACT SHEET: CHIPS and Science Act Will Lower Costs, Create Jobs, Strengthen Supply Chains, and Counter China, August 9, 2022,载于白宫官网。

③ Skadden Publication, Part II/Infrastructure Investment and Jobs Act: A Guide to Key Energy and Infrastructure Programs and Funding, September 6, 2022,载于 Skadden 网。

清洁车辆提供每辆最高 7 500 美元的税收抵免优惠；对合格消费者购买二手清洁能源车辆提供最高 4 000 美元的税收抵免以及对合格商用清洁能源车辆提供 15% 的税收优惠；为低收入和农村地区的替代燃料汽车加油和充电设施提供税收抵免优惠，其中商业用途的为设施成本的 6% 或不超过 10 万美元，个人使用的为设施成本的 30% 或不超过 1 000 美元；《通胀削减法》还根据"先进技术汽车制造贷款计划（ATVM）"为符合要求的汽车和零部件制造提供贷款，并取消了 ATVM 贷款计划下 250 亿美元的上限，另外拨出了 30 亿美元的信贷补贴来支持这些贷款，受该计划支持的交通工具范围十分广泛，包括轻型车辆、中型和重型车辆、机车、海上船舶（海上风力船舶）、航空船舶和超级高铁。

值得一提的是，在采用补贴来激励美国电动汽车产业制造和消费时，《通胀削减法》和《基础设施投资与就业法》还通过"受外国关注实体"（Foreign Entity of Concern，FEOC）、国内成分要求等特殊规则来限制获得补贴的条件，以通过补贴政策来重塑关键矿物原材料等电动汽车上下游供应链。

（2）关税措施

除了上述财政补贴措施外，美国还借助高关税来保护本土汽车工业的发展，最典型的表现是通过"301 关税"给中国电动汽车设置了更高的贸易成本。2024 年 5 月 14 日，美国贸易代表办公室发布了针对中国的"301 关税"行动的法定审查报告，报告保留了目前受 301 条款关税约束的中国产品，并修改了部分战略部门产品的关税，涉及钢铝、半导体、电动汽车、电池、关键矿物、船岸起重机和医疗产品等战略领域。其中，对中国电动汽车和中国锂离子电动汽车电池分别征收四倍和三倍多的关税，最终使税率分别达到 100%（原 25%）和 25%（原 7.5%）。美国称这一决定旨在防止美国被所谓的中国"产能过剩"的进口产品冲击。

2. 电动汽车充电基础设施

除了电动汽车制造领域，美国在电动汽车充电基础设施部署方面的投入也同样瞩目，其中以《基础设施投资与就业法》为代表。《基础设施投资与就业法》对清洁交通基础设施、清洁水基础设施、通用宽带基础设施、清洁电力基础设施以及气候变化的抵御能力进行了历史性投资。《基础设施投资与就业法》将建立一个拥有 50 万个电动汽车充电桩的"国家电动汽车基础设施计划"（NEVI）。截至 2023 年 11 月 9 日，已有近 24 亿美元流向了美国各州，高速公路沿线的充电站网络正在建设中。美国道路上的公共充电桩数量已超过 16.1 万个，增长了近 70%。在拉动私人投资方面，私营制造商已经宣布在电动汽车及其基础设施上投资超过 920 亿美元。《基础设施投资与就业法》还通过竞争性赠款计划为社区提供 25 亿美元,该计划将支持创新方法并确保充电装置的部署成为政府的优先事项,例如支持农村充电、改善当地空气质量和增加弱势社区的电动汽车充电机会。[①]

此外,《基础设施投资与就业法》还扩大了政府采购立法适用的项目范围,重点突出了电动汽车充电基础设施。原有《购买美国法》仅适用公路、公共交通、航空和城际客运铁路领域,《基础设施投资与就业法》将适用范围扩展至道路、公路和桥梁、公共交通、水坝、港口、码头和其他海事设施、城际客运和货运铁路、货运和联运设施、机场、水系统(饮用水和废水系统)、输电设施和系统、公用事业、宽带基础设施、建筑物和不动产以及生产、运输和分配能源(包括电动汽车充电)的结构、设施和设备,扩大了这些项目的定义以提高适用性,并进一步指出联邦机构应广泛解释"基础设施"一词,并将上述列表视为"说明性的而非详尽的"。

（二）光伏及太阳能领域

拜登政府上台后,其"投资美国"(Investing in America)的议程催化了美国清洁能源制造和部署热潮。[②]为强化美国太阳能制造业并保护企业和员工,美国除了实施《通胀削减法》等立法对太阳能制造提供补贴外,还通过"301 关税"以及《1974 年贸易法》第 201 条(以下简称"201 关税")提高进口太阳能产品的关税,[③]实施保护本国太阳能产业的措施。

1. 支持太阳能本土制造的补贴措施

在补贴措施方面,《通胀削减法》对清洁能源提供了美国历史以来规模最大的一次资金支持。其中,对于太阳能部署的支持,《通胀削减法》的补贴对象涵盖了太阳能电池、太阳能组件、太阳能发电以及其他的太阳能项目等多种类型。

在 IRA 的清洁能源生产和投资税收抵免项目下,可再生能源的生产税收抵免(PTC)和投资税收抵免(ITC)将推动美国太阳能电池阵列的部署,这包括对太阳能发电项目产生的电力提供 0.3 美分/千瓦的基础税收减免优惠,对投资太阳能项目(包括使用太阳能发电、加热或冷却或提供太阳能过程热量的设备,以及使用太阳能照明结构的设备)提供合格投资的 6% 的税收抵免优惠。《通胀削减法》还为低收入社区的小型太阳能设施提供了额外的投资税收抵免,同样为合格

---

① The White House, FACT SHEET: The Biden-Harris Electric Vehicle Charging Action Plan, December 13, 2021,载于白宫网。

②③ The White House, FACT SHEET: Biden-Harris Administration Takes Action to Strengthen American Solar Manufacturing and Protect Manufacturers and Workers from China's Unfair Trade Practices, May 16, 2024,载于白宫网。

投资的 6％。需要注意的是，一般来说，项目业主不能同时为同一项目申请 ITC
和 PTC。

在国内制造生产税收抵免资助方面，《通胀削减法》为太阳能组件、风力涡轮
机、电池和关键矿物组件的国内制造创造了新的生产税收抵免，每一类别的产品享
受的税收优惠程度不同。对于太阳能组件而言，税收抵免的额度为 7 美分乘以该
组件的容量；对于光伏电池，抵免优惠为 4 美分乘以该电池的容量；对光伏晶片而
言，抵免优惠则为每平方米 12 美元；太阳能级多晶硅的税收抵免优惠为每公斤 3
美元；对于扭矩管或结构紧固件，则为 87 美分每公斤/2.28 美元每公斤；聚合物底
片则为每平方米 40 美分。此外，还包括对光伏逆变器的税收抵免优惠。①此外，
《通胀削减法》提供 10 亿美元用于美国农村可再生能源电力基础设施贷款，包括太
阳能在内；《通胀削减法》为住宅安装太阳能、风能、地热和电池存储等清洁能源提
供 30％的税收抵免，以鼓励美国家庭选择可再生能源。

除了《通胀削减法》的补贴支持外，《基础设施投资与就业法》同样为太阳能产
业提供了资助。为了促进清洁能源和电力发展，《基础设施投资与就业法》设立了
专门的资助项目，其中包括太阳能研发、太阳能回收研发、新太阳能（技术与工艺）
研发、太阳能并网、矿区太阳能清洁能源项目等专项支持，②美国能源部通过利用
《基础设施投资与就业法》的资金将在整个太阳能供应链中推广新技术，目前选入
资助的项目包括设备、硅锭和硅片、硅和薄膜光伏电池制造等，将填补美国国内光
伏制造供应链的空白。③

2. 保护太阳能本土发展的关税措施

美国对太阳能产品设置贸易壁垒的做法由来已久，近年来进一步强化了运用
关税政策保护本土太阳能产业发展的行动。拜登政府上台后，除了继续支持运用
"301 关税"对太阳能电池和组件征收高关税外，还修改了"201 关税"的豁免规定，
将结束对双面太阳能电池板的"201 关税"豁免政策。

2024 年 5 月 14 日，美国发布了针对中国的"301 关税"行动的法定审查报告，

① Solar Energy Technologies Office，Federal Tax Credits for Solar Manufacturers，载于美国能源部网。

② The White House，A Guidebook to The Bipartisan Infrastructure Law，last updated January 2024，载于白宫网。

③ The White House，FACT SHEET：Biden-Harris Administration Takes Action to Strengthen American Solar Manufacturing and Protect Manufacturers and Workers from China's Unfair Trade Practices，May 16，2024，载于白宫网。

经过前四年的执行和到期审查,美国决定继续保留受"301 关税"约束的中国产品,并进一步修改了部分产品的关税税率。其中,太阳能电池和组件(无论是否组装成模板)的关税税率从 25%提高到了 50%。

2024 年 5 月 16 日,拜登政府还宣布了一系列针对光伏制造业的新行动,主要包括取消"201 关税"条款中的双面组件豁免条款以及结束此前针对东南亚四国的为期二十四个月的反规避关税调查的豁免。另外,新的行动将根据"201 关税"条款管理光伏电池的关税配额,以支持扩大光伏制造业。目前,根据"201 关税"条款,进口光伏电池的关税配额为 5 千兆瓦,政府将密切关注用于在美国制造电池板的进口光伏电池的水平,如果进口量接近当前配额水平,将努力把配额提高至 7.5 千兆瓦,以确保国内组件制造业继续增长,同时制造商在整个供应链中扩大生产规模。[1]

(三)其他清洁能源领域

除了上述电动汽车和太阳能领域,美国在清洁电力(包括电网设施)、鼓励和支持清洁运输燃料的开发和使用、工业脱碳、对碳捕获、利用和封存(CCUS)、投资清洁氢气等方面也投入了大量资金支持。例如在清洁电力方面,美国设定了到 2035 年实现 100%零碳污染电力的目标,对此,《基础设施投资与就业法》授权能源部 620 亿美元的资金,用于投资清洁能源示范和部署项目、开发新技术和电网现代化;IRA 则向美国输电系统投资了近 30 亿美元,用于传输设施融资、州际电网选址、区域间和海上风电传输规划、建模和分析等,以帮助克服阻碍新的高容量线路建设的财政和许可挑战。此外,能源部设立了电网和输电项目负责人,以提供有关《基础设施投资与就业法》、《通胀削减法》和其他联邦融资项目资金申请流程的最新信息。在鼓励和支持清洁运输燃料的开发和使用方面,《通胀削减法》投资 5 亿美元用于更高的混合基础设施激励计划、延长了对替代燃料的现有税收优惠,并建立了新的清洁燃料生产税收抵免等措施。

二、对外建立关键矿产供应链联盟

除了财政和贸易措施之外,美国采取的另一措施是拓展以气候和清洁技术为内容的新的盟友关系。

---

① The White House, FACT SHEET: Biden-Harris Administration Takes Action to Strengthen American Solar Manufacturing and Protect Manufacturers and Workers from China's Unfair Trade Practices, May 16, 2024,载于白宫网。

　　关键矿产作为太阳能、电动汽车等清洁能源产业的重要原材料,是美国近几年来气候政策关注的重点之一,2021年6月美国便发布了关于大容量电池、关键矿产材料等四个领域《建立有弹性的供应链、振兴美国制造业、促进基础广泛的增长》的百日审查报告,评估了各领域供应链的脆弱性及原因,其中一个原因便是此前美国在供应链韧性方面的国际协调行动不足。除此之外,该报告还对各领域应采取的应对措施提出了建议,包括通用于各领域的六类:(1)重建生产和创新能力;(2)支持高要求的生产模式、劳动力标准和产品质量的市场发展;(3)发挥政府作为市场参与者的作用;(4)加强国际贸易规则,包括贸易执行机制;(5)与盟友和合作伙伴合作,减少全球供应链中的脆弱性;(6)与工业界合作,立即采取行动解决现有的短缺问题。[1]

　　为此,美国不仅将关键矿产供应链问题引入TTC,还主导着与多个盟友开展关键矿产供应链合作。2023年3月28日,美国与日本签订了《关于加强关键矿产供应链的协定》。该协定以2019年《美日贸易协定》为基础,将加强双方关键矿产供应链韧性和多样性,并促进电动汽车和电池技术的合作,同时在关键矿产部门共同承诺推行公平竞争和以市场为导向的关键矿产贸易条件并推进强有力的劳工和环境标准等;2023年5月20日,美国与澳大利亚签订了《气候、关键矿产和清洁能源转型协定》,该协定确认了美澳将把气候和清洁能源合作作为双边联盟的第三大支柱(其他两项为国防和经济);作为一项框架性协定,该协定成立了关键矿产工作组、电池供应链工作组等落实合作,将从供应链多样性、透明度、环境和劳工等方面进行协调,以推动未来十年双方在国内外采取积极的气候和清洁能源行动。[2]此外,美国还在2023年6月先后与英国及欧盟启动了关键矿产协议谈判,主要目的是将英国和欧盟纳入美国电动汽车供应链中并享受《通胀削减法》的优惠政策,以巩固盟友关系,但目前美国仍未与英国及欧盟签署具体的协议文件。在2024年2月发布的美国与印度《贸易政策论坛联合声明》文件中,双方部长也一致同意在包括关键矿产、海关和贸易便利化、供应链和高科技产品贸易等方面加强接触,制定前瞻性的路线图,以加强合作。[3]

---

① The White House, Building Resilient Supply Chains, Revitalizing American Manufacturing, and Fostering Broad-Based Growth—100-Day Reviews under Executive Order 14017, June 2021,载于白宫网。

② The White House, FACT SHEET: Delivering on the Next Generation of Innovation and Partnership with Australia, October 25, 2023,载于白宫网。

③ USTR, Joint Statement on the United States-India Trade Policy Forum, January 12, 2024,载于美国贸易代表办公室网。

除了双边合作外,在美国的主导下,矿产安全伙伴关系(Minerals Security Partnership)于 2022 年 6 月宣布成立,成员包括美国、欧盟委员会、澳大利亚、加拿大、芬兰、法国、德国、日本、韩国、瑞典、英国,MSP 将致力于建立强大、负责任的关键矿产供应链,以支持经济繁荣和气候目标。

第三节　欧盟采取的相关措施述评

欧盟对气候议题的关注由来已久,这主要源于欧盟环境保护的民意基础以及早期加入《京都议定书》等国际气候协定的减排责任。在欧盟委员会主席冯德莱恩的领导下,欧盟委员会在 2019 年发布了一项长期的绿色战略行动计划《欧洲绿色协议》,其主要涉及《欧洲气候法》立法提议、"减排 55％"一揽子计划、欧盟适应气候变化战略、欧洲工业战略、清洁/经济/安全的能源、电池和废电池、审查非财务报告指令、审查相关的国家援助指南等,这些计划措施基本上已在 2022 年至 2023 年落实完成。

TTC 成立之后,欧盟采取的措施一方面与前述《欧洲绿色协议》议定的路线规划相重合,另一方面根据国际环境的变化,尤其是受地缘政治影响,又出台了更有导向性的绿色工业政策,其中对经济绿色转型中的清洁产业及技术、关键矿产供应链安全的关注度迅速上升。与美国类似,欧盟的措施中既有行政措施、补贴措施,又有贸易措施,其目标是避免欧盟本土企业的转移以及摆脱对净零技术和产品的进口依赖,以尽快提升欧盟本土清洁产业的发展;与美国不同的是,欧盟在关注绿色产业生产制造的同时,还对产业部门的碳排放实施监管,并且在产品全生命周期碳足迹计算规则上持续跟进,不仅制定及研究相关的计算方法,还将碳足迹纳入政策法律中,通过这一规则来提高产品要求以及贸易门槛。

一、对内促进产业部门发展和脱碳

欧盟气候治理政策主要集中于产业部门碳排放监管和清洁产业的发展两大方面,因此从碳密集型产业到清洁能源产业都有涉及,包括钢铝、水泥、纺织、汽车、建筑、航空航运、电力等多个部门,通过循环经济行动计划、"减排 55％"一揽子计划、REPowerEU 计划、绿色协议产业计划等相互配合,形成了涵盖可持续、减排、能源安全和产业促进为一体的立体框架。

表 2-1　欧盟绿色转型下的主要政策计划

主要行动	出台时间	目　标	关注的行业	主要措施
循环经济行动计划	● 2015 年通过 ● 2020 年更新（纳入《欧洲绿色协议》） ● 2023 年修订循环经济监测框架	减少欧盟生产和消费中的环境和资源消耗，同时为气候中和以及无毒循环产品的创新、可持续业务和市场提供强有力的激励措施	重点关注资源使用最多且循环潜力大的行业，例如：电子和信息通信技术、电池和车辆、包装、塑料、纺织、建筑建造、食品、水和营养物质	● 通过关于微塑料的多项倡议 ● 通过绿色声明指令提案 ● 修订包装和包装废弃物指令 ● 可持续产品生态设计法规提案 ● 修订工业排放指令 ● 提出新的电池法规提案等
"减排 55%"一揽子计划	2021 年 7 月 14 日	使欧盟的气候、能源、土地使用、运输和税收政策符合到 2030 年将温室气体净排放量比 1990 年至少减少 55% 的目标	碳密集型工业、交通运输、建筑、航运、能源、农林业等	● 修订欧盟排放交易体系 ● 通过碳边境调节机制立法 ● 社会气候基金 ● 修订可再生能源指令 ● 修订能源效率指令 ● 减排分担规则 ● 修订为新乘用车和新轻型商用车制定二氧化碳排放性能标准的法规 ● 修订关于纳入土地利用、土地利用变化和林业（LU-LUCF）的温室气体排放和清除的条例等
REPowerEU 计划	2022 年 5 月	应对俄乌冲突造成的欧盟能源市场混乱，逐步摆脱对俄罗斯化石燃料的依赖，支持清洁能源转型，打造更具韧性的能源系统	原油和精炼石油产品、煤炭、清洁能源行业、能源基础设施	● 通过复苏和适应力基金进行融资 ● 启动欧洲能源效率融资联盟 ● 成立新的欧洲太阳能光伏产业联盟 ● 成立欧盟能源平台特别工作组 ● 提议修订可再生能源指令、建筑物能源性能的指令等 ● 与挪威、埃及、以色列、阿塞拜疆等深化能源领域战略伙伴关系，增强对欧盟天然气的供应 ● 出台减少天然气需求计划等

续表

主要行动	出台时间	目 标	关注的行业	主要措施
绿色协议产业计划	2023 年 2 月 1 日	在未来十年大幅增加欧盟技术发展、净零产品的生产和安装以及能源供应	太阳能、风能、氢能、热泵和地热能、可持续替代燃料、电池/存储、电网技术、工业关键原材料等	● 通过《净零工业法》 ● 通过《关键原材料法》 ● 通过电力市场设计改革

资料来源：根据欧盟官网信息整理。

表 2-1 中的政策计划主要从促进清洁产业发展、能源转型和管理各产业部门的碳排放出发，包括支持产业发展的财政和行政措施、管理碳排放的监督措施和维护产业竞争的贸易限制措施等，欧盟通过推行这些措施旨在实现气候中和以及产业发展的双重目标。

（一）产业支持措施

在 TTC 的协同下，美欧都加强了对清洁能源产业的支持，尤其是美国通过《通胀削减法》等立法实施的大规模产业补贴，进一步激发了欧盟对绿色产业政策的跟进。欧盟实施的产业支持措施主要集中在简化行政管理、加速融资、提供技术研发支持、提升劳工技能几个方面。

2023 年 2 月 1 日，欧盟委员会出台了《绿色协议产业计划》，该计划的目标是在未来十年大幅增加技术发展、净零产品的生产和安装以及能源供应，将通过可预测和简化的监管环境、加速获得足够的资金、技能提升以及开放贸易打造有弹性的供应链四个支柱去实现，并提出了《净零工业法》《关键原材料法》及《欧盟电力市场改革》三大立法，将重点支持欧洲净零技术的本土制造并确保欧盟获得安全和可持续的关键原材料供应。

为了提高清洁能源产业的本土制造能力，2024 年 5 月 27 日已获通过的《净零工业法》针对太阳能光伏和光热技术、陆上风能和海上可再生能源技术、电池/存储技术、热泵和地热能技术、电解槽和燃料电池、可持续沼气/生物甲烷技术、碳捕获和存储技术以及电网技术等净零技术，制定了专门的支持措施，包括简化和加快涉及上述技术项目的行政许可和授权的程序、将"可持续和韧性"标准强制纳入上述技术的公共采购程序中、培养相关技能人才以及支持研发创新等。例如在简化许可程序方面，《净零工业法》首先规定了一站式服务平台（One Stop Shop），欧盟各成员国专门设立一个单一的主管机关,负责所有净零技术制造项目的审批程序;其次所有申请和批准程序都可以通过线上完成,以简化资料流转和审批过程;三为审批程序设定了时限。在支持净零技术创新方面,欧盟允许企业在"安全空间"中开发、测试创新性净零技术并在一定时限内免于监管规则的约束,以帮助潜在的净零技术的发展。

为了确保欧洲工业关键原材料的安全和可持续供应,并降低欧盟对单一国家供应商的进口依赖,2024年5月23日生效的《关键原材料法》同样主要以建立简化和可预测的许可程序以及改善融资渠道为原材料战略项目提供支持,包括用于生产电池的锂、钴和镍,用于太阳能电池板的镓以及用于风能技术的硼等关键原材料。

在循环经济行动计划下,欧盟修订后的电池法规,即《电池及废电池法规》在2023年8月17日生效。《电池及废电池法规》适用于便携式电池、工业电池和电动汽车电池等几乎所有类型的电池,作为新能源产业的关键组件,欧盟通过电池回收及回收材料使用比例规则来促进电池供应链的多元化,以减轻欧盟对进口电池的供应依赖,同时促进循环经济目标。

此外,欧盟在2021年12月批准修改了《关于气候、环境保护和能源国家援助的指南》,新的指南从2022年1月起实施,其扩大了成员国可以支持的投资和技术类别,以涵盖能够实现欧洲绿色协议的所有技术,例如可再生氢、电力储存、工业脱碳等。修订后的规则允许援助金额达到资金缺口的100%,特别是在通过竞争性招标程序获得援助的情况下,并且简化了欧委会的评估程序,还引入了新的援助工具,如碳差价合约,以帮助成员国应对工业绿色转型的需求。[1]

(二)碳排放管理措施

与美国不同的是,欧盟碳排放监管相关措施在欧盟的气候政策中占有重要分量,在碳足迹计算的规则构建和实践方面均比美国领先。欧盟的碳排放管理措施可以归纳为三种类型,一是以欧盟排放交易体系(Emission Trading System)及碳边境调节机制(CBAM)为核心的碳定价政策,二是以《电池及废电池法规》《企业可持续发展报告指令》为代表的碳足迹披露政策,三是以PEF(产品环境足迹)和MRV(监测、报告和核验)为基础的碳足迹计算政策,三类政策之间相互联动促进。

欧盟ETS是欧盟市场化减排机制的支柱,其于2005年启动运行至今,通过对

---

[1] European Commission, Guidelines on State aid for climate, environmental protection and energy 2022, 27 January 2022, 载于欧盟委员会网。

选定行业的碳排放设置排放配额并通过免费发放和有偿交易配额的结合形成市场化的碳价,从而控制欧盟的温室气体排放总量。CBAM 则是 2023 年 5 月立法通过的新机制,主要是配合欧盟 ETS 的实施,其通过对进口的钢铁、铝、化肥、氢、水泥等特定产品征收碳排放费用,来填平欧盟内部同类产品因受 ETS 监管与进口产品产生的碳价差并以此减少碳泄漏的风险。

除了欧盟 ETS 所涵盖的钢铝、水泥、化肥等重工业设施的排放外,在欧盟的循环经济行动计划下,还涉及电池、纺织、包装、电子制造等部门的碳排放管理,欧盟对这些行业的监管侧重于产品全生命周期的碳排放披露,而非收取碳排放费用。例如上文中的《电池及废电池法规》便涉及电池全生命周期碳足迹的披露,对电动汽车、轻型运输工具和可充电工业电池这三类用量大的电池提出了披露从上游矿产、材料到电池生产、回收及再利用全生命周期碳排放数据的要求。此外,欧盟在 2023 年 1 月 5 日生效的《企业可持续发展报告指令》则要求相关企业披露上下游价值链内活动的间接温室气体排放。

不管是对碳排放进行收费还是要求披露排放量,都需要一套计算碳排放量的方法。在碳足迹计算上,欧盟的政策起步较早,从 2005 年欧盟排放交易体系开始实施便配套了相应的碳排放监测、报告和核验制度(以下简称 MRV 制度)[①]。MRV 制度至今已多次修订,主要由《监测和报告条例》(MRR)以及《认可和核验条例》(AVR)两类法规构成。MRV 制度主要以固定设施生产运行中所产生的能源消耗来监测和计算碳排放。碳边境调节机制与欧盟排放交易体系制度的排放核算规则一致,其"设施碳排放"和"产品碳足迹"核算规则引用了 MRV 制度下的各项要求。除了产品生产阶段的碳足迹计算规则外,欧盟还开发了 PEF 方法,以评估产品从原材料提取到废物管理整个生命周期的环境影响,包括每个阶段使用的资源以及碳排放量。2021 年 12 月,欧盟通过了 PEF 的修订建议书,PEF 方法将运用到《分类条例》《电池及废电池法规》等立法中[②]。2023 年 8 月 17 日,欧盟《电池和废电池法规》正式生效,并于 2024 年 2 月 18 日起实施。该法律要求,自 2024 年 7 月起,动力电池以及工业电池必须申报符合 PEF 方法的产品碳足迹,需要提供电

---

① Official Journal of the European Union, Commission Implementing Regulation(EU) 2018/2066 of 19 December 2018 on the monitoring and reporting of greenhouse gas emissions pursuant to Directive 2003/87/EC of the European Parliament and of the Council and amending Commission Regulation(EU) No 601/2012,载于欧盟委员会网。

② Directorate-General for Environment, Recommendation on the use of Environmental Footprint methods,December 16,2021,载于欧盟委员会网。

池厂家信息、电池型号、原料(包括可再生部分)、电池碳足迹总量、电池不同生命周期的碳足迹、碳足迹等信息;到 2027 年 7 月要达到相关碳足迹的限值要求。

(三)双反措施

在清洁能源领域,欧盟发起反补贴反倾销调查的次数较多,尤其是针对中国的太阳能、风能等产品。

近年来,国际电动汽车市场规模迅速扩张,根据 Eurostat 2022 年的统计数据,[①]中国成了欧盟电动汽车最大的进口来源国,这也引起了欧盟机构的关注。在没有欧盟成员国和汽车业界申请的情况下,2023 年 9 月 13 日,欧盟委员会主席冯德莱恩宣布对中国电动汽车发起反补贴调查,声称欧盟汽车企业在竞争中受损于获得政府大量支持的竞争对手,调查于 2023 年 10 月 4 日正式启动。2024 年 6 月 12 日,欧盟委员会发布的初步调查结论认为中国电动汽车从不公平的补贴中受益,对欧盟的电动汽车产业构成了损害威胁,拟对从中国进口的电池电动汽车征收最高 38.1％的临时关税。该反补贴调查措施引起了中国的反对以及全球汽车行业的争议,6 月 22 日欧盟同意与中国就该项反补贴调查展开磋商。根据欧盟反补贴调查程序的规定,2024 年 7 月 4 日欧盟发布了对进口中国电动汽车加征临时关税的通知,自 2024 年自 7 月 5 日起实施,临时反补贴税率安排为:比亚迪 17.4％,吉利 19.9％,上汽 37.6％;其他合作但未被抽样的中国生产商将被征收 20.8％的加权平均关税,未合作的公司税率为 37.6％。[②]与 6 月份的初步调查结果相比,经中欧初步磋商后,欧盟加征的临时关税税率仅下调了 0.5％。除非双方达成某种替代解决方案,或者欧盟成员国的合格多数阻止了继续调查,欧盟最终的终裁结论和措施在 2024 年 11 月披露。

除了贸易领域的反补贴调查外,欧盟利用从 2023 年 7 月 12 日起实施的《外国补贴条例》(FSR)开始对企业在欧洲参与的政府采购项目和投资发起反补贴调查。2024 年 2 月以来,欧盟依据《外国补贴条例》针对中国企业发起了三起相关调查,涉及铁路机车、光伏、风电和安检设备等机电产品,包括中车青岛四方机车公司、隆基太阳能科技公司、上海电气全资子公司等,目前欧盟的调查裁决还未全部出台,已有中国企业因调查而退出采购项目。根据《外国补贴条例》,欧盟委员会有权对

---

①　Eurostat,International trade in hybrid and electric cars,载于欧盟委员会网。

②　Official Journal of the European Union,Commission Implementing Regulation(EU) 2024/1866 of 3 July 2024 imposing a provisional countervailing duty on imports of new battery electric vehicles designed for the transport of persons originating in the People's Republic of China,July 4,2024,载于欧盟委员会网。

非成员国企业在欧盟市场从事投资并购和公共采购等经济行为进行审查和监管，以确保非成员国企业未受扭曲市场的外国补贴支持，若经欧盟委员会深入审查认定非成员国企业在外国补贴中获得不公平优势，将采取要求该企业承诺进行补救或直接禁止交易的决定。欧盟开拓的新型反补贴调查领域给国际反补贴制度带来了冲击，企业在欧盟的投资并购和参与政府采购都有遭受影响的可能。

二、对外建立关键矿产供应链联盟

美欧 TTC 强调了关键矿产供应对实现绿色转型和能源安全的重要性，虽然美欧双方目前在关键矿产方面的合作谈判尚不明朗，但在这一共识的推动下，美国与欧盟都各自采取了确保自身关键矿产供应安全和可持续的行动。

上述欧盟的《关键原材料法》除了规定增强本土关键原材料项目的部署之外，还强调国际参与的重要性，因此欧盟将寻求与新兴市场和发展中经济体建立互利伙伴关系，特别是在其全球门户战略的框架内。欧盟将通过国际贸易合作加强全球供应链，提出为愿意加强全球供应链的志同道合的国家建立一个关键原材料俱乐部的设想。

在关键原材料行动计划下，欧盟正在发展关键矿产供应链战略双边伙伴关系。2024 年 2 月 19 日，欧盟和卢旺达签署了可持续原材料价值链谅解备忘录，双方的合作事项包括：(1)整合可持续的原材料价值链，支持经济多样化；(2)合作实现关键和战略性原材料的可持续和负责任的生产与增值，这包括加强尽职调查和可追溯性，合作打击原材料非法贩运，并与国际环境、社会和治理标准保持一致；(3)筹集资金用于部署原材料价值链发展所需的基础设施，包括改善投资环境；(4)与关键和战略性原材料的可持续勘探、提取、精炼、加工、定价和回收、替代、废物管理和供应风险监测相关的知识和技术的研究、创新和共享；(5)建设执行相关规则的能力，增加与关键和战略性原材料价值链相关的培训和技能。2024 年 3 月 21 日，欧盟和挪威签署了可持续的陆地原材料和电池价值链战略伙伴关系，双方将在五个领域开展合作，包括：(1)整合原材料和电池价值链方面，包括建立合资企业等形式，促进联合投资项目；(2)研究和创新方面的合作；(3)推进高环境、社会和治理标准及做法的应用；(4)调动金融和投资工具，支持伙伴关系下的投资项目；(5)为原材料和电池行业的高质量工作培养必要的技能。2024 年 4 月 5 日，欧盟与乌兹别克斯坦签署了一份谅解备忘录，启动了关键原材料(CRM)的战略伙伴关系，双方将在提高关键原材料供应链弹性、为开发关键原材料价值链所需的基础设施融资以及关键原材料可持续勘探、提取、加工和回收技术方面加强合作。2024 年 5 月 28 日,欧盟和澳大利亚签署了可持续关键和战略矿产伙伴关系,双方在关键和战略矿产方面的合作包括以下领域:(1)整合可持续的原材料价值链,包括网络化、项目联合(例如通过合资企业)、创建新的商业模式以及促进和便利贸易和投资联系等;(2)在原材料价值链的研究和创新方面进行合作,包括在矿产知识和最大限度地减少环境和气候足迹方面;(3)通过合作促进高环境、社会和治理标准和做法。

除了上述 2024 年新签署的关键矿产合作伙伴关系外,欧盟在 2021 年至 2023 年间,已经与加拿大、乌克兰、哈萨克斯坦、纳米比亚、阿根廷、智利、赞比亚、刚果民主共和国、格陵兰建立了一系列原材料伙伴关系。这些合作大多都涉及关键原材料的供应、勘探、生产、加工和回收,以及在开采和生产等整个流程中的环境、社会和治理要求,通过关键矿产伙伴关系,欧盟也同时将其主导的气候和环境标准融入了双边的经济活动中。

第三章　安全供应链

TTC是拜登政府就任以来,美欧进行跨大西洋对话的新机制。TTC下共有十个工作组,为应对供应链风险,TTC特别设立了"安全供应链"作为第三工作组。TTC安全供应链工作组的任务是在关键部门推进各自的供应链复原力和供应安全,以促进绿色和数字转型并确保对公民的保护。

TTC涉及供应链的框架性合作机制主要包括"跨大西洋可持续贸易倡议"和"矿产安全伙伴关系论坛"。双方主要的合作领域和成果包括:在半导体方面建立供应链预警和监测机制,以及交流补贴信息和避免补贴竞赛;在太阳能方面促进供应链透明度,为投资新产能或振兴目前闲置的产能创造经济激励;在关键矿产方面开始谈判一项关键矿产协议,以促进绿色转型、加强经济安全、加强国际关键矿产供应链中的环境保护和劳工权利。

同时,为达到TTC技术标准工作组设定的目标,美欧双方近年来也采取了系列措施,以保证供应链复原力及安全性。美国针对供应链的措施主要集中于:重建生产和创新能力、支持投资于工人和重视可持续性的优质市场、使政府成为关键商品的购买者和投资者、加强国际贸易规则和执行机制,以及在经济重新开放时监测供应链中断情况等,并就发展能源产业、交通产业、农产品和食品、公共卫生和生物防备产业、信息通信技术和国防产业提出系列建议;出台《芯片和科学法》,提出了多个针对美国半导体产业的扶持办法;通过《基础设施投资和就业法》调集资源,以解决关键矿物供应链的脆弱性,并为国内生产稀土磁铁提供激励;通过发展金融公司(DFC)支持在国内和其他地方发展替代太阳能供应链;通过扩大多边外交接触、推进"印太经济框架"(IPEF)、建立关键矿产供应链联盟和利用美国国际开发金融公司(DFC)及其他融资工具,与盟友和合作伙伴一起支持供应链弹性。

而欧盟采取的措施则主要包括:发布《欧洲新产业战略》文件,提出增强单一市场弹性和确保供应链安全的措施;通过《芯片法》强化欧洲芯片生产能力,建立芯片设计生态系统并支持芯片产业链创新,为加强欧盟层面的半导体生态系统建立了一个框架;通过《关键原材料法》促进欧盟关键原材料的提取、加工和回收,减少依赖并加强准备,确保欧盟能够获得安全、多样化、可负担和可持续的关键原材料供应;通过《净零工业法》提高在关键净零技术领域的本土制造产能。此外,欧盟还致力于通过双边、区域或多边的各种合作框架,以保障欧盟的供应链韧性和经济安全。

TTC 第三工作组——安全供应链的任务包括:除了关于半导体的专门机制外,安全供应链工作组的任务是在关键部门推进各自的供应链复原力和供应安全,以促进绿色和数字转型并确保对公民的保护。重点首先聚焦于清洁能源、医药和关键材料。关于这些部门,工作组的任务是寻求:提高供需透明度;规划各自现有的部门能力;交流关于政策措施和研发优先事项的信息;以及就促进供应链复原力和多样化的战略进行合作。

第一节　美欧贸易技术委员会下的协调成果

按照第一次 TTC 部长级会议确定的安全供应链工作组的任务,TTC 后续会议进一步推进了具体的工作部署。

一、美欧安全供应链合作的领域

在 2021 年 9 月 29 日举行的首次 TTC 部长级会议上,美欧就提出扩大有弹性和可持续的供应链,在重新平衡全球半导体供应链方面建立伙伴关系,以加强各自的供应安全以及各自设计和生产半导体的能力。此后的每次 TTC 部长级会议都对供应链方面的合作进行了讨论。2022 年 5 月 16 日举行的第二次 TTC 部长级会议,双方打算制定共同的方法,共同的解决方案,以提高供应链复原力,促进可预测性和贸易多样化。2022 年 12 月 5 日举行第三次 TTC 部长级会议,支持由可信(trusted)供应商在第三国提供安全和有弹性的数字连接以及信息和通信技术和服务(ICTS)供应链。2023 年 5 月 31 日举行的第四次 TTC 部长级会议,双方探索建立一个从材料投入到包装的强大的半导体供应链生态系统,包括通过分享观点和交流有针对性的供应链支持信息。2024 年 1 月 30 日举行的第五次 TTC 部长级会议,重申建立有弹性的供应链。2024 年 4 月 5 日的第六次 TTC 部长级会议,决定促进太阳能电池板、半导体和关键原材料等战略供应链多样化,并减少脆弱性。

（一）具体的合作事项

1. 半导体

美欧第一次 TTC 部长级会议发布了关于半导体供应链的声明，表示将在重新平衡全球半导体供应链方面建立伙伴关系，加强各自的供应安全以及各自设计和生产半导体的能力。双方最初合作着重于短期的供应链问题，之后在相关的 TTC 工作组中开始就半导体中长期战略问题进行合作。双方认为：半导体供应链从原材料、设计和制造到组装、测试和纳入最终产品，极其复杂，并且存在地理分散性；与产业界和所有利益相关者合作，促进供应链的透明度，对于加强投资和解决半导体产业的供需不平衡问题至关重要。双方强调，应共同确定差距和脆弱性，摸清半导体价值链的能力，加强国内半导体从研究、设计到制造的生态系统，通过与利益相关者的协商和正确的激励措施，提高复原力；应避免补贴竞赛和排挤私人投资，把重点放在减少整个供应链的现有战略依赖上，特别是通过供应链的多样化和增加投资来减少依赖。为此，双方将采取行动增加供应链的透明度和监测，建立预警系统，分享可能出现的中断信息，并激励生产，同时避免补贴竞赛。[①]

2. 太阳能

美欧双方认为，太阳能的迅速扩张有可能在全球经济活动、创造就业机会和减少温室气体排放方面产生广泛的利益。为实现净零排放目标所需的太阳能产业部署将快速增长，但该部门严重的供应集中和市场瓶颈构成了能源安全风险，供应链存在严重的脆弱性。双方认识到太阳能供应链中原材料透明度的重要性，要确保从与自身价值观一致的供应商那里采购，保护工人，并努力建立更加环境可持续和气候友好的供应链。[②]

3. 关键矿产

美欧认为：为实现成功的绿色转型，并确保经济安全，有必要就共同关心的关键矿物、金属和中间材料的供应链进行合作；双方在许多关键矿物品类上都依赖进口，而且往往来源有限，这种依赖容易受到地缘政治冲击和自然灾害干扰，因此需要就该问题密切协调。美欧关键矿产供应链合作，一方面是为了解决双方关键矿产供应链对外依赖性的共同问题，另一方面也是为了修复美国《通胀削减法》出台

---

① European Commission，EU-US Trade and Technology Council Inaugural Joint Statement，载于欧盟委员会网。

② U.S. Department of Commerce，U.S.-EU Joint Statement of the Trade and Technology Council，May 16，2022，载于美国商务部网。

之后双方在新能源汽车补贴上产生的裂痕。[1]

第一次 TTC 部长级会议后,美欧双方就稀土磁铁的供应链图谱、脆弱性和合作机会交流了看法。双方认为:稀土磁铁有许多用途,包括风力涡轮机、电动汽车驱动器、硬盘驱动器、手机、扬声器、工业电机、车辆中的非驱动列车电机、电动工具和电动自行车;需要支持私营部门对该行业的投资,并采取行动为不同的钕磁铁生产商提供确定性的需求,如通过设备制造商和稀土磁铁生产商之间的明确供应或承购协议。双方决心维护跨大西洋供应链的开放性,尽最大努力避免不必要的贸易壁垒,以避免给对方在这个供应链中的生产和贸易机会产生负面影响。

双方表示将通过 TTC 和其他相关的多边倡议及伙伴关系,以及欧盟、美国、日本、澳大利亚和加拿大之间的关键材料和矿产会议,努力解决稀土元素供应链的脆弱性,促进整个稀土供应链的非扭曲贸易。双方将:聚焦研发合作,以释放和最大限度地提高跨大西洋的采矿生产和加工能力;改善非常规资源开采和加工利用;促进新颖和有效的回收过程;支持制定和采用稀土磁铁和可持续采矿的标准;协调稀土磁铁供应链中贸易和投资的国内支持举措。双方打算利用各自的外交、项目开发、融资和私营行业资源,优先考虑和推进具有共同战略利益的项目。[2]

（二）框架性的合作机制

TTC 部长级会议涉及供应链的框架性合作机制如下。

1. 跨大西洋可持续贸易倡议

2022 年 12 月,美欧在 TTC 第三次部长级会议期间启动了"跨大西洋可持续贸易倡议"（Transatlantic Initiative on Sustainable Trade,以下简称 TIST）,TIST 的目标是建立一个有组织的、持久的双边接触,以促进一个更加一体化和有弹性的跨大西洋市场,加速向气候中和与循环经济的过渡。[3]该倡议为双方实现强化关键供应链韧性和可持续性目标提供了对话平台。在 2023 年 5 月举行的第四次 TTC 部长级会议上美欧制定了 TIST 工作计划,内容包括:发起一项共同评估供应链的倡议;在供应链透明度和可追溯性以及尽职调查方面开展合作,以帮助确保可持续和负责任的商业行为;启动一项关于跨境部署数字工具的研究,以促进双边贸易联

①　European Commission, Joint Statement EU-US Trade and Technology Council of 31 May 2023 in Lulea, Sweden,载于欧盟委员会网。

②　U.S. Department of Commerce, U.S.-EU Joint Statement of the Trade and Technology Council, May 16, 2022,载于美国商务部网。

③　European Commission, Transatlantic Initiative on Sustainable Trade-work program,载于欧盟委员会网。

系；深化正在进行的努力,使双方稀土磁铁供应多样化,避免依赖地理上集中的初级生产和加工。①TIST 的合作重点之一是为清洁经济提供具有韧性和可持续性的供应链。

2. 矿产安全伙伴关系论坛

美欧于 2024 年 4 月 4 日 TTC 第六次部长级会议期间启动“矿产安全伙伴关系论坛”（以下简称“MSP 论坛”）,表示将在全球关键矿产供应链多样化方面密切合作。MSP 论坛将扩大其与矿产生产国的现有接触,特别侧重于推进和加快具有高度环境保护、社会治理和劳工标准的项目,并促进有助于多样化和弹性供应链的政策讨论。美欧还在“发展永磁铁价值链”研讨会围绕稀土磁铁进行了深入交流,计划今后继续开展这些交流活动。②MSP 论坛建立在欧盟于 2023 年 3 月通过的关键原材料一揽子计划的基础上,该计划强调需要通过新的、相互支持的国际合作伙伴关系,建立更多样化和更可持续的关键矿物供应链。③

二、美欧供应链合作取得的成果

（一）半导体

1. 建立早期预警机制

美欧在 2021 年首次 TTC 部长级会议提出建立共同的半导体供应链预警和监测机制,以在双方之间交换信息,寻求合作解决供应链中断问题。经过一段时间的试点,双方测试了在发生破坏性事件时进行信息交流和合作的方法。根据试点结果,美欧在 2023 年第四次 TTC 部长级会议中宣布达成了一项行政安排,建立预警机制,以合作的方式处理和缓解半导体供应链的中断。该预警机制旨在确定（潜在的）供应链中断情况,并及早采取行动消除其影响。美欧认为,该机制在监测镓和锗市场的发展方面非常有用。④

2. 补贴透明度

美欧认为半导体是对经济、国家安全、科学和通信应用的重要投入,在这方面需要大量投资,特别是在生产能力方面,但也需要在设计、装配和测试以及劳动力

---

① European Commission, Transatlantic Initiative on Sustainable Trade-work programme,载于欧盟委员会网。

②④ European Commission, Joint Statement EU-US Trade and Technology Council of 4—5 April 2024 in Leuven, Belgium,载于欧盟委员会网。

③ European Commission, EU and international partners agree to expand cooperation on critical raw materials,载于欧盟委员会网。

发展方面进行投资,以避免未来出现中断。这些投资应包括计算能力、能源效率或其他创新方面的技术进步,如材料和工艺。美欧认为,双方的半导体投资是互利的。增加在欧洲的半导体投资支持美国供应链的弹性,而增加在美国的半导体投资也同样支持欧盟供应链的弹性。美国和欧盟打算进一步协调,并在双方各自根据《芯片法》和《芯片和科学法》对半导体行业投资的支持之间建立协同效应。

美欧认为必须避免补贴竞赛,将补贴限制在实现公共政策目标的必要、适当和相称的范围内。双方为此达成了一项行政安排,为相互分享提供给半导体行业的公共支持信息制定了一个机制,以支持透明度。对于各自的公共支持项目,美欧寻求交流信息和方法,分享最佳做法,并对市场动态形成共同的理解。这包括:与业界合作,推进半导体需求透明度倡议;提高对全球半导体需求预测的理解,为避免产能过剩和瓶颈的共同政策目标提供依据。美欧决定:定期举行会议,分享有关需求预测方法的信息;交流有关投资方法和公共支持的条款和条件的信息和最佳做法;交流感兴趣的领域,探索半导体研究方面的合作举措。

美欧同意就发放或现存的补贴向对方提供以下信息:补贴的目的;补贴的形式;补贴的金额或补贴的预算金额;如果可能的话,补贴接受者的姓名。为此,美欧建立了一个机制,以在双方负责人的层面上进行协商,促进沟通,阻止和防止补贴竞赛。美欧还讨论了各自公共支持框架的共同要素,如可能使用的上浮分享/超额利润返还和对公司信息的要求。美欧打算共同致力于对公共资金的良好管理,并通过合作,使各自的公共支持计划更加有效。①

3. 其他合作

美欧同意探索更多的合作方式,包括鼓励在半导体制造中使用全氟化物和多氟化物的替代品,探索建立一个从材料投入到包装的强大的半导体供应链生态系统,并就传统半导体问题进行合作。在2024年美欧第五次TTC部长级会议期间,美欧双方与行业代表举行了一次联合圆桌会议,专门讨论传统半导体供应链问题,双方承诺继续就这一问题与产业界密切接触,并计划在不久的将来与想法相似国家就这一问题举行进一步的政府间讨论。美欧双方承诺就计划采取的行动相互协商,并制定联合或合作措施,以解决传统半导体对全球供应链的扭曲影响。

(二)关键矿物

2023年3月,美欧宣布开始谈判一项关键矿产协议,以促进绿色转型、加强

---

① European Commission, Joint Statement EU-US Trade and Technology Council of 31 May 2023 in Lulea, Sweden,载于欧盟委员会网。

经济安全、加强国际关键矿产供应链中的环境保护和劳工权利,同时使在欧盟开采或加工的相关关键矿产符合美国《通胀削减法》有关清洁车辆税收优惠的要求,这也是美欧在确保关键矿产供应方面进行合作的更广泛进程的一部分。美欧承诺将在全球关键矿产供应链多样化方面密切合作,双方启动了"矿产安全伙伴关系论坛"。截至 2024 年 9 月,矿产安全伙伴关系有 15 个合作伙伴(美国、欧盟、澳大利亚、加拿大、爱沙尼亚、芬兰、法国、德国、印度、意大利、日本、挪威、韩国、瑞典、英国)。[1]

(三)太阳能

美欧计划促进太阳能供应链的透明度,认为可追溯和尽责调查有助于在欧盟、美国和第三国创造对各种太阳能技术组件的可持续市场需求,为投资新产能或振兴目前闲置的产能创造经济激励。美欧承诺:在各自的项目开发和融资工具设计上进行合作,加强太阳能制造能力,遵守共同的环境、社会和质量标准,缓解现有的供应链集中,积极合作解决市场准入障碍与对贸易和投资的扭曲。双方打算努力将任何保护措施对其各自行业的影响降到最低,并利用太阳能供应链中跨大西洋供应商的优势。双方表示继续协调政策措施、激励措施和其他行动,以促进必要的投资,使太阳能对净零排放的目标做出贡献,并建立一个地理上和商业上更加多样化的太阳能供应链。美欧还认为必须建立一个专门的工作流程,探讨如何共同支持双方光伏制造能力(包括设备),并使这一供应链多样化和降低风险。[2]

第二节　美国采取的相关措施述评

近年来,美国政府出台了系列有关供应链的政策法规,对供应链安全等问题给予关注。2021 年 1 月 21 日,美国政府发布了第 14001 号《可持续公共卫生供应链行政令》,确保应对大流行所需的物资供应。[3]2021 年 2 月 24 日,美国政府发布第 14017 号《有关美国供应链的总统行政令》(以下简称百日审查报告),提出为期百

---

① European Commission, EU and international partners agree to expand cooperation on critical raw materials,载于欧盟委员会网。

② U.S. Department of Commerce, U.S.-EU Joint Statement of the Trade and Technology Council 16 May 2022 Paris-Saclay, France,载于美国商务部网。

③ THE WHITE HOUSE, Executive Order on a Sustainable Public Health Supply Chain, January 21, 2021,载于白宫网。

日的供应链审查和为期一年的部门供应链评估①。2021 年 6 月美国发布了关于半导体和先进封装、关键矿物和材料、大容量车用电池和电网储能电池，以及活性药物成分四个领域的百日审查报告，并对各领域应采取的应对措施提出了建议②。2022 年 2 月，美国发布了能源工业基础、交通工业基地、农业商品和食品的生产和分配、公共卫生和生物防备工业基地、信息和通信技术（ICT）产业基地，以及国防工业基地六大关键产业部门的年度评估报告，并提出了加强供应链的相应战略③。2023 年 6 月，美国发布了《建立更强大供应链和更具弹的经济的两年》报告④，重申了百日审查报告提出的六大建议。2024 年 6 月，美国发布了白宫供应链韧性理事会的行政令，进一步为增强美国供应链韧性提供组织保障。⑤美国近年来实施的《基础设施投资与就业法》《芯片与科学法》和《通胀削减法》也有加强供应链韧性的相关内容。上述背景下，美国在供应链领域采取的措施主要包括：

一、适用于各个领域的横向措施⑥

（一）重建生产和创新能力

第一，为半导体制造和研发提供专项资金。美国通过 2022 年《芯片和科学法》共计拨款 527 亿美元用于支持半导体发展，它还为制造半导体和相关设备的资本支出提供 25％的投资税收抵免。2023 年，美国设立国家半导体技术中心，该中心是一个专注于半导体研发商业化的公私合营财团，其目标为扩大美国在半导体技术方面的领导地位；减少从设计理念到商业化的时间和成本；建立和维持半导体劳动力发展生态系统。⑦

第二，提供消费者退税和税收优惠，以刺激消费者采用电动汽车。美国《通胀削减法》确定了一项消费者税收抵免，对购买新电动汽车消费者税收抵免最高可达

①　THE WHITE HOUSE, Executive Order on America's Supply Chains, February 24，2021，载于白宫网。

②　THE WHITE HOUSE, Building Resilient Supply Chains, Revitalizing American Manufacturing, and Fostering Broad-Based Growth, 100-Day Reviews under Executive Order 14017 June 2021，载于白宫网。

③　THE WHITE HOUSE, Executive Order on America's Supply Chains：A Year of Action and Progress，载于白宫网。

④⑥　THE WHITE HOUSE, Report Card：Two Years of Building Stronger Supply Chains and a More Resilient Economy JUNE 8，2023，载于白宫网。

⑤　THE WHITE HOUSE, Executive Order on White House Council on Supply Chain Resilience, JUNE 14，2024，载于白宫网。

⑦　U.S. Department of Commerce, CHIPS for America Outlines Vision for the National Semiconductor Technology Center，载于美国商务部网。

7 500 美元,对购买二手电动汽车最高抵免可达 4 000 美元。此外,美国《基础设施投资与就业法》提供了 75 亿美元,用于建设美国制造的全国电动汽车充电网络。

第三,为电池供应链提供融资和投资开发下一代电池。美国《基础设施投资与就业法》拨款近 70 亿美元加强美国电池供应链,《通胀削减法》则从材料加工到电池制造,为电池供应链提供进一步的生产激励。2022 年 2 月,美国能源部宣布投资 30 亿美元,投资于整个电池供应链,包括电池材料精炼和生产工厂、电池单元和电池组制造设施以及回收设施。2023 年 1 月,美国能源部宣布 1.25 亿美元用于其电池和储能能源创新中心计划。该计划将资助基础研究,以利用各种先进的电池化学和技术,减少对锂离子和铅酸电池的依赖。

第四,建立新的供应链韧性项目。美国根据《基础设施投资与就业法》在交通运输部设立了一个新的多式联运货运基础设施和政策办公室,以协调全国货运投资活动,并为城市和州提供支持。2023 年 6 月,美国商务部国家标准与技术研究院(NIST)的霍林斯制造业延伸伙伴关系(MEP)项目建立了一个全国性的供应链优化和智能网络(SCOIN),以帮助全国的中小型制造商填补国内供应链空白。

第五,利用《国防生产法》(DPA),扩大关键行业的生产能力。2022 年 6 月,拜登总统授权使用《国防生产法》加速国内清洁能源技术的生产,以降低家庭能源成本、减少电网风险和应对气候变化。《通胀削减法》根据《国防生产法》为关键电池材料和热泵提供了 5 亿美元资金。

第六,投资开发新的药品生产和工艺。美国卫生与公众服务部已经投资了 5 亿多美元,用于开发创新的国内生产活性药物成分。美国国家科学基金会的"区域创新引擎"项目也投资于生物工程的发展,包括救命药物的生产。美国商务部经济发展局(EDA)投资了 2 亿多美元,通过推进区域生物技术和生物制造项目来扩大生物经济。

第七,通过以部门为基础的社区大学伙伴关系、学徒制和在职培训,与产业界和劳工部门合作,创造获得高质量工作的途径,提供自由和公平的加入工会的选择。2022 年 6 月,美国政府和协调机构启动了"人才管道挑战"项目,以扩大宽带、建筑和电气化领域的劳动力发展。2023 年 5 月,拜登政府发布了《支持好工作路线图》,宣布了先进制造业冲刺计划和五个劳动力中心,作为政府、劳工、雇主和社区合作的典范,促进高质量的劳动力培训,以满足当地需求。

第八,支持中小企业和弱势企业,帮助实现关键供应链的多样化。2021 年 7 月,拜登政府成立了首个白宫竞争委员会,以扭转整个经济中市场集中度不断提高的趋势。2022年5月，拜登政府启动了"增材制造前锋"（Additive Manufacturing Forward）项目，该项目大型制造商与其较小的美国供应商之间的自愿协议，以支持采用新增材制造能力。美国能源部发布了其7.5亿美元先进能源制造和回收拨款计划，计划将支持煤炭社区中小型制造商的清洁能源制造项目。

第九，审查美国进出口银行（EXIM）利用现有授权进一步支持美国出口和国内制造业的能力。2022年4月，美国进出口银行董事会批准"在美国创造更多"倡议，允许企业利用现有的中长期贷款、贷款担保和保险机构，用于出口导向型的国内制造业和基础设施项目。

（二）支持投资于工人和重视可持续性的优质市场

第一，制定21世纪关键矿物的开采和加工标准。美国内政部成立了一个跨部门工作组（IWG），负责领导政府在采矿许可和监督的立法和监管改革方面的工作，确保及时、负责任和可持续地获得所需的关键矿物。跨部门工作组公布了一份政府关于采矿改革的基本原则清单，以促进在强有力的社会、环境和劳工标准下负责任的采矿，避免太多采矿作业留下的历史不公正，同时提高许可过程的效率和透明度。

第二，确定美国关键矿物的潜在生产和加工地点。根据《基础设施投资与就业法》的拨款，美国地质调查局地球测绘资源倡议（Earth MRI）将在五年内拨付3.2亿美元，以加速识别潜在的关键矿产资源地区。

第三，提高整个药品供应链的透明度。美国食品药品监督管理局（FDA）发布了行业指南，要求某些上市药物和生物制品（包括活性药物成分）的制造商报告年度生产量，这些数据将有助于加强对药品供应链和短缺的了解。

（三）政府成为关键商品的购买者和投资者

第一，使用联邦采购和购买美国货来加强美国的供应链。2021年12月，拜登政府发布了14057号行政令，成立"购买清洁能源特别工作组"，在联邦采购和基础设施项目融资中推广使用美国制造的低碳建筑材料。2022年3月，拜登政府宣布加强"购买美国货"规则，将国内含量门槛从55%提高到60%，到2029年逐步提高到75%。《通胀削减法》为"购买清洁产品"计划提供了45亿美元资金，该法还包含在某些清洁能源项目中使用国内成分的税收抵免。

第二，在科学和气候研发的联邦拨款中加强国内生产要求。美国能源部在《Bayh-Dole法案》①的基础上加强了研发合同中的制造承诺，鼓励联邦研发基金资

---

① 《Bayh-Dole法案》或《专利和商标法修正案》(Pub. L. 96-517)，35 U.S.C. §200—212，于1980年通过，旨在激励和加速联邦资助的研究成果的商业利用，载于美国专利商标局网。

助的技术在国内商业化和制造。拜登政府领导的跨部门协调,加强了对联邦资助发明的国内生产承诺,并简化了相关发明数据库。

第三,改革和加强美国的储备。2022 年 2 月,美国能源部、国防部和国务院签署了一份协议备忘录,以更好地协调储存活动,支持美国向清洁能源过渡,满足国家安全需求。《2023 财政年度国防授权法案》授权 10 亿美元用于国防储备,以获取战略和关键材料,满足美国的国防、工业和基本民用需求。

第四,确保美国的新汽车电池生产符合高劳工标准。美国能源部制定了指导方针,将工作质量和劳动标准纳入其补助和贷款中,这包括在该部门对电池制造、回收和材料加工的补助中。美国能源部启动了"电池劳动力计划",这是一项与劳工、工业和政府合作的计划,旨在为电池制造供应链中的关键职业开发培训计划和材料。

(四)加强国际贸易规则和执行机制

第一,建立一支由美国贸易代表领导的贸易执法队伍,以查明侵蚀美国关键供应链的不公平外贸行为,以及现有和未来的美国贸易协定如何帮助加强供应链弹性。2021 年设立的美国贸易代表办公室供应链工作组除了与其他美国政府机构合作开展工作外,还积极与志同道合的伙伴和利益相关者合作,加强关键的供应链弹性。

第二,通过发起 232 调查来保障供应链安全。2023 年 2 月 14 日,美国商务部发布了关于钕铁硼(NdFeB)永磁体影响国家安全的 232 调查结果报告,决定不限制钕铁硼磁铁进口,并提出了五项降低国家安全风险的政策建议,包括与盟友和伙伴进行接触,加强国内供应,扩大内需、支持中长期行业发展和弹性,以及继续监测钕铁硼磁铁价值链。[1]

(五)在经济重新开放时监测近期供应链中断情况

美国建立了供应链中断工作小组,以解决近期供应链对经济复苏的挑战,包括新冠病毒带来的整个货物运输链上的劳动力和供应链挑战。工作组领导的公私协调也改善了货物进入美国和在美国境内的物流活动。

此外,美国还创建数据中心来监控近期的供应链脆弱性。美国商务部于 2021 年 10 月开发了一个预警系统以应对海外半导体生产出现的中断。美国交通运输部于 2022 年 3 月启动了 FLOW 计划,目前已有 60 多名参与者,旨在提供货运信

---

[1] FEDERAL REGISTER, Publication of a Report on the Effect of Imports of Neodymium-Iron-Boron (NdFeB) Permanent Magnets on the National Security: An Investigation Conducted Under Section 232 of the Trade Expansion Act of 1962, as Amended,载于美国联邦注册官网。

息交流平台,帮助应对供应链挑战,提高运输物流网络的弹性①。

二、针对六大产业基础的政策②

除对所有行业适用的横向政策措施外,美国还具体针对包括能源产业、交通产业以及农产品与食品等六大产业的供应链安全制定了相关政策。

(一)能源产业

2022 年,美国能源部对能源产业进行了全面评估,并发布《美国确保清洁能源强劲转型供应链战略》,该战略概述了联邦政府和国会需要采取的 60 多项行动,并确定了七个主要的行动方向,包括:(1)增加原材料的获取;(2)扩大国内制造能力;(3)支持形成和投资多样化、安全及对社会负责的国外供应链;(4)为清洁能源的广泛部署发出明确的需求信号;(5)改善报废能源废弃物管理;(6)在清洁能源转型的制造和部署过程中吸引和支持熟练劳动力;(7)增强供应链知识和决策能力。

(二)交通产业

2022 年,美国交通运输部评估了货运和物流供应链情况,建议采取五大行动,以支持美国 21 世纪弹性货运和物流供应链,具体包括:(1)投资于货运基础设施,如港口、桥梁和铁路,以提高运力和连通性;(2)提供技术援助,支持货运投资和运营的规划和协调;(3)完善供应链绩效的数据和研究;(4)加强和精简治理,以提高效率,建设劳动力队伍,增强竞争力,减少安全和环境风险;(5)与整个供应链的利益相关者合作,包括与公共和私营部门的协调。

(三)农产品和食品产业

2022 年,美国农业部评估了生产农产品和食品供应链情况,确定了六个关键领域的脆弱性,具体包括:(1)生产、制造和分销的整合和集中增加了生产者和消费者的风险;(2)农场和食品行业面临劳动力健康和大流行前劳动力供应方面的挑战;(3)气候变化和生态风险对作物、农场生产和资源的影响;(4)影响供应的动物疾病暴发;(5)国家落后的交通基础设施带来的风险;(6)与贸易有关的中断。针对这些脆弱性,农业部提出了一系列联邦政府行动计划,以注入稳定性,改善公平,并使供应链多样化。包括食品供应链担保贷款项目,该项目为符合条件的贷款机构提供高达 4 000 万美元的贷款担保,用于资助粮食系统项目,特别是粮食供应链中

---

① 计划详情参见美国交通运输部网。

② The White House, Executive Order on America's Supply Chains: A Year of Action and Progress,载于白宫网。

间活动的启动或扩展。该项目支持对食品聚合、加工、制造、储存、运输、批发和分销基础设施进行新的投资,以提高产能,建立一个更有弹性、更多样化和更安全的美国食品供应链。

(四)公共卫生和生物防备产业

2021 年 1 月 21 日,美国发布了第 14001 号行政令——可持续公共卫生供应链,该行政令指示立即采取行动,确保应对大流行所需的物资供应,以便联邦政府、州、地方、部落和领土当局以及美国的卫生保健工作者、卫生系统和患者能够获得并保持可用。这些物资对国家尽快、安全地恢复学校和经济至关重要。[①]同年 6 月,美国发布了《公共卫生供应链韧性国家战略》,提出了建立长期韧性的建议,涵盖九个主题,具体包括:(1)制造业和工业基础投资;(2)储备、分配和协调;(3)创新;(4)贸易政策和购买美国货/联邦采购;(5)法规、政策和标准;(6)劳动力发展;(7)全球伙伴关系和标准;(8)治理;(9)外部利益相关者的参与和协调。

(五)信息通信技术

为了发展一个有弹性的 ICT 产业基础,美国商务部和国土安全部发布了以下建议:(1)振兴美国 ICT 制造业基础;(2)通过安全和透明的供应链建立弹性;(3)与国际伙伴合作,提高美国及其盟友/伙伴的供应链弹性,并加强对国际标准制定的参与;(4)投资未来的 ICT 研发;(5)加强信息通信技术人才储备;(6)促进提高劳工和环境标准;(7)增加与行业利益相关者的接触;(8)继续研究信息通信技术产业基础,监测行业发展,指导长期政策规划。

(六)国防产业

为了继续建立长期弹性,美国国防部建议将工作重点放在四个方面:(1)内部实践,例如更好地了解国防部总需求和更新供应链和采购政策;(2)与跨部门合作,更好地协调各经济部门,并在国防部无法推动需求的情况下制定整体政府解决方案;(3)国际努力,以增加合作开发和合作生产的机会;(4)与工业界合作,包括探索更大程度的标准化要求。

三、针对特定关键行业的措施

(一)半导体行业

2022 年,美国出台了《芯片和科学法》,该法提出了多个针对美国半导体产业

---

① THE WHITE HOUSE, Executive Order on a Sustainable Public Health Supply Chain, January 21, 2021,载于白宫网。

的扶持办法。根据该法,在未来五年时间里,美国政府将提供527亿美元补贴芯片行业发展,其中500亿美元用于芯片制造、研发与劳动力发展领域,剩余部分用于劳动力和教育、国防及国际技术安全和创新领域。此外,该法确定了半导体行业投资的税收抵免政策,税收减免额度为25%,减免税负的项目包括设备制造、半导体制造设施建设和半导体制造过程中所需的专用工具设备制造等。该法还授权美国国家科学基金会、美国商务部、美国国家标准与技术研究院和美国能源部在未来五年追加超过2 000亿美元的科学与技术研发资金,并将资助范围扩大至整个高科技领域。[①]

（二）关键矿物

美国政府通过2021年《基础设施投资和就业法》等措施,调集大量资源,以解决关键矿物供应链的脆弱性,并为国内生产稀土磁铁提供激励。如提供资金,建立稀土示范设施,展示全面稀土提取、分离和提炼的新技术的商业可行性;推进关键材料的创新、效率和替代品;建立关键矿物供应链研究设施。美国还为建立国内商业规模的稀土元素加工和分离能力提供了资金。[②]

（三）太阳能

自2021年6月以来,美国已经采取了一系列行动来推进太阳能供应链的弹性,如通过美国发展金融公司(DFC)支持在国内和其他地方发展替代太阳能供应链。美国还在拜登总统的2023财政年度预算中宣布了先进的太阳能制造加速器,以支持美国的太阳能制造。[③]美国通过《通胀削减法》对太阳能电池、太阳能组件到太阳能发电以及其他的太阳能项目等多个方面提供了补贴。通过《基础设施投资与就业法》,美国将在整个光伏供应链中推广新技术,资助的项目包括设备、硅锭和硅片、硅和薄膜光伏电池制造等,以填补美国国内光伏制造供应链的空白。[④]

四、与盟友和伙伴合作

主要表现在如下几个方面:

---

① 史九领、洪永淼、刘颖:《美国〈2022年芯片与科学法案〉对我国相关产业的影响与对策》,《中国科学院院刊》2024年第2期。

②③ U.S. Department of Commerce, U.S.-EU Joint Statement of the Trade and Technology Council 16 May 2022 Paris-Saclay, France,载于美国商务部网。

④ The White House, FACT SHEET: Biden-Harris Administration Takes Action to Strengthen American Solar Manufacturing and Protect Manufacturers and Workers from China's Unfair Trade Practices, May 16, 2024,载于白宫网。

第一,扩大多边外交接触,包括举办一个新的全球供应链弹性论坛。2021 年 10 月,美国与欧盟及其他 14 个国家共同主持了全球供应链韧性峰会。2022 年 7 月,美国举办了供应链部长会议,以进一步加强对供应链弹性的多边支持。美欧等 28 个国家签署了《全球供应链合作联合声明》,奉行透明、多元化、安全、可持续的原则。2023 年 5 月,七国集团领导人还发布了《清洁能源经济行动计划》,该计划使七国集团在建设安全、有弹性、负担得起和可持续的清洁能源供应链和强大产业基础的道路上保持一致,减少不适当的战略依赖。①

第二,推进"印太经济框架"(IPEF)下的供应链合作。2024 年 2 月,美国主导的《与供应链复原力有关的印太经济繁荣框架协议》(以下简称《协议》)生效,成员包括美国、日本、韩国、印度等 14 个国家。《协议》明确指出重在发展更具韧性和活力的供应链,除供应链成本外,还应考虑韧性、效率、生产力、可持续性、透明度、多样化、安全、公平和包容性。《协议》将从六个方面加强供应链的安全性、多样性和包容性:共同监测关键部门关键产品,加深成员对重大供应链风险的集体理解;构建共同应对供应链危机机制,保障成员在危机期间受冲击产品的及时交付;提高成员的供应链物流和基础设施水平;保障成员工人的劳工权利,并提升其技能;加强成员在国家安全、公共健康等相关部门和产品加强合作、增加投资、提升监管透明度,防止经济大面积中断;确保尊重市场原则,最大限度地减少市场扭曲和贸易限制和障碍,保护商业机密信息。②

2024 年 8 月 23 日,美国商务部发布了根据《协议》加强供应链韧性而可能开展合作的关键行业和关键产品清单,包括:农业、化工产品、消费品、关键矿产和采矿、能源/环境产业、健康产业、信息和通信技术产品、运输和物流等行业和产品。该清单可在今后根据需要进行更新。③

第三,建立关键矿产供应链联盟。美国还致力于对外建立关键矿产供应链联盟。2023 年 3 月 28 日,美国与日本签订了"关于加强关键矿产供应链的协议"。2023 年 5 月 20 日,美国与澳大利亚签订了《气候、关键矿产和清洁能源转型协定》,

---

① THE WHITE HOUSE, Report Card: Two Years of Building Stronger Supply Chains and a More Resilient Economy JUNE 08, 2023,载于白宫网。

② U.S. Department of Commerce, Indo-Pacific Economic Framework for Prosperity Agreementrelating to Supply Chain Resilience,载于美国商务部网。

③ U.S. Department of Commerce, U.S. Identifies Critical Sectors and Key Goods for Potential Cooperation under the IPEF Supply Chain Agreement,载于美国商务部网。

该协定成立了关键矿产工作组等落实合作进展,将从供应链多样性、透明度、环境和劳工等方面进行协调,以推动未来十年双方在国内外采取积极的气候和清洁能源行动。美国还在 2023 年与欧盟启动了关键矿产协议谈判。在 2024 年 2 月发布的美国与印度《贸易政策论坛联合声明》文件中,双方部长也一致同意在包括关键矿产、海关和贸易便利化、供应链和高科技产品贸易等方面加强接触,制定前瞻性的路线图,以加强合作。除了双边合作外,美国还主导成立了矿产安全伙伴关系,旨在建立强大、负责任的关键矿产供应链。

第四,利用美国国际开发金融公司(DFC)和其他融资工具,与盟友和合作伙伴一起支持供应链弹性。批准的项目在地理和行业上都很多样化,包括:菲律宾的农业出口、中东的数字航运和物流、印度尼西亚的海水养殖、格鲁吉亚的通信基础设施、爱尔兰和巴西的关键矿产生产,以及厄瓜多尔的一个主要航运港口。[1]

第三节　欧盟采取的相关措施述评

一、出台相关政策法规

近年来,欧盟为增强本土供应链出台了一系列政策法规。2020 年,欧盟发布了《欧洲新产业战略》文件[2],并于 2021 年对该新产业战略进行了更新[3]。欧盟在新产业战略中提出了诸多增强单一市场弹性和确保供应链安全的措施,包括:建立产业联盟,以加速清洁技术、原材料、处理器和半导体、数据、边缘和云的活动;为欧洲共同利益的重要项目汇集资源,推动突破性创新;推进循环经济;提高绿色和数字技能;确保欧盟在全球标准制定中的领导地位。[4]2023 年欧盟发布《经济安全战略》,明确提出欧盟经济安全战略的优先事项之一是通过使经济和供应链更具弹性

---

[1]　THE WHITE HOUSE, Report Card: Two Years of Building Stronger Supply Chains and a More Resilient Economy JUNE 08, 2023,载于白宫网。

[2]　EUROPEAN COMMISSION, A New Industrial Strategy for Europe, COM(2020) 102 final,载于欧盟委员会网。

[3]　EUROPEAN COMMISSION, Updating the 2020 New Industrial Strategy: Building a stronger Single Market for Europe's recovery, COM(2021) 350 final,载于欧盟委员会网。

[4]　European Union, JOINT COMMUNICATION TO THE EUROPEAN PARLIAMENT, THE EUROPEAN COUNCIL AND THE COUNCIL ON "EUROPEAN ECONOMIC SECURITY STRATEGY", Brussels, 20.6.2023 JOIN(2023) 20 final,载于欧盟委员会网。

来提升竞争力。①

2022 年，欧盟提出《芯片法案》，旨在强化欧洲芯片生产能力，建立芯片设计生态系统并支持芯片产业链创新。2023 年欧盟提出《关键原材料法案》和《净零工业法案》。《关键原材料法案》旨在促进欧盟关键原材料的提取、加工和回收，减少依赖并加强准备。《净零工业法案》规定到 2030 年，欧盟在关键净零技术领域的本土制造产能要达到欧盟境内需求的 40%；到 2040 年，欧盟在这些领域的本土制造产能达到全球市场份额的 15%。2022 年，欧委会还提出了《单一市场应急工具法案》②，旨在确保在未来发生紧急情况时关键产品的供应和自由流通。单一市场应急工具将允许监测战略产品和服务，包括供应链中断和相关短缺，并在需要时迅速集体作出反应。

二、支持特定关键行业发展

（一）半导体行业

欧盟十分重视半导体的发展和供应链安全。欧盟在半导体研究、开发和创新的方面有多个不同计划和行动框架，如关键数字技术伙伴关系（KDT），欧洲创新理事会（EIC）支持的突破性创新的各项股权投资活动，欧盟"处理器和半导体产业联盟"的产学研合作，欧洲共同利益重要项目（IPCEI）支持的项目，以及成员国根据《研发和创新国家援助框架》③支持的各项活动。

为了进一步发展欧盟自身半导产业，欧盟通过了《芯片法案》，拟通过建立"欧洲芯片倡议"、制定欧盟综合生产设施和开放性代工厂标准，以及在成员国和欧盟委员会之间建立协调机制三大措施为加强欧盟层面的半导体生态系统建立了一个框架。目标之一是通过制定统一的欧盟法律框架来提高欧盟在半导体技术领域的弹性和供应安全，从而改善内部市场的运作。

该法将强化欧洲芯片生产能力，建立芯片设计生态系统并支持芯片产业链创新，规定到 2030 年将欧盟芯片产量全球份额由 10% 提高到 20%，确保半导体的安

---

① European Union, Joint Communication to the European Parliament, The European Council and the Council on "European Economic Security Strategy", Brussels, 20.6.2023 JOIN(2023) 20 final,载于欧盟委员会网。

② European Commission, Proposal for a Regulation establishing a Single Market Emergency Instrument and repealing Council Regulation(EC) 2679/98, 19 September 2022.

③ European Commission, Communication from the Commission Framework for State aid for research and development and innovation 2022/C 414/01,载于欧盟委员会网。

全供应。该法预计会带来超过 150 亿欧元的额外公共和私人投资。这些投资将补充在半导体研究和创新方面的现有计划和行动,如地平线欧洲和数字欧洲计划,以及补充成员国的支持措施。预计到 2030 年,总共将有超过 430 亿欧元的政策驱动投资支持芯片法,这将与长期私人投资大致相当。[①]

（二）关键矿物

为保障欧盟的矿物供应链安全,欧盟通过了《关键原材料法案》。该法旨在确保欧盟能够获得安全、多样化、可负担和可持续的关键原材料供应,加强欧盟在价值链各个阶段的关键原材料能力。它拟通过减少依赖、加强准备和促进供应链的可持续性和循环性来增强复原力;通过采取加强国内供应链、加强国际参与和发展与第三国的互利伙伴关系来确保原材料的供应。

欧盟为实现《关键原材料法》的目标制定了五大支柱,包括:

（1）制定明确的行动重点。确定对绿色和数字化转型技术以及国防和空间至关重要的关键原材料清单和战略原材料清单。到 2030 年,在盟内对战略原材料的开采、加工、回收需分别满足总需求的 10%、40% 和 15%。在任何相关的加工阶段,每年每种战略原材料对单一第三国的需求不超过 65%。

（2）建设欧洲能力。欧盟必须加强其原材料价值链,从采矿到精炼,再到加工和回收。这将需要发展国家勘探,对许可程序采取更精简和可预测的办法,以及改善获得资金的机会。

（3）提高韧性。重点是提高欧盟抵御供应链中断的能力。为此,它将通过压力测试提高监测能力,确保为建立战略储备作出协调努力,并促进可持续的投资和贸易。

（4）投资于研究、创新和技能。欧盟将加强对关键原材料的突破性技术的吸收和部署。在关键原材料和原材料学院方面建立大规模的技能合作伙伴关系,将促进关键原材料供应链中与劳动力相关的技能。

（5）促进更加可持续和循环的关键原材料经济。必须促进原材料的回收利用,并建立一个强大的二级市场。为此,将鼓励从采掘废物设施中回收关键原材料,并加大努力减轻对劳工权利、人权和环境保护的不利影响。还必须认可旨在提高欧盟市场上关键原材料可持续性的认证计划。[②]

欧盟通过欧洲地平线研究和创新计划,为稀土的开采、加工、分离和提炼以及

---

① European Commission, European Chips Act,载于欧盟委员会网。
② European Commission, European Critical Raw Materials Act,载于欧盟委员会网。

钕磁铁的回收提供资金。欧洲原材料联盟计划沿着稀土和钕磁铁的价值链开发一个投资项目通道。该联盟已经提出了 14 个项目，到 2030 年可以满足欧盟 20％的稀土磁铁需求。清洁技术材料工作组将欧洲投资银行和欧洲复兴开发银行聚集在一起，加快对关键原材料项目的投资。[①]

（三）太阳能

2022 年 5 月，欧盟发布了太阳能战略[②]。欧盟认为，太阳能通过向家庭和工业提供电力和热量，有可能成为主流能源系统的一部分。该战略提出目标，到 2025 年新增太阳能光伏装机容量超过 320 吉瓦（GW），到 2030 年达到近 600 吉瓦。欧盟太阳能战略包括欧洲太阳能屋顶倡议、欧盟可再生能源大规模技能伙伴关系、欧盟太阳能光伏产业联盟，以及欧委会一揽子计划（立法提案，建议和指导）。

这些举措将引入具有法律约束力的欧盟太阳能屋顶义务，以确保加速安装太阳能电池板，帮助培养生产、安装和维护太阳能电池板所需的熟练劳动力，并支持欧盟的太阳能产业。到 2026 年，使用面积（useful floor area）大于 250 平方米的所有新建公共和商业建筑房屋都必须安装屋顶太阳能，到 2027 年使用面积大于 250 平方米的所有现有的公共和商业建筑，以及到 2029 年所有新建住宅建筑房屋都必须安装屋顶太阳能。

到 2027 年，太阳能光伏发电（PV）所需的投资估计将达到 260 亿欧元。预计大部分融资将来自私人部门，但也有一部分由公共资金触发。欧盟可以支持太阳能推广的工具是：复苏和弹性基金，凝聚力政策基金，欧盟投资基金，创新基金，现代化基金，地平线欧洲，欧盟环境和气候行动融资工具（the LIFE programme）、连接欧洲基金和欧盟可再生能源融资机制。

三、推进双边和多边合作

欧盟认为，国际合作对支持全球生产和确保供应多样化至关重要。欧盟将进一步发展战略伙伴关系，与可靠的伙伴合作，以可持续的方式促进经济发展，确保安全、有弹性、负担得起和充分多样化的供应链。除了在 TTC 机制下的合作外，欧盟还同时推进其他形式的双多边供应链合作，包括：

---

① U.S. Department of Commerce, U.S.-EU Joint Statement of the Trade and Technology Council 16 May 2022 Paris-Saclay, France，载于美国商务部网。

② European Union, EU Solar Energy Strategy, COM（2022）221 final，载于欧盟委员会网。

（1）原材料伙伴关系。获得全球市场上的原材料是欧盟的优先事项之一。欧盟致力于通过双边、区域或多边的各种合作框架，开展原材料外交，与欧盟的原材料战略伙伴建立对话。截至 2024 年 9 月，欧盟已与阿根廷、澳大利亚、加拿大、智利、刚果民主共和国、格陵兰岛、哈萨克斯坦、纳米比亚、挪威、卢旺达、塞尔维亚、乌克兰和赞比亚建立了原材料伙伴关系。这些合作大多都涉及关键原材料的供应、勘探、生产、加工和回收，以及在开采和生产等整个流程中的环境、社会和治理要求。此外，欧盟还与巴西、中国、哥伦比亚、日本、墨西哥、秘鲁、美国、乌拉圭、欧洲地中海国家和非洲联盟建立了合作关系。[①]

（2）数字伙伴关系。目前，欧盟与日本、韩国、新加坡和加拿大四国建立了数字伙伴关系，数字伙伴关系是在欧盟和世界各地建立团结和联系的重要组成部分，通过与志同道合的国家合作，培育一个安全、可靠的数字空间，并创建一套可在全球使用的标准。如 2022 年 5 月建立的欧盟—日本数字伙伴关系，其主要合作领域之一就是半导体行业全球供应链的弹性。[②]

（3）"全球门户"战略。2021 年，欧盟发布"全球门户"战略，旨在促进数字、能源和交通部门的智能、清洁和安全联系，并加强全球的卫生、教育和研究系统。全球门户旨在通过欧洲团队的方式，将欧盟、成员国及其金融和发展机构聚集在一起，动员高达 3 000 亿欧元的投资。它寻求在数字、气候和能源、交通、卫生、教育和研究领域产生变革性影响。[③]欧盟认为，该战略有助于应对最紧迫的全球挑战，从应对气候变化到改善卫生系统，以及提高全球供应链的竞争力和安全性。[④]

此外，欧盟还通过贸易协定、"全球基础设施投资伙伴关系"和 G7 等框架推进合作，以保障欧盟的供应链韧性和经济安全。

---

① European Commission，Raw materials diplomacy，载于欧盟委员会网。
② European Commission，Digital Partnerships，载于欧盟委员会网。
③ European Commission，Global Gateway overview，载于欧盟委员会网。
④ European Commission，Global Gateway，载于欧盟委员会网。

第四章 信息和通信技术与服务安全和竞争力

随着科学技术深入发展,信息通信技术、量子技术、人工智能等已成为全球经济发展的前沿领域。在全球贸易进入再平衡阶段的大背景下,信息通信技术相关领域(ICTS)已然成为了地缘博弈的重要战场。美国和欧盟期望通过 TTC 机制,深化双方在 ICTS 供应链安全、多样性、互操作性和复原力方面的跨大西洋合作。为此,TTC 设立了第四工作组——信息和通信技术与服务安全和竞争力工作组,以实现美欧支持合作伙伴发展安全的数字基础设施、确保未来的通信技术符合美欧的关键原则和价值观,以及寻求解决 ICTS 供应链所有层面和要素安全的方法等三大目标。

自 TTC 机制启动以来,美国和欧盟双方加紧协调进展,为达成上述目标积极推进在信息通信技术和服务安全和竞争力方面的各项工作,并且也已经实现了可交付的阶段性工作成果。首先,在为第三国数字基础设施提供公共融资合作方面,双方重点加强了与公共筹资机构、发展融资银行等机构的合作,通过与牙买加、肯尼亚、哥斯达黎加和菲律宾各自政府和利益相关者的合作,切实履行了对这四个国家的包容性 ICTS 项目的支持,并且正在协调和探索对突尼斯依靠可信供应商建立安全数字连接和基础设施的融资方式。其次,在有关未来通信技术的合作方面,双方就 6G 的共同愿景和路线图积极采取行动,已经在第六次 TTC 部长级会议上正式通过了联合 6G 愿景,并且还计划与其他志同道合的伙伴制定计划推动 6G 网络的发展。最后,在安全灵活的国际互联互通合作方面,双方一方面计划继续寻求各种途径推进国际连通性方面的合作,例如穿越北极和太平洋地区的跨洋航线,另一方面通过行政安排的方式加强了网络连接消费品的安全合作。

除上述双方在跨大西洋合作方面的努力和进展之外,双方也在积极开展内部和外部的协调,推动 ICTS 供应链方面的政策目标。如,在支持合作伙伴发展安全的数字基础设施方面,美国和欧盟近年来在加大内部基础设施投资力度的基础上,先后推出多项全球性基础设施建设方案,倡导绿色、透明、善治和高标准等原则,聚焦气候、健康和卫生安全、现代化数字技术等领域。美国联合七国集团先后提出了"重建更好世界"的全球基建倡议，以及援助发展中国家基建的"全球数字基础设施与投资伙伴关系"。欧盟通过整合欧盟及其成员国现有的海外全球基础设施投资计划，提出了投资海外基础设施的总体计划——"全球门户"计划。在确保未来的通信技术符合其关键原则和价值观方面，美国政府和欧盟各自都加紧采取措施推动 5G、6G 等未来通信技术的研发，力图争夺 6G 的领导者地位。美国政府持续为6G 研发提供资金支持，美国智库纷纷就美国的 6G 技术发展和竞争力提出了相应的建议。欧盟制定的研究和创新资助计划，为欧盟的前沿领域创新和突破提供了强大的动力。欧盟也与行业协会共同制定 6G 整体规划，联合欧洲成员国政府、各大运营商等多方力量，共同推动欧洲的 6G 研发进程。

当前，美国和欧盟在 TTC 机制形成之前就已经就信息通信技术和服务安全和竞争力有了基本的共识，并且在单边层面都积极采取了各种政策措施。通过 TTC机制，美国和欧盟进一步确定了双方就该议题进行协调合作的具体范围和程度，提升了双方政策的实施效果，并强化了跨大西洋同盟在地缘竞争、全球数字治理上的影响力。

全球新冠疫情和俄乌冲突的爆发凸显了安全、可信和有弹性的信息和通信技术与服务对国家安全和公民生活的重要性。继 2021 年 G7 峰会上，美国联合盟友宣布要促进安全、有弹性、有竞争力、透明、可持续和多样化的数字、电信和信息通信技术基础设施供应链，推出"重建更好世界"计划（Build Back Better World）①，美国和欧盟进一步建立跨大西洋联盟 TTC，宣布就信息和通信技术与服务基础设施开展合作。双方在 TTC 机制下设立专门针对信息通信技术和服务安全和竞争力（ICTS Security and Competitiveness）的第四工作组，意图通过该工作组促进整个 ICTS 供应链的安全、多样性、互操作性和复原力。美国和欧盟为该工作组制定了三方面的目标：

第一，支持合作伙伴发展安全的数字基础设施，以支持其经济繁荣，弥合数字鸿沟并满足其自身的发展需求。因此，双方将通过该工作组为第三国的安全和有弹性的连接和 ICTS 供应链提供美国和欧盟的联合公共融资；

第二，确保未来的通信技术如 6G 能够根据美国和欧盟共同的关键原则和价

---

① FACT SHEET：President Biden and G7 Leaders Launch Build Back Better World（B3W）Partner-ship, the White House, June 12th 2021，载于白宫网。

值观,如安全、隐私、开放、互操作性、可访问性、可持续性等进行设计。因此,双方将通过该工作组就各自的 6G 倡议交换信息,并努力制定联合路线图和确定具体的合作领域;

第三,为了确保个人以及工业和机器产生的数据安全,就需要一个解决 ICTS 供应链所有层面和要素安全的方法,从物理层到应用层,从微电子元件到网络到云基础设施和服务。双方将通过该工作组讨论,从而更好地了解目前的数据安全威胁以及政策需求。

第一节　美欧贸易技术委员会的协调成果

基于美国和欧盟在 ICTS 供应链方面的三方面主要目标,2021 年 9 月 29 日,双方在 TTC 匹兹堡部长级会议期间进一步明确和制定了第四工作组的具体工作内容和计划,主要包括三个领域的协调合作:探索为第三国的数字基础设施提供公共融资的合作,围绕未来通信技术展开的合作,以及有关安全灵活的国际互联互通方面的合作。自此,美国和欧盟双方加紧在这三个领域开展合作和协调,积极推进在信息通信技术和服务安全和竞争力方面的工作,并已达成了可交付的阶段性工作成果。

一、为第三国数字基础设施提供公共融资

美国和欧盟计划通过支持合作伙伴发展安全的数字基础设施,以支持其经济繁荣,弥合数字鸿沟并满足其自身的发展需求。因此,该工作组的目标之一就是为第三国的安全和有弹性的连接和 ICTS 供应链提供美国和欧盟的联合公共融资。为实现该目标,双方缔结了一份联合声明,表明解决高风险信息和 ICTS 供应商的安全风险的重要性。

为了向伙伴国提供有吸引力的激励措施,鼓励它们选择可信赖的供应商来发展期互联互通网络,双方成立了专门工作组。该工作组计划通过加强与公共筹资机构、发展融资银行等机构的合作,来帮助第三国的 ICT 项目进行公共融资。在第一次 TTC 部长级会议后,该工作组确定和讨论了现有标准对于促进在第三国 ICT 项目中使用值得信赖的供应商的实际使用情况。在第二次及第三次 TTC 部长级会议后,该工作组通过与牙买加、肯尼亚、哥斯达黎加和菲律宾各自政府和利益相关者的合作,落实对这四个国家的包容性 ICTS 项目的支持。目前,双方正在

切实履行承诺,支持上述四个国家的安全和有弹性的 ICTS 项目,包括通过全球网关、全球基础设施和投资伙伴关系等机制以及技术交流,如第三国分享经验,以加快该区域范围内其他地区的安全互联互通。

在此期间,美国国际开发金融公司(DFC)和欧洲投资银行(EIB)于 2023 年 4 月 13 日签署了谅解备忘录,扩大了双方在第三国数字技术设施项目融资方面的协调程度。气候,双方也计划在融资方面进一步加强协调,打算通过进一步加强欧盟成员国和美国融资机构之间的合作来加强行动。2023 年,美国进出口银行(EXIM)分别于瑞典出口信贷担保局(EKN)和芬兰特殊金融机构(Finnvera)签署了共同融资谅解备忘录,以促进对出口项目的联合支持,并为双方可信赖的供应商提供直接支持。

此外,双方目前正在通过合作宣传、技术援助以及探索融资、协调和政策调整,支持突尼斯依靠可信供应商建立安全数字连接和基础设施。具体协调内容包括为目标明确的突尼斯政府机构、IT 专业人员和企业提供培训计划,并促进网络安全标准和框架的发展,特别是针对 5G 的标准和框架。双方也在推进与相关金融机构的讨论,以动员可信供应商为安全数字连接基础设施项目提供支持。

值得注意的是,在上述协调过程中,双方持续保持与世界各地的合作伙伴的联系,了解这些伙伴在确保数字基础设施安全方面的需求和挑战,并探讨美国和欧盟双方开展合作的最佳方式,以支持新兴经济体实现数字化目标。双方组织了一次由主要新兴经济体数字部长参加的"关于包容和连接的数字部长圆桌会议",并打算继续通过技术讨论和高级别圆桌会议与新兴经济体接触,提高其对安全数字连接的兴趣。该工作组还将继续努力与移动网络运营商和可信设备供应商等相关行业参与者保持交流。

二、强化未来通信技术的合作与标准化建设

根据预计,2030 年,6G 将开始取代 5G,成为最主要的商业蜂窝无线标准。美国和欧盟都认为,先进的连通性可以促进更具包容性、可持续性和安全性的全球经济。双方都支持以开放、全球、市场驱动、包容多方利益相关方的方式,为安全、可互操作的电信设备和服务制定技术标准。基于此共识,双方希望加快在 5G 和 6G 等通信技术方面的合作,包括技术研究合作和未来通信技术的路线图的制定。双方已共同主办了一场由利益相关方参与的线上会议,以加强 5G 和 6G 系统的研究和创新合作。

为了对下一代通信技术走向 6G 作好准备,双方就 TTC 下的 6G 共同愿景和路线图展开了紧锣密鼓的工作。双方在第二次 TTC 部长级会议后,明确了制定共同愿景和路线图的计划,内容包括概述 6G 在内的未来几代通信技术的一些关键挑战和需求,可能包括基于未来用例类别的技术要求、下一代网络背景下的可信链接、频谱问题、安全和互操作性标准的标准化,以及大规模测试和实验。2023 年 5 月,双方经过与利益相关方的协商,发布了共同制定的 6G 展望,其中包括跨大西洋 6G 研讨会的结论、共同愿景的指导原则和关键主题,以及未来的工作计划。此外,2023 年 12 月,大西洋两岸的两大行业协会 6G 智能网络和服务行业协会(Smart Networks and Services Industry Association)和 Next G 联盟(Next G Alliance)联合制定了《关于美国—欧盟超越 5G/6G 路线图》。该路线图确认了利益相关方合作开发 6G 网络的承诺,并提出了学术界和产业界的一整套重要战略思考和建议,为美国和欧盟政府制定 6G 共同愿景提供了重要信息。

2024 年 2 月 26 日,美国、澳大利亚、加拿大,以及部分欧盟成员在内的十个国家就 6G 问题发表了联合声明[①],宣布将采取相应政策,并同时鼓励第三国采取政策,来推动符合六项原则的 6G 网络的研发和标准化。这六项原则为保护国家安全切具有公信力的技术,安全性、韧性和保护隐私,全球行业主导的包容性标准制定和国际合作,通过合作实现开放和互操的创新,经济适用性、可持续性和全球连通性以及频谱与制造。

基于上述行动,2024 年 4 月 5 日,双方在第六次 TTC 部长级会议上正式通过了联合 6G 愿景。该联合愿景聚焦于技术挑战和研究合作,包括微电子技术;面向 6G 的人工智能和云解决方案;安全性和弹性;可负担性和包容性、可持续性和能源效率;开放性和互操作性;无线电频谱的有效利用;以及标准化进程。该联合愿景指出,随着欧盟和美国踏上 6G 之旅,合作不仅是可取的,而且是必要的。通过利用每个地区的优势和专业知识,跨大西洋合作可以加速 6G 技术的开发和部署,同时坚持共同的原则和价值观。[②]在确定该联合愿景后,美国和欧盟打算加强双方研究与创新资助机构在 6G 领域的合作,特别是通过美国国家科学基金会(NSF)与欧盟委员会通信网络、内容和技术总局(DG Connect)之间签署的一项行政安排,在

---

① Joint Statement Endorsing Principles for 6G: Secure, Open, and Resilient by Design, the White House, February 26th 2024,载于白宫网。

② Advancing 6G: A Vision for Transatlantic Collaboration, European Commission, April 5th 2024,载于欧盟委员会网。

6G 和下一代互联网技术领域开展合作。此外，考虑到制定 6G 共同愿景以及通过 ETSI/3GPP 等标准化组织在全球标准化进程中开展合作的重要性，双方还打算与志同道合的合作伙伴制定一项推广计划，以支持和推动 6G 网络的发展。

三、安全灵活的国际互联互通合作

美国和欧盟都认识到国际连通性对安全和贸易的战略重要性，以及在 ICT 生态系统中就信任和安全进行合作的重要性。在第三次 TTC 部长级会议后，工作组开始讨论确保跨大西洋海底电缆的连接性和安全性的计划，包括连接欧洲、北美洲和亚洲的替代路线。工作组也对 ICTS 供应链中供应商的多样化努力表示欢迎，并继续以技术中立的方法讨论市场趋势。在第四次 TTC 部长级会议后，工作组希望可以推进合作，促进为新的电缆项目选择可信的海底电缆供应商——特别是为促进可信供应商、减少延迟和加强路线多样性的洲际信息通信技术电缆项目。在第六次 TTC 部长级会议后，工作组计划将继续寻求各种途径，利用可信、安全和有弹性的网络推进国际连通性方面的合作，例如穿越北极和太平洋地区的跨洋航线。

此外，双方也通过行政安排的方式加强了网络连接消费品的安全合作。为了推进美国和欧盟的技术合作，使双方在物联网（IoT）硬件和软件消费产品的网络安全要求领域实现互认，2024 年 1 月，双方在第五次 TTC 会议间歇签署了《网络安全产品联合行动计划行政安排》（*an Administrative Arrangement on a Joint Cyber Safe Products Action Plan*）。[①]

第二节　美国采取的相关措施述评

一如 TTC 中美欧在信息和通信技术与服务安全与竞争力下的合作一般，美国也通过其国内措施促进整个 ICTS 供应链的安全、多样性、互操作性和复原力。

一、关注与强化海外数字基础设施投资和建设

美国自特朗普执政时期开始关注海外数字基础设施投资和建设，将海外基础设施竞争与美国国家安全联系起来。2017 年 12 月，特朗普政府发布《国家安全战略》，宣称将打造美国的海外基础设施支持和发展援助模式。2018 年 10 月，美国

---

① EU-US Joint Statement on Cyber Safe Products Action Plan, European Commission, January 31ˢᵗ 2024，载于欧盟委员会网。

颁布《更好利用投资引导发展法案》，并将海外私人投资公司（OPIC）与国际开发署的发展信贷管理局（DCA）合并，创建了国际发展金融公司（IDFC），向中低收入国家基建项目提供发展融资。

与此同时，美国也通过与盟友的协同合作的方式，推出了包括"重建更好世界"等多项全球性基建方案。2019 年 6 月，美国联合二十国集团推出了"二十国集团高质量基础设施投资原则"（G20 Principles for Quality Infrastructure Investment），将"高标准""韧性""社会和环境可持续"等作为包括数字基建在内的全球基建指导原则。2019 年 11 月，美国协同日本、澳大利亚启动"蓝点网络"（Blue Dot Network）计划，积极吸引印度、东盟、欧盟作为合作伙伴，强调要基于开放和包容框架及透明、可持续和负责任原则发展由市场驱动的全球数字基建。

2021 年 6 月，基于"蓝点网络"计划，拜登政府联合七国集团提出一个雄心勃勃的"重建更好世界"（Build Back Better World，以下简称 B3W 计划）的全球基建方案，意图在 2035 年前帮助中低收入国家缩小 40 万亿美元的基础设施建设资金缺口。该倡议的主要资金来源包括私人部门、开发性金融机构和双多边财政资金，覆盖全球范围内低收入和中等收入国家。[①]2022 年 6 月，美国联合七国集团提出"全球基础设施和投资伙伴关系"（Partnership for Global Infrastructure and Investment）计划，宣布由美国和欧盟分别提供 2 000 亿美元和 3 000 亿欧元支持发展中国家"高标准""高质量""透明"和"可持续"的数字基础设施及其他相关项目的投资与建设。[②]为了推进 PGII 计划，2022 年 8 月，DFC 宣布为非洲数据中心拨款 8 300 万美元，以扩大南非的 ICT 基础设施。

2022 年 5 月，美国总统拜登访日期间宣布启动由美主导的"印太经济框架"（IPEF），将"清洁能源、脱碳和基础设施建设"设为该经济框架的一大支柱，寻求在该框架下与成员国就可再生能源、脱碳、能源的基础设施建设和在制定有效标准等议题方面达成协议。

二、推动未来通信技术的研究和创新

美国政府积极采取措施，推动 5G、6G 等未来通信技术的研发。为了推动 5G

---

① FACT SHEET: President Biden and G7 Leaders Launch Build Back Better World（B3W）Partnership, the White House, June 12th 2021，载于白宫网。

② The White House, "Memorandum on the Partnership for Global Infrastructure and Investment," June 26，2022，载于白宫网。

创新,美国积极投资。在 2022 财年的预算中,国防部投入 6 亿美元用于 5G 试验和测试。与此同时,美国政府支持开放的无线接入网(RAN)体系架构,开放的 RAN 支持供应商多样性和互操作能力,且安全实现成本低。

在推动 6G 技术研发方面,美国以政府、私营企业和学术界为主导。2018 年,美国工业伙伴联盟和美国国防部高级研究计划局共同创建了 ComSenTer 研究中心和产业联盟,开发太赫兹无线传输和感知应用技术。2019 年 3 月,美国联邦通信委员会还为 6G 的研究和测试开放了 95GHz 至 3THz6G 试验频谱。[①]2020 年 9 月,由 30 多所美国大学合作组建并获得美国国防部资助的"太赫兹与感知融合技术研究中心"正式成立。美国电信行业解决方案联盟(ATSI)在 2020 年启动 Next G 联盟,其目标是维持北美在移动技术的领先地位。该联盟创始成员包括苹果、谷歌、微软、Meta(原脸书)、高通等科技企业,三大运营商 AT&T、Verizon 和 T-Mobile,以及欧洲爱立信、诺基亚和韩国三星等设备供应商。目前联盟成员已超 100 家,是当前国际上最大的 6G 区域性组织。2021 年 6 月,美国国家科学基金会、商务部、国防部与产业界(苹果、爱立信、谷歌等 9 家企业)共同发起弹性和智能下一代系统计划,该计划旨在增强 6G、卫星网络、未来版本 Wi-Fi 的弹性和可扩展性,加速下一代无线移动通信、网络、传感和计算系统等领域的基础研究。

与此同时,美国政府持续为 6G 研发提供资金支持。自 2018 年以来,美国国防部高级研究计划局启动了大学联合微电子项目(JUMP),长期研究高性能和节能的传感、通信、计算和存储等技术领域,持续五年共投入 1.5 亿美元。美国国家科学基金会(NSF)2021 年宣布一项 4 000 万美元计划,以加速下一代网络相关领域的研究。2022 年 8 月,美国国防部在"创新超越 5G"(IB5G)计划下启动 3 个聚焦 5G 和未来 6G 的项目,涉及"开放 6G"(Open6G)项目、从 MHz 到 GHz 的弹性大规模 MIMO 项目、新的频谱交换安全和可扩展性项目,资金资助 810 万美元。美国国防部 2022 财年预算中,申请 3.98 亿美元用于 5G 提升网络带宽,23 亿美元用于微电子尖端技术研究,在 2023 年财年预算中这两项分别为 2.5 亿和 33 亿美元。

此外,美国智库也就美国的 6G 技术发展和竞争力提出了相应的建议。2021 年 3 月,美国战略与国际研究中心发布《在美国加速 5G》,提出政府应通过加强 6G 财政支持、强化与盟友的技术合作以保持国际竞争力。2021 年 12 月,新美国安全中心发布《边缘网络,核心政策:保护美国的 6G 未来》,建议美国各政府部门要为

---

① Lighting the Path Framing a Transatlantic Technology Strategy, Carisa Nietsche, etc., CNAS, August 30th 2022,载于 CNAS 认证网。

超越 5G 的第六代无线技术的发展做好充分准备。

三、安全灵活的国际互联互通

(一)加强海底电缆的管控与保护

海底电缆是全球互联网通信的基础设施之一,承载着全球主要的数据传输和通信流量,如果这些电缆遭到恶意破坏或攻击,可能会对全球通信网络和经济造成严重影响。美国政府希望加强对这些电缆的管控和保护,以维护全球通信的稳定性和安全性。

在此背景下,美国一方面通过立法措施来限制海底电缆相关产品和技术的出口。2020 年,特朗普发布第 13913 号《成立美国电信服务部门外国参与评估委员会行政令》。[1]该委员会专门针对中国拥有的海底电缆和设备,采取措施封锁或改道中国电缆,限制中国公司对海底电缆的所有权,并禁止中国设备的和服务。2023 年,美国民主党和共和党议员联合提出《海底电缆管制法案》,要求拜登政府采取行动,限制外国竞争对手国家获取海底电缆相关的产品和技术,并积极进行国际协作以联合盟友共同对竞争对手国家实施相关制裁。2024 年,拜登发布第 14117 号《防止受关注国获取大量美国人敏感个人信息和美国政府相关数据行政令》,[2]要求美国担心服务部门外国参与评估委员会在审查电缆许可证时,考虑到有关国家建造、运营海底电缆对敏感数据的威胁,确保这些数据不会被非法利用。

另一方面,美国迫使建设中的海底电缆终止或强制改道,绕过某些地区寻求其他连接支点。2020 年,美国联邦通信委员会因安全问题拒绝太平洋光缆网络的运营申请,运营商谷歌和 Meta 重新提交许可证申请,将中国企业排除在建设运营商以外,并决定不连接中国香港地区。2020 年 9 月,脸书撤回了对海湾快线电缆系统的申请,更名为美国加利福尼亚—菲律宾帕谷普电缆。2020 年 11 月和 2021 年 3 月,运营商又分别撤回了中国香港地区—关岛电缆系统和相关地区—美国电缆系统的许可证申请,项目停滞。

(二)加快法律法规体系构建维护物联网安全

在物联网安全方面,美国政府也积极采取措施,推动物联网安全相关立法的进

---

[1]　Establishing the Committee for the Assessment of Foreign Participation in the United States Telecommunications Services Sector, Executive Office of the President, April 4th 2020,载于美国联邦注册官网。

[2]　Preventing Access to Americans' Bulk Sensitive Personal Data and United States Government-Related Data by Countries of Concern, Executive Office of the President, March 1st 2024,载于美国联邦注册官网。

行。2018年9月,美国加利福尼亚州通过了《加利福尼亚州的物联网网络安全法》(SB 327),该州立法要求联网设备的制造商为设备配备合理的安全特征或适合于设备的性质和功能的特征,以适合于它可能收集、保存或传输的信息,并旨在保护设备及其中包含的任何信息,使其免受未经授权的访问、销毁、使用、修改或披露。[①]

2020年12月,特朗普正式签署《物联网网络安全改进法》,成为美国首个联邦层面的物联网安全立法。该立法要求美国国家标准技术研究院(NIST)发布联邦政府使用物联网设备的标准和指南,并指示白宫管理和预算办公室(OMB)审查政府政策,以确保它们符合国家标准技术研究院(NIST)指南,联邦机构将不得购买不符合安全要求的物联网设备。根据该立法的定义,物联网指的是"能够独立工作,拥有网络接口,至少有一个传感器(传感器或驱动器)用于与物理世界直接交互的设备",涵盖范围十分广泛。此外,立法还规定了保护联邦机构免受网络攻击的责任等级,执行部门、管理和预算办公室、国土安全部部长以及各个此类机构的负责人共同负责监督美国国家标准技术研究院(NIST)制定的物联网安全标准。

2021年,美国总统拜登发布第14028号行政令《关于改善国家网络安全行政令》[②],该行政令中强调了改善物联网安全的必要性,并要求启动消费物联网标签计划。相关要求包括:在本命令发布后的270天内,商务部长通过NIST局长与联邦贸易委员会(FTC)主席和NIST局长认为适当的其他机构的代表进行协调,确定消费者标签计划的物联网网络安全标准,并考虑此类消费者标签计划是否可以与任何符合适用法律的类似现有政府计划一起运作或复制等。

基于该行政令,2022年10月,美国白宫召集了来自物联网企业、高校、第三方协会和多个政府部门就物联网安全标签计划召开会议,其中提出了参考"能源之星"(Energy Star)计划来推动物联网安全标签计划。2023年7月,美国宣布在2024年正式启动"美国网络信任标签"(U.S. Cyber Trust Mark)计划,并进一步明确标签计划推进的一些细节,主要包括:(1)标签计划覆盖的产品以消费物联网为主;(2)以产品包装上粘贴标签和二维码形式为消费者提供相关信息;(3)进一步明确了推进该计划的组织架构;(4)大量头部机构已宣布支持该计划;(5)宣布与盟友

---

① California SB-327：The Security of Connected Devices,载于 Galen Data 网。

② Executive Order on Improving the Nation's Cybersecurity, The White House, May 12th 2021,载于白宫网。

加强合作,将该认证推向全球等。2023 年 7 月白宫在该计划进展中提到,美国政府将支持 FCC 与盟友和合作伙伴一起协调标准,并寻求对类似标签工作的相互认可。

第三节　欧盟采取的相关措施述评

一如 TTC 机制中美欧在信息和通信技术与服务安全与竞争领域的合作一般,欧盟也通过其国内措施促进整个 ICTS 供应链的安全、多样性、互操作性和复原力。

一、海外数字基础设施投资和建设

欧盟强调基础设施互联互通是其自身以及整个世界经济增长、安全和韧性的基础。2018 年 9 月,欧盟发布《连接欧洲和亚洲:一项欧盟战略的基础》报告,要求聚焦交通、数字经济、能源等领域,推动可持续、广泛全面、基于规则的互联互通,同时在双边、区域和全球等多层面上加强伙伴关系建设,创新金融模式、加强投融资合作、加大投资力度。2021 年 3 月,欧盟委员会发布《2030 年数字指南针》计划,提出了 2030 年欧洲实现数字化转型的一大愿景就是构建安全和高性能的可持续数字基础设施。为了实现数字领导能力和全球竞争力,欧盟制定了强化内部和外部网络连接的具体计划,包括与西巴尔干地区、"东部伙伴关系"各国家在宽带铺设上的广泛合作计划。欧洲计划通过陆上光缆、海底光缆、通信卫星群的方式来连接周边国家和非洲国家。此外,欧洲计划通过与印度、东盟的合作,逐步实施"欧亚互联互通战略"。连通欧洲和南美洲的贝拉光缆则会成为欧洲与拉丁美洲、加勒比海国家之间数字联盟的基础。

在此计划的基础上,2021 年 12 月,欧盟正式公布"全球门户"(Global Gateway)计划[1]。该计划旨在"凭借经济力量在全球互联互通合作中强调所谓'民主价值观',通过基础设施投资向'志同道合'伙伴国输出话语体系和规则标准,最终形成制度性优势"[2]。该计划整合了欧盟和成员国现有海外全球基础设施投资计划的总体方案,包括"欧洲绿色协议""欧亚互联互通战略""欧洲团队倡议"、欧盟

---

[1]　Global Gateway,European Commission,载于欧盟委员会网。
[2]　吴昊、杨成玉:《欧盟"全球门户"战略及其对"一带一路"倡议的影响》,《国际问题研究》2022 年第 5 期。

与日本和印度达成的互联互通伙伴关系、欧盟与东欧国家的经济和投资计划等。该计划的目标是到 2027 年动员 3 000 亿欧元重点投资于数字和交通基础设施、能源生产和运输、卫生项目,协助发展中国家兴建光纤电缆、清洁能源输电线路、运输通道等基础设施。主要资金来源为私人部门、欧盟及其成员国的金融机构和开发性金融机构、欧盟财政预算。欧盟认为该计划是"由价值观驱动的",基于"社会、环境、财政和劳工的高标准",其目的是为发展中国家基础设施建设提供一个公平和清洁的选择,与其建立"联通而不是依赖"的关系。

2022 年 2 月,在第六届欧盟—非盟峰会期间,欧盟宣布在"全球门户"计划之下向非洲投资 1 500 亿欧元。此外,欧盟委员会主席冯德莱恩宣布,为了进一步落实"全球门户"计划,欧盟及其成员国将向亚太地区、拉丁美洲和加勒比地区投资超过 450 亿欧元。2023 年,欧盟通过"全球门户"计划在全球数字、能源和交通领域启动了 90 个重点项目。[①]

二、未来通信技术的研究和创新

为了争夺 6G 领导者地位,欧盟与行业协会共同制定 6G 整体规划,联合欧洲成员国政府、各大运营商等多方力量,共同推动欧洲的 6G 研发进程。为了帮助欧盟实现绿色转型、数字化转型等优先事项,欧盟制定了研究和创新资助计划,为欧盟的前沿领域创新和突破提供了强大的动力。欧盟先后推出了"地平线 2020"计划(在 2014 年至 2020 年资助了近 800 亿欧元)[②]以及"地平线欧洲"计划(将在 2021 年至 2027 年资助近 1 000 亿欧元)资助研究和创新项目。[③]

2021 年 3 月,为了确保欧洲在开发和部署 5G、6G 网络技术和服务方面的领先地位,欧盟委员会与欧洲 5G 基础设施会(5GIA)建立智能网络服务(Smart Network Service, SNS)合作关系。该合作关系获得了"地平线欧洲"计划和产业界共计 18 亿欧元的共同投资,用于开展以下工作:(1)通过实施相关的研究和创新计划,在 2025 年左右完成 6G 框架研究和技术标准化,为 6G 早期市场化做好准备,确保欧洲掌握 6G 技术主导权;(2)促进欧洲 5G 部署,实现经济和社会的数字化和绿色化转型。

2021 年 11 月,欧盟理事会设立了智能网络和服务联合组织(SNS JU),该组织

---

① Global Gateway overview, European Commission,载于欧盟委员会网。
② Horizon 2020, European Commission,载于欧盟委员会网。
③ Horizon Europe, European Commission,载于欧盟委员会网。

由欧盟委员会和 6G 智能网络和服务行业协会(6G-IA)共同领导,负责"地平线欧洲"计划中的 6G 技术研究计划及推进①。2022 年 10 月,该组织公布一个有关 5G 演进与 6G 研究、创新与试验的项目组合计划,包含 35 个项目,分三阶段实施,获得 2.5 亿欧元资金支持,旨在为 5G 建立一流的欧洲供应链并取得 6G 技术领先地位。6G 项目研究分为三个分支,包括 6G 技术研究与概念验证、试验基础设施、垂直行业应用。2022 年 12 月,该组织制定了《2023—2024 年研究与创新工作计划》,明确在 2023 年、2024 年将计划分别投入 1.32 亿、1.29 亿欧元用于三个分支研究。其中,欧盟重要的 6G 旗舰项目 Hexa-X,在 2023 年 1 月已启动第二阶段工作(Hexa-X-II),成员单位增至 44 家,扩充增加了设备和芯片组厂商、著名的研究机构和大学、电信运营商以及关注 2030 年相关用例的中小型企业,代表了"未来连接解决方案的完整价值链"。②

2022 年 12 月,欧洲通信标准化协会牵头成立太赫兹行业规范小组(ISG THz),旨在使欧洲通信标准化协会成员单位在各种欧洲合作项目中协调完成太赫兹技术的预标准研究工作,为未来太赫兹 6G 技术标准化奠定基础。③该小组的主要工作是定义两大类 THz 6G 用例的目标场景,包括数据速率要求很高的移动应用和 6G 通信感知一体化应用,以及确定面向目标场景的具体太赫兹频段,开展目标场景下的频段信道测量、信道模型以及太赫兹 6G 技术基线研究。

与此同时,欧洲运营商也积极参与 6G 研究。2022 年 10 月,德国电信 Deutsche Telekom 宣布牵头开展"6G-TakeOff"研究项目。该项目由德国联邦教育和研究部资助,着眼于 6G 网络架构,卫星、飞行平台和地面网络的协调以及人工智能的智能网络管理。④2023 年 2 月,英国沃达丰与柏林夏里特大学医院、莱比锡大学医院以及其他 16 位德国医学专家开展合作,探索使用 6G 的未来医疗应用。该项目由德国联邦教育和研究部资助,在用于快速诊断的 3-D 图像,5G 医疗无人机等医疗创新领域进行探索。⑤

---

① Shaping Europe's digital future, The Smart Networks and Services Joint Undertaking, European Commission,载于欧盟委员会网。

② Hexa-X-II vision,载于 hexa-x-ii 网。

③ THz, ETSI,载于欧洲电信标准协会网。

④ Deutsche Telekom takes the lead for 6G research project, Deutsche Telekom, October 7th 2022,载于德国电信网。

⑤ Vodafone joins leading researchers to explore 6G Health apps that could feel their surroundings, February 8th 2023,载于沃达丰网。

三、安全灵活的国际互联互通

(一)海底电缆

先进数字网络基础设施是数字经济和社会蓬勃发展的基础。欧盟 2021 年推出的"全球门户"计划①支持开放和安全的互联网建设,鼓励与伙伴国合作实施海底电缆、陆地光缆等数字基础设施的建设,为数据交换、高性能计算、人工智能、大数据、云计算和地球观测等应用合作奠定基础。2023 年,欧盟在"全球门户"计划下落实的首批 70 个项目中就包含了海底电缆建设项目,如在黑海海底铺设数字电缆,建设连接地中海和北非国家的海底光缆等。②

2024 年 2 月,欧盟委员会发布《如何满足欧洲数字基础设施需求》白皮书③,分析了目前欧洲在未来网络发展方面面临的挑战,从吸引投资、促进创新、提高安全性、构建真正的数字化单一市场等方面提出建议。在该白皮书中,欧盟委员会提出在地缘政治不确定性和冲突不断加剧的情况下,海底电缆基础设施已成为各国(地区)最新关注点。海底电缆基础设施的安全也是关乎欧盟主权的紧迫问题。为应对相关挑战并保护欧洲利益,欧盟委员会计划采取结构性措施,重点关注两大领域:一是支持开展先进研发,特别是支持新的光纤和电缆技术研发;二是为新的战略性海底电缆基础设施提供资金,并提高现有基础设施的安全性和韧性,如考虑设立欧洲利益电缆项目(CPEI),以识别并应对电缆相关漏洞、风险和依赖。

欧盟委员会还提出应构建"欧盟海底电缆基础设施联合治理体系",旨在:在欧盟范围内综合评估减轻和应对电缆相关漏洞、风险、和依赖需要考量的因素以及如何提高电缆韧性;修订标准,升级现有电缆或为新建电缆提供资金;确保供应链安全,避免依赖高风险的第三国供应商。此外,还需在国际层面就电缆相关安全要求进行协调,例如,基于电缆、相关布线和继电器安全及自我监测能力的最新进展确定最佳标准。

---

① Global Gateway, European Commission,载于欧盟委员会网。

② EU lines up 70 projects to rival China's Belt and Road infrastructure spending, POITICO, January 23rd 2023,载于欧洲政客新闻网。

③ Commission presents new initiatives for digital infrastructures of tomorrow, European Commission, February 21st 2024,载于欧盟委员会网。

（二）物联网安全

数字技术对人类生产、生活和交流方式带来稳步改善的同时，也带来巨大的风险和代价。针对关键基础设施的网络攻击和网络漏洞，便是数字技术发展给社会和国家安全带来的主要威胁之一。因此，欧盟一直致力于强化网络防御能力，以维护数字社会的安全和稳定。2020 年 12 月，欧盟委员会发布了新的《欧盟数字十年的网络安全战略》（*The EU's Cybersecurity Strategy for the Digital Decade*）①。该战略包含法规、投资和政策工具方面的相关建议，旨在应对欧盟行动的三个领域：（1）韧性、技术主权和领导力；（2）建立预防、制止和应对的行动能力；（3）推进全球开放的网络空间。

而后，欧盟委员会又先后推出《网络安全条例》提案、第二版《网络与信息安全指令》等，旨在促进成员国网络安全机制间的互联互通，支撑欧洲更多行业部门的基础设施应对快速变化和大规模的网络攻击安全威胁。2022 年 3 月，欧盟委员会提出了《网络安全条例》提案，要求欧盟各机构、机关、办事处之间建立共同的网络安全和信息安全措施，该法案是对欧洲《网络安全法案》的补充，更加强调欧盟共同安全措施的执行、监督与评估。5 月 13 日，欧盟理事会和欧洲议会就欧盟委员会提出的第二版《网络与信息安全指令》达成一致。该指令扩大了第一版"网络与信息安全指令"的适用范围、覆盖更多行业部门，并提出建立欧盟网络空间危机联络的组织网络，用来支持欧盟范围内网络安全事件的协调管理，并确保信息的定期交换。

与此同时，欧盟政策制定者为欧洲市场上的数字产品制定了更严格的网络安全要求。最为标志性的是 2022 年 9 月，欧盟委员会发布《网络弹性法案》（*Cyber Resilience Act*）提案，要求全球的软硬件数字产品在欧洲市场上市前要确认满足欧盟网络安全标准并签署承诺书，由欧盟颁发质检合格标志后才可上市销售。该提案为欧洲市场中联网的数字产品引入强制性的网络安全要求，旨在通过确保硬件和软件产品能够以较少漏洞的状态投入欧洲市场，以及制造商在产品的整个生命周期中保障其网络安全，从而打造更为安全的数字产品。该法案适用于所有直接或间接连接到另一设备或网络的数字产品，其中数字产品包括"任何软件或硬件产品及其远程数据处理解决方案，包括单独投放市场的软件或硬件组件"。同时，该法案引入了一个产品分类系统，根据产品对网络安全的潜在影响，将这些产品划分

---

① The EU's Cybersecurity Strategy for the Digital Decade，European Commission，December 14th 2020，载于欧盟委员会网。

为三个等级,其中基本的安全要求可以由制造商自我评估,高等级可能会引入第三方评估机构进行强制认证。基本的安全要求包括"适当"级别的网络安全、禁止发布具有任何已知漏洞的产品、默认配置的安全性、防止未经授权的访问、限制攻击面和最小化事件影响,产品必须确保数据的机密性,包括使用加密、保护其完整性以及仅处理其运行所必需的数据。

第五章　数据治理和技术平台

在美欧 TTC 机制的推动下,第五工作组—数据治理和技术平台工作组专注于数据治理和技术平台治理的协调与合作,明确了双方在平台监管、内容控制以及透明度方面的共同关切,并取得了一系列重要进展。成果涵盖数据隐私、跨境流动、数据安全技术、平台责任、透明度、在线内容管理、平台竞争和人工智能治理等多个方面。首先,双方明确了尊重各自监管自主权、透明度与互操作性这三大核心原则,为双方的后续合作奠定了基础。监管自主权确保了双方各自法律和政策体系的独立性,同时通过信息交流促进协调而非强制统一;透明度原则要求技术平台在运营和决策过程中增强透明度,特别是算法使用和用户数据处理方面,以保护用户隐私并防止权力滥用;互操作性则强调政策和技术标准的相互兼容性,确保技术在跨大西洋之间的无缝应用,避免市场中出现不一致或障碍,共同推动数据治理和技术平台治理的有效合作。

其次,在具体协调成果方面,TTC 围绕数据治理、技术平台治理和 AI 治理展开了深入的协调。在数据治理方面,双方致力于确保跨境数据的安全流动,并尊重彼此的法律框架。通过签署《欧盟—美国数据传输保护框架》等协议,为数据流动提供了法律保障,并推广隐私增强技术以保障用户隐私。同时,双方还讨论了数据隐私保护问题,重点关注在线平台如何管理用户数据,特别是在未成年人数据保护方面制定了一系列关键措施,并计划在医疗、能源和农业等领域优先使用隐私增强技术。此外,美欧还加强了数据安全技术的合作与创新,特别是在隐私增强技术、加密技术和数据保护工具的研发方面,并扩大了研究人员对数据访问权的权限。在技术平台治理领域,双方聚焦于平台责任、透明度、内容审核、算法放大风险及市场竞争等问题,提出了具体的行动方案,包括通过立法和政策协调加强平台责任制,共同开发共享的内容审核方法,以及推动对算法放大效应的独立审查等。在 AI 治理领域,双方构建了基于风险管理的协调框架,共同开发可信赖的 AI 系统,并推进 AI 在特定领域的应用合作。双方在测量和评估机制、AI 在特定领域的应用合作以及关于 AI 对劳动力影响的经济研究等方面取得了显著进展。未来,双方还将继续加强 AI 法规的协调,促进 AI 技术跨大西洋市场的无缝应用,并推动 AI 研究与数据共享的合作。

本土层面,美国在数据治理和技术平台治理领域采取了多项措施。美国多个州通过了类似欧盟《通用数据保护条例》(GDPR)的隐私法规,如康涅狄格州、犹他州和华盛顿州等。同时,美国联邦贸易委员会也进一步加强了对金融、健康和儿童数据的隐私保护。此外,美国司法部和联邦贸易委员会针对大型科技公司的反垄断调查和诉讼力度加大,确保平台对内容管理和用户隐私承担更多责任。美国国家标准与技术研究院(NIST)也发布了有关生成式 AI 的风险管理框架,推动了 AI 测试平台的开发,用于评估 AI 模型的安全性。

欧盟则通过一系列立法进一步完善数据治理和技术平台的监管体系。例如,《数据法》和《数据治理法》明确了数据共享和流动的规则,推动了对物联网数据、非个人数据以及工业数据的再利用,确保数据在欧盟内外的透明流动。在技术平台责任方面,欧盟通过《数字服务法》和《数字市场法》进一步加强对平台责任和透明度的监管,要求平台公开算法和内容审核信息,并对垄断行为实施更严格的审查。通过这些法规,欧盟力图确保大型数字平台在内容管理、数据共享和算法推荐等方面对用户负责,并推动公平竞争。此外,欧盟还通过《人工智能法案》(AI Act)对 AI 系统实施分级监管,特别针对高风险 AI 系统制定了合规要求,确保 AI 应用符合伦理和人权原则。

总体而言,TTC 作为美欧合作的关键平台,在数据治理、技术平台责任和 AI 应用等领域,通过一系列法规、政策和试点项目的落实,已实现了一定程度的协调。然而,由于双方在法律体系和监管模式上存在差异,该领域的协调仍侧重于技术合作层面,如在隐私增强技术的推广应用和研究人员的数据访问等。政策协调成果尚处于初步阶段,未来双方在数据隐私、AI 治理和平台责任等方面的协调仍需进一步深化。

第一节　美欧贸易技术委员会下的协调成果

在美欧 TTC 机制的推动下,第五工作组专注于数据治理和技术平台治理的协调与合作,明确双方在平台监管、内容控制以及透明度方面的共同关切,并取得了一系列重要成果,涵盖数据隐私、跨境流动、数据安全技术、平台责任、透明度、在线内容管理、平台竞争和人工智能治理等多个方面。通过 TTC 多次协调,美欧合作得以深化。

一、协调指导原则:监管自主、互操作与透明度

美欧双方在数据治理和技术平台治理的所有协调中,均强调尊重各自法律和政策体系的独立性。这一原则自 2021 年 TTC 成立时的首次部长级会议联合声明中便已明确:"TTC 旨在基于共同民主价值观深化跨大西洋贸易和经济关系……TTC 的合作与交流不影响美欧各自的监管自主权,且应尊重双方不同的法律体系。"①这一立场在涉及数据和技术平台治理的多个工作组文件中得到体现。尽管美欧在数据治理、平台治理、隐私保护和人工智能等方面存在治理理念及方式的差异,但双方认识到,通过 TTC 机制,可以在互相尊重的基础上协调政策,推动共同目标的实现。在交流各自的法律和监管框架时,双方均重申不会强制统一法律法规,而是通过信息交换和经验交流来促进协调。

此外,在数据治理和平台治理的所有领域,美欧双方均优先考虑政策和标准的互操作性,以确保技术在跨大西洋之间的无缝应用。这意味着双方在制定或实施政策和技术标准时,会优先考虑如何使这些政策和标准相互兼容,避免在双方市场中出现不一致或障碍。这一原则在数据治理工作组中得到了特别强调。

最后,透明度和问责制成为数据治理和平台治理的又一主要原则。美欧双方认识到,随着技术平台在全球范围内的影响力日益增强,确保其透明度和问责制是防止权力滥用和保护用户隐私的重要举措。在 TTC 机制内,双方多次讨论如何增加技术平台的透明度,特别是平台算法的透明性和对用户数据的使用问题。

二、数据治理领域的协调努力与成果

数据治理是美欧在 TTC 机制下的核心协调议题,涵盖数据透明度、数据隐私保护、数据安全和数据访问多个方面。随着数字经济的蓬勃发展,数据的流动、管理和使用日益复杂,如何在保证数据隐私和安全的前提下,推动跨境数据的自由流动,亦成为双方关注的焦点。

(一)跨境数据流动

在数据治理领域,跨大西洋数据的有序流动始终是双方讨论的重点。美欧

---

① Office of the United States Trade Representative, U.S.-EU Trade and Technology Council Inaugural Joint Statement, September 29, 2021,载于美国贸易代表办公室网。

在多次会议中强调,必须确保数据的安全流动,并尊重彼此的法律框架,特别是在欧盟《通用数据保护条例》(GDPR)和美国现行法律之间寻求平衡。①尽管《美国—欧盟安全港协议》(US-EU Safe Harbor Scheme)、《美国—欧盟隐私盾协议》(US-EU Privacy Shield)相继被欧盟法院判定无效,但双方仍积极探索新的跨大西洋数据流动框架。在第三次会议后,双方签署了《欧盟—美国数据传输保护框架》(DPF)以消除美欧数据跨境流动中的法律障碍。②双方还一致同意,在数据流动的过程中推广隐私增强技术(Privacy-enhancing Technology,PETs)来保障用户隐私。隐私增强技术是一种可以在不泄露个人信息的情况下促进数据使用的技术。例如,双方在医疗和健康领域启动了一个试点项目,利用 PETs 来确保跨境敏感数据的安全性。此外,双方还计划通过加强信息交换和技术支持,减少由于法规差异导致的跨境数据流动限制。

（二）数据隐私保护

TTC 还讨论了数据隐私保护问题,重点关注在线平台如何管理用户数据。首先,在未成年人数据保护方面,双方已在第二次 TTC 会议中制定了一系列关键措施,包括禁止平台未经许可收集未成年人的数据、限制定向广告的投放,并建立透明的数据处理隐私保护政策。

其次,双方已经达成协议,计划在医疗、能源和农业等领域,优先使用隐私增强技术来应对全球挑战。在第四次 TTC 会议上,双方宣布将启动一个关于隐私增强技术和合成数据在健康领域应用的试点项目,以探索如何在尊重隐私保护法律的同时,促进医疗数据的安全使用。为了推动数据隐私保护的标准化进程,TTC 还致力于在欧盟《通用数据保护条例》与美国隐私保护法律之间寻求协调,增强平台的合规性,为跨国企业的数据管理提供更清晰的操作规范,减少不必要的法律风险。

（三）数据安全技术合作

数据安全保护也是美欧加强合作的重点领域,特别是在隐私增强技术、加密技术和数据保护工具的研发方面。在第三次 TTC 会议中,双方提出了共同推动数据

---

① 欧盟 GDPR 强调数据自由流动必须以严格的数据保护为前提,GDPR 规定了国家充分性认定、标准合同条款、数据评估等数据流动的条件。美国在数据治理上更加倾向于自由化、市场导向,采用分行业、分散立法的模式,没有统一的联邦数据保护法,而是在特定行业如医疗健康、金融等进行分散立法。

② 美欧双方在数据跨境流动方面经历了《美欧安全港协议》《美欧隐私盾协议》以及最新的《欧美数据隐私框架协议》三次制度安排尝试。当前双方通过《欧美数据隐私框架协议》在限制情报机构活动、完善个人救济路径、更新审查和监督机制等方面进行了磨合并达成暂时一致。

安全技术创新的计划,特别是在人工智能和云计算等新兴技术中确保数据隐私和安全。2024 年 4 月,TTC 在第五次联合声明中进一步明确了加强后量子密码学(Post-Quantum Cryptography,PQC)领域合作的意向,以实现数据安全技术创新方面的信息共享。

(四)数据访问权

美欧双方认识到研究人员在理解和应对在线风险方面的重要作用,尤其是在应对非法和有害内容方面。然而,研究人员往往难以获得平台数据,导致信息不对称。因此,双方一致认为平台应积极主动地与研究人员共享数据,支持其开展风险评估和制定有效的应对措施。在 2022 年 5 月的 TTC 第二次部长级会议上,双方讨论了如何通过具体措施扩大研究人员对平台数据的访问权,以更好地理解平台上内容传播的风险。双方计划推动在线平台为研究人员提供更多与用户互动、内容审核和算法决策相关的数据,①并强调平台应与研究机构加强合作,为学术研究提供适当的数据支持。美欧希望建立一个透明且负责任的数据共享生态系统,帮助研究人员更好地分析和应对数字平台带来的挑战。

三、技术平台治理的协调努力与成果

在技术平台治理领域,美欧均意识到大型数字平台因其垄断地位和对大量数据的掌握,导致了不公平竞争、用户权益受损、虚假消息传播等技术滥用问题。为此,在 TTC 机制下,美欧就技术平台责任、透明度、内容管理以及市场竞争等问题进行协调,共同寻求应对这些挑战的有效策略。

(一)平台责任与透明度

平台责任是技术平台治理的核心议题。在第二次 TTC 会议上,美欧双方强调,在线平台必须对其内容进行有效审核,并对平台算法运作负责。为了加强平台责任制,双方提出了具体行动方案,包括通过立法和政策协调,确保平台公司对其数据处理行为承担责任。例如,平台应明确制定并公开其服务条款,确保用户能够充分了解内容审核和管理流程;同时,建立便捷的用户举报渠道,确保用户能够方便地举报非法内容或虚假信息。此外,平台还需使用透明的指标体系定期报告其内容管理系统的运作情况,包括商业模式、数据使用方式、用户举报处理、

---

① 用户互动包括点击率、观看时长、点赞、评论和分享等信息等。内容审核记录,包括了解哪些内容被删除、屏蔽或限制,以及这些决定的理由。算法决策包括平台算法如何决定信息的传播顺序、推荐内容以及影响用户的选择。

内容审核执行以及内容推荐算法等信息。在 2023 年 5 月的 TTC 第四次联合声明中，美欧共同制定了一份关于保护儿童和青年权利以及促进从在线平台获取数据进行独立研究的原则，①进一步强化了平台在保护用户权益和透明度方面的责任。

（二）平台在线内容管理

在线内容管理，特别是涉及虚假信息、信息完整性和极端内容的问题，是美欧双方在平台治理中的另一重点。在第三次 TTC 会议上，美欧双方讨论了如何通过加强平台内容管理来应对虚假、有害信息的传播。在 TTC 机制下，双方共同开发出共享的内容审核方法，并强调了平台服务条款透明化的必要性。双方同意鼓励平台采取以下措施：（1）公布清晰、易于理解的服务条款；（2）实施投诉或举报系统，让用户能够报告非法或有害内容；（3）及时处理用户通知；（4）提供有意义的指标，报告内容审核系统的有效性。

（三）平台算法放大风险管理

美欧双方在 TTC 机制下高度重视算法放大（Algorithmic Amplification）的风险管理。为此，双方计划采取一系列具体行动。首先，推动对算法放大效应的独立审查，认为仅依靠平台自我监督无法充分解决这一问题，因此需要引入第三方审查机构和专家组，以独立评估算法如何推动内容传播，特别是非法内容和虚假信息的传播。其次，TTC 倡导平台建立透明的、标准化的数据共享流程，允许研究人员在确保隐私保护的前提下获取平台相关数据，以便深入研究和揭示算法对内容放大的具体运作方式。为确保算法技术的透明度，双方还计划制定相关的监管框架，要求平台披露其算法推荐系统的核心逻辑及其运作方式，从而确保用户和监管机构能够更好地了解算法如何决定内容推荐，进而加强对算法放大风险的监督。最后，双方还准备积极推动开发和应用风险缓解措施，例如，平台可以通过设置内容优先级、限制高风险内容的曝光率，或者增加对特定内容的人工审核来降低算法放大的负面影响。

（四）平台市场竞争与监管

随着数字平台的快速扩张，特别是跨国平台的崛起，如何确保市场公平竞争、避免垄断和不正当竞争行为，成为美欧双方关注的重点。在第二次 TTC 会议中，双方明确表示将加强在平台竞争和监管协调方面的合作。为此，美欧计划采取以

① European Commission, Transparent and accountable online platforms, May 26, 2023, 载于欧盟委员会网。

下措施:(1)建立定期对话机制,通过该机制识别潜在的竞争问题、分享数字平台监管经验,探讨如何在快速变化的数字经济中确保竞争的公平性,并协调双方的政策和监管行动,以减少跨境平台的监管冲突。(2)加强反垄断执法合作,双方承诺在 TTC 机制下加强对数字平台的反垄断执法合作,通过共享执法信息和经验,协调双方在反垄断调查和诉讼中的行动,确保平台不会滥用其市场主导地位。(3)为中小企业创造更多市场机会,双方承诺通过政策和法律手段确保中小企业在数字平台经济中获得更多机遇。例如,推动立法确保平台不会通过不公平的商业条款或不透明的算法政策来压制中小企业,并讨论如何通过激励机制帮助中小企业更好地利用数字平台拓展市场,在跨大西洋市场中找到新的增长点。

四、AI 治理协调的努力与成果

美欧在 AI 治理领域的协调,基于双方对人工智能技术所带来的风险与机遇的全面共识。双方一致认为,AI 作为一项潜力巨大的变革性技术,在推动社会、经济进步的同时,也伴随着重大的伦理、隐私和安全挑战。为此,美欧通过 TTC 平台构建了一个基于风险管理的 AI 协调框架,确保 AI 技术的发展不会侵犯人权和民主价值观。在 TTC 首次部长级会议上,双方明确表达了共同开发可信赖 AI 系统的愿景,重申了 AI 技术的发展必须基于透明、负责任及尊重人权的原则。在此基础上,双方承诺在推进可信赖 AI 的框架下开展三个合作计划:一是探讨可信赖 AI 的测量和评估机制;二是 AI 在特定领域应用的合作;三是共同进行关于 AI 对劳动力影响的经济研究。

(一)可信赖 AI 的测量与评估路线图

在测量和评估机制方面,TTC 于 2022 年 12 月 1 日发布了《关于可信赖 AI 和风险管理的评估与测量工具联合路线图》(以下简称"联合路线图")。该路线图设立了三个专家组,分别聚焦于 AI 术语的标准化、风险管理工具的开发,以及监控现有和新兴 AI 风险。具体成果包括:

(1)术语与分类标准化:根据 2024 年 4 月第五次联合声明,美欧在"可信""风险""伤害""偏见""稳健性"和"安全性"等关键术语上实现了互操作定义,并发布了 65 个关键 AI 术语的清单。双方借鉴了经济合作与发展组织(OECD)标准与技术研究院的 AI 工具和度量目录,协调了各自在风险管理中的不同解释。同时,双方还绘制了各自在标准化活动方面的参与情况,并承诺将开发共享的度量标准和方法存储库,同时研究现有标准。

（2）国际合作：在联合路线图的第二部分中，美欧承诺与国际标准机构在可信赖 AI 领域展开合作，这反映了双方对国际标准在 AI 治理中重要性的认识。

（3）AI 风险管理工具开发：在第四次会议中，美欧明确了 AI 风险管理工具的开发方向，包括算法透明度、数据隐私保护和风险缓解措施三个方面。这些工具将用于指导 AI 系统的开发、测试和部署，以确保其符合安全和伦理要求。

（4）监测新兴风险：美欧共同成立了一个监测小组，专门负责评估现有 AI 系统的风险，并识别可能由生成式 AI 等新兴技术带来的潜在风险。通过这一监测机制，双方能够及时响应技术的发展，避免潜在的技术滥用。

（二）AI 在特定领域的应用合作

除了在 AI 的风险管理和标准化方面展开合作外，美欧还在多个关键领域推进了 AI 技术的实际应用。在 TTC 第四次会议中，双方签署了行政协议，进一步推动 AI 技术在极端天气预测、医疗健康、能源优化和农业优化等领域的应用。具体合作重点如下：

（1）气候预测与应急响应：双方同意在 AI 技术用于气候预测和应急响应方面展开合作。例如，双方将共享 AI 在"地球科学数字孪生"项目中的研究成果，以便更好地预测极端天气事件，并通过 AI 技术优化应急响应系统。

（2）医疗健康领域的 AI 应用：双方认识到 AI 技术在医疗健康领域的巨大应用潜力，特别是在提升医疗服务效率和优化患者护理方面。在 TTC 第四次会议上，双方启动了一个隐私增强技术（PETs）和合成数据的试点项目，探索如何在确保数据隐私的前提下，推动医疗 AI 的应用。

（3）农业与能源优化：AI 技术还被广泛应用于农业和能源领域。双方同意通过 AI 技术的应用，提升农业生产效率，并优化能源网格，推动能源的高效利用。

（三）AI 对劳动力市场影响的研究

第三个项目的成果是在第三次 TTC 部长级会议之后发布的一份报告，由欧盟委员会和白宫经济顾问委员会共同撰写。该报告详细探讨了 AI 对劳动力市场的影响，深入分析了 AI 可能取代先前未受自动化威胁的高技能工作的问题，以及 AI 系统可能以歧视、偏见或欺诈的方式影响劳动力市场的一系列挑战。报告提出了多项建议，包括资助适当的工作转型服务、推广对劳动力市场有益的 AI 应用，并加大对监管机构的投资，以确保 AI 招聘和算法管理实践公正性和透明度。

（四）AI 治理的未来行动计划

在 TTC 第五次会议中，双方还明确了 AI 治理的未来行动计划，特别是在推动

AI 相关法规协调、促进 AI 技术跨大西洋市场的无缝应用方面达成了共识。未来的合作行动计划包括：

（1）AI 法规的协调：美欧双方将在 AI 监管方面加强协调，确保 AI 技术在跨大西洋市场中的应用不会受到法律壁垒的限制。双方计划通过协调 GDPR 与美国 AI 监管框架，推动统一的 AI 合规标准，并减少跨境 AI 技术应用的合规风险。

（2）跨国数据共享与 AI 合作：美欧还计划通过 TTC 平台进一步推动 AI 研究与数据共享合作。特别是在隐私保护技术的应用方面，双方将继续探索如何在不违反隐私法规的前提下，实现 AI 数据的跨境共享和合作研发。

第二节　美国采取的相关措施述评

一、数据治理领域的相关措施

（一）数据隐私保护政策调整

美国对数据隐私保护政策进行了调整。美国国会授权美国联邦贸易委员会（Federal Trade Commission，FTC）发布规范特定领域消费者隐私和安全的规则。[①]FTC 制定并推进了多个关于隐私和数据安全的行政法规。

（1）金融数据隐私保护规则：2021 年 12 月，FTC 发布了"关于《美国联邦法规》第 16 卷第 313 部分《金融服务现代化法》（也称《格拉姆—里奇—布莱利法案》）下的消费者财务信息隐私规则修订案"（以下简称《金融隐私规则》）[②]和"关于修订《美国联邦法规》第 16 卷第 314 部分：《保护客户信息规则》修订案"（以下简称《金融保障规则》），修订规则于 2023 年 6 月 9 日生效。[③]

新修订的《金融保障规则》要求金融机构制定、实施和维护一项全面的信息安全计划，采取多项技术和物理保护措施保护客户信息，并扩大客户信息的定义范围，使其包含客户非公开个人信息的所有记录，无论是纸质、电子还是其

---

① 《联邦贸易委员会法》第 18 条（《美国法典》第 15 编第 57a）规定了委员会颁布规则的权力，以具体定义商业中或影响商业的不公平或欺骗性行为或做法。《联邦贸易委员会法》第 5 条禁止市场上不公平或欺诈行为。

② Federal Trade Commission，16 CFR Part 313：Privacy of Consumer Financial Information Rule under the Gramm-Leach-Bliley Act，December 9，2021，载于美国联邦贸易委员会网。

③ Federal Trade Commission，FTC Amends Safeguards Rule to Require Non-Banking Financial Institutions to Report Data Security Breaches，October 27，2023，载于美国联邦贸易委员会网。

他形式。[1]新规要求金融机构向委员会报告某些数据泄露和其他安全事件。新规还要求非银行金融机构(如抵押贷款经纪人和汽车经销商)制定、实施和维护全面的安全计划,确保客户信息安全,在发现涉及 500 人以上的信息泄露的应进行报告。

《金融隐私规则》旨在规范金融机构如何处理客户的非公开个人金融信息,要求金融机构通知消费者其数据共享政策,并提供消费者选择退出某些信息共享的权利。新修订的《金融隐私规则》进一步加强了对数据的保护,特别是要求金融机构采取更严格的措施保护敏感的客户数据,并要求金融机构更清晰地披露与第三方共享数据的具体方式,要求制定全面的数据保护和安全计划,以应对不断演变的网络安全威胁。[2]

(2) 儿童数据隐私保护规则:2024 年 1 月 11 日,美国联邦贸易委员会发布了"关于修订《美国联邦法规》第 16 卷第 312 部分:《儿童网络隐私保护法》的拟议规则通知"(以下简称《儿童网络隐私保护规则》),[3]进一步限制公司使用和披露 13 岁以下儿童个人信息的能力,并限制公司在儿童数据上的商业化行为。[4]拟议规则通过多项规定加强了对儿童数据的保护,包括:(1)针对定向广告的单独选择同意:运营商必须获得家长的可验证同意,方可将儿童数据披露给第三方广告商;(2)明确禁止收集超出活动所需的个人数据;(3)运营商不得使用联系信息或标识符向儿童发送推送通知来延长其在线时间;(4)运营商仅能为学校授权的教育目的收集和使用学生数据,禁止用于商业用途;(5)要求安全港计划公开其成员列表,并向美国联邦贸易委员会提供更多信息;(6)运营商必须建立适当的儿童个人信息安全计划,且只能保留信息至满足收集目的为止。拟议规则扩大了《儿童网络隐私保护法》的适用范围,涵盖了更多具有"实际收集儿童数据知识"的在线服务,还扩大了对"个人信息"的定义,涵盖生物识别标识符,并表示委员会在确定网站或在线服务是否面向儿童时,将考虑营销材料、对消费者或第三方的陈述、用户或第三方的评

---

① Federal Trade Commission, FTC Safeguards Rule: What Your Business Needs to Know, May 2022,载于美国联邦贸易委员会网。

② Federal Register, Privacy of Consumer Financial Information Rule Under the Gramm-Leach-Bliley Act, December 12, 2021,载于美国联邦注册官网。

③ Federal Register, Children's Online Privacy Protection Rule, March 11, 2024,载于美国联邦注册官网。

④ 《儿童网络隐私保护规则》于2013 年生效,管理儿童个人数据的在线处理,禁止网络运营商在未经父母可证实同意的情况下收集 13 岁以下儿童的个人数据。

论,以及类似网站或服务的用户的年龄。[①]

(3)健康数据隐私保护规则:2024 年 5 月 30 日,美国联邦贸易委员会更新并发布了"《美国联邦法规》第 16 卷第 318 部分:《健康数据泄露通知规则》",以保护使用健康应用和联网设备的用户数据,要求收集个人健康数据的健康应用和类似技术在发生数据泄露时,个人健康记录(PHR)供应商、PHR 相关实体和第三方服务供应商应通知消费者和美国联邦贸易委员会,如果泄露事件涉及 500 人以上,应通知媒体。该规则扩大了适用范围,涵盖了更多实体,并对涉及敏感健康信息的泄露事件采取了更严格的执法措施,强调了处理健康数据时的透明度和责任。[②]

(4)商业监视和数据安全规则:2022 年 8 月,美国联邦贸易委员会依据《马格努森—莫斯规则》制定权,探索制定打击有害商业监控和松懈的数据安全规则,并发布了《商业监控和数据安全规则通知》。该规则提出了对大规模数据收集、数据安全薄弱、儿童受到监控伤害、用户无法拒绝隐私条款、算法偏差和歧视等问题的担忧,并提出了一系列加强消费者隐私保护的具体规定,主要包括:限制公司通过隐秘手段监控过度收集个人信息;要求公司加强数据安全,防止数据泄露;保护儿童免受监控,避免心理和社交伤害;确保消费者有明确的知情权,不被强迫接受不合理的隐私条款;以及提高算法透明度,减少算法偏差和歧视。[③]美国联邦贸易委员会还发布了预先通知,征求了公众对商业监控及不良数据安全实践所造成的危害的意见,目前美国联邦贸易委员会正在审查超过 1 万条的公众反馈。

此外,美国在一些关键州,如加利福尼亚、[④]弗吉尼亚、[⑤]康涅狄格、犹他州、华盛顿州等,先后出台了类似于欧盟《通用数据保护条例》。《涅狄格州数据隐私法》《犹他州隐私法》和《华盛顿州健康数据法》都赋予消费者对个人数据的访问、删除

---

① 在 2023 年 8 月份结束的公众意见征询期,美国联邦贸易委员会共收到了 128 条意见。目前,美国联邦贸易委员会正在考虑这些意见,拟议规则尚处于制定中。

② Federal Trade Commission, Updated FTC Health Breach Notification Rule puts new provisions in place to protect users of health apps and devices, April 26, 2024,载于美国联邦贸易委员会网。

③ Federal Trade Commission, Fact Sheet on the FTC's Commercial Surveillance and Data Security Rulemaking, August 11, 2022,载于美国联邦贸易委员会网。

④ 加利福尼亚州的现行隐私保护法《加利福尼亚隐私权法案》(California Consumer Privacy ct, CPRA)于 2020 年 11 月通过,2023 年 1 月 1 日生效,是对 2018 年《加利福尼亚隐私法案》的扩展,在敏感数据、数据修正权和第三方责任方面加大了对隐私权的保护。

⑤ 《弗吉尼亚消费者数据保护法》(Virginia Consumer Data Protection Act, VCDPA)于 2021 年 3 月 2 日通过,2023 年 1 月 1 日生效,是美国第二个主要的州级隐私法,为消费者提供了广泛的数据控制权,包括访问、删除、修正个人数据的权利,并允许消费者选择退出个性化广告和数据销售。法案还要求企业进行数据保护影响评估(DPIA),类似于欧盟的 GDPR 规定。

和修正权利,并对数据控制者和处理者提出了严格的合规要求,强调数据安全、透明度和用户同意。①此外,华盛顿的《健康数据法》更是加强了对健康数据的保护,体现了与 TTC 机制下美欧对医疗数据和隐私的讨论成果。

(二)加强数据隐私保护的行政执法

美国联邦贸易委员会长期负责社交媒体、广告技术和移动应用生态系统的隐私保护和数据安全执法工作。2021 年以来,美国联邦贸易委员会显著加强行政执法力度,特别聚焦于健康数据、地理位置跟踪、儿童和青少年数据、数据安全、信用报告和金融隐私以及垃圾电话和电子邮件的治理。

(1)健康数据隐私与安全保障:2021 年以来,美国联邦贸易委员会针对健康数据隐私保护实施了严格禁令,要求企业不得为广告目的与第三方共享健康信息,除非获得用户明确同意。对其他健康数据的披露,也必须征得用户的明确同意。同时,美国联邦贸易委员会指示第三方删除不当披露的数据,向消费者提供关于非法第三方披露的通知,并要求企业在未进行独立评估的情况下建立隐私或数据安全计划。

2023 年,美国联邦贸易委员会最终批准了一项命令,禁止在线咨询服务 BetterHelp 在承诺保密的情况下,将消费者的敏感数据泄露给 Meta 和 Snapchat 等第三方进行广告宣传,②并要求其支付 780 万美元罚款,同时向消费者提供部分退款。③同年,美国联邦贸易委员会还依据《健康数据泄露通知规则》对 GoodRx Holdings④、Easy Healthcare Corporation⑤、Flo Health⑥、Premom⑦和

---

① 《康涅狄格数据隐私法》(Connecticut Data Privacy Act,CTDPA)于 2022 年 5 月 10 日通过,2023 年 7 月 1 日生效。《犹他州隐私法》(Utah Consumer Privacy Act,UCPA)于 2022 年 3 月 24 日通过,2023 年 12 月 31 日生效。《华盛顿健康数据法》(My Health My Data Act,MHMD)于 2023 年 4 月 17 日通过,于 2024 年 3 月 31 日(大部分条款)生效。

② BetterHelp 是一家心理咨询在线平台,针对 BetterHelp 的投诉清楚地表明,任何标识消费者正在寻求或接受心理健康治疗的信息都是健康信息。

③ Federal Trade Commission,BetterHelp,Inc.,In the Matter of,May 6,2024,载于美国联邦贸易委员会网。

④ Federal Trade Commission,GoodRx Holdings,Inc.,February 17,2023,载于美国联邦贸易委员会网。

⑤ 该公司旗下的 Premom 是一款月经和排卵追踪的移动应用程序软件。

⑥ Federal Trade Commission,Flo Health,Inc.,June 22,2021,载于美国联邦贸易委员会网。

⑦ Federal Trade Commission,Easy Healthcare Corporation,U.S. v.,June 26,2023,载于美国联邦贸易委员会网。

Vitagene①等提起诉讼,指控这些在线平台或应用程序向 Facebook 和 Google 等第三方数字平台披露用户个人健康信息,并向消费者投放健康和药物特定广告,违反了隐私保护承诺,要求其支付不同金额的民事罚款。②

2023 年 7 月,在宣布 Flo Health、GoodRx、BetterHelp、Premom 和 Vitagene 调查案件后,美国联邦贸易委员会发布了题为《保护健康数据隐私:FTC 案件中的十三条经验》的指导文件。文件重点总结了这些执法行动给企业的十三条经验,包括了解健康信息的构成、保护信息隐私的义务、跟踪技术相关的隐私风险、不当披露或接收健康信息的后果,以及确保技术和合规团队之间的有效沟通等。此外,该指导文件还警告企业避免做出与健康数据保护相关的虚假声明,以及使用虚假印章和认证,并就同意书问题提出建议,提醒企业避免使用误导性的委婉说法和遗漏。

(2)地理定位跟踪数据:美国联邦贸易委员会主要依据《联邦贸易委员会法》第 5 条(禁止市场上不公平或欺诈行为),采取行动防止消费者因泄露地理定位跟踪数据而遭受损害。2022 年 8 月,美国联邦贸易委员会起诉 Kochava 出售敏感地理位置数据,包括生殖健康、礼拜场所访问等数据,要求其删除已经收集的敏感地理位置数据;并指控其缺乏技术控制来保护消费者隐私。截至 2024 年 9 月,该案还在诉讼中。③此外,2021 年 12 月,美国联邦贸易委员会指控 Support King,LLC (曾以 SpyFone.com 名义经营)及其 CEO Scott Zuckerman 通过隐藏的设备黑客秘密收集和共享数据,并发布行政禁令,禁止其提供推广、销售或广告任何监控应用程序、服务或相关业务。④

为此,美国联邦贸易委员会发布了政策声明《位置、健康及其他敏感信息:美国联邦贸易委员会承诺将全力执行法律,打击非法使用和分享高度敏感数据的行为》,阐明了敏感数据暴露对消费者的潜在危害,并强调委员会承诺大力执法以保护敏感数据。⑤

---

① Federal Trade Commission, 1Health.io/Vitagene, In the Matter of, September 7, 2023,载于美国联邦贸易委员会网。

② Federal Trade Commission, GoodRx Holdings, Inc., February 17, 2023,载于美国联邦贸易委员会网。

③ Federal Trade Commission, FTC v Kochava, Inc., July 15, 2024,载于美国联邦贸易委员会网。

④ Federal Trade Commission, Support King, LLC(SpyFone.com), In the Matter of, December 21, 2021,载于美国联邦贸易委员会网。

⑤ Federal Trade Commission, Location, health, and other sensitive information:FTC committed to fully enforcing the law against illegal use and sharing of highly sensitive data, July 11, 2022,载于美国联邦贸易委员会网。

（3）儿童隐私数据保护：自 2022 年 1 月以来，美国联邦贸易委员会依据《儿童网络隐私保护法》和《联邦贸易委员会法》第 5 条对多家公司提起诉讼，指控其非法收集和处理儿童隐私数据。涉案公司包括 Meta、Epic Games、亚马逊、Edmodo、微软、WW International 及其子公司 Kurbo、广告平台 OpenX 和 Recolor 应用的运营商 Kuuhuub Inc. 公司。Meta 被指控违反《儿童网络隐私保护法》及早先 FTC 禁令，误导家长关于其对 Messenger Kids 应用控制能力的宣传，并被禁止从未成年用户数据谋取利益。①Epic Games 因在《堡垒之夜》游戏中未充分告知家长且未经同意收集儿童信息，同时默认激活语音和文字聊天功能，致使儿童面临欺凌和心理创伤风险，因此被处以 2.75 亿美元的罚款，并勒令删除非法收集的数据。②亚马逊则因未能妥善删除儿童用户的语音和位置信息，被罚款 2 500 万美元。③此外，微软④、Edmodo⑤、WW International⑥和 OpenX⑦分别因违反《儿童网络隐私保护法》被罚款 2 000 万美元、150 万美元、200 万美元等，同时被要求删除非法收集的数据，并加强隐私保护措施的建设。Recolor 运营商 Kuuhuub Inc. 被指控非法收集儿童数据并允许广告商收集持久标识符，最终同意支付 10 万美元的罚款并删除相关数据。⑧

（4）信用报告和金融数据：自 2021 年至 2023 年，美国联邦贸易委员会依据《公平信用报告法》和《联邦贸易委员会法》第 5 条，对多家公司提起诉讼，保护消费者的财务隐私和信用报告准确性。涉案公司包括 TransUnion Rental Screening Solutions、TruthFinder、Instant Checkmate、ITMedia Solutions、Vivint Smart Home 等。美国联邦贸易委员会指控这些公司违反《公平信用报告法》规定，如未

---

① Federal Trade Commission，Facebook，Inc.，In the Matter of，August 29，2024，载于美国联邦贸易委员会网。

② Federal Trade Commission，Epic Games，Inc.，U.S. v.，February 7，2023，载于美国联邦贸易委员会网。

③ Federal Trade Commission，Amazon.com（Alexa），U.S. v.，July 21，2023，载于美国联邦贸易委员会网。

④ Federal Trade Commission，Microsoft Corporation，U.S. v.，June 9，2023，载于美国联邦贸易委员会网。

⑤ Federal Trade Commission，Edmodo，LLC，U.S. v.，August 28，2023，载于美国联邦贸易委员会网。

⑥ Federal Trade Commission，Weight Watchers/WW，March 4，2022，载于美国联邦贸易委员会网。

⑦ Federal Trade Commission，OpenX Technologies，Inc.，December 15，2021，载于美国联邦贸易委员会网。

⑧ Federal Trade Commission，Kuuhuub，Inc.，et al.，U.S. v.（Recolor Oy），July 22，2021，载于美国联邦贸易委员会网。

采取合理措施确保信用报告的准确性、非法获取和出售消费者信用信息、虚假宣传等。例如，TransUnion 因未能确保租赁筛选报告的准确性被罚款 1 500 万美元；①TruthFinder 和 Instant Checkmate 因未遵守《公平信用报告法》和第 5 条规定，支付了 580 万美元罚款；②ITMedia 因非法获取并出售消费者信用评分，被罚款 150 万美元；③Vivint Smart Home 因使用虚假身份获取消费者信用报告而支付了创纪录的 2 000 万美元罚款，并被要求实施员工监控和身份盗窃预防计划。④

（三）隐私增强技术的推广

隐私增强技术（PETs）作为 TTC 重点协调领域之一，是对隐私保护法规的重要补充。其试图通过推动技术合作，在保障数据隐私的同时，促进数据跨境流动和经济赋能，为双方找到了一种协调路径。美国政府鼓励企业采用隐私增强技术，以增强数据使用的安全性和隐私保护力度。美国国家标准与技术研究院（NIST）作为技术标准制定的权威机构，显著加强了对 PETs 技术的研究、推广和标准化工作。

首先，美国国家标准与技术研究院加强了对隐私增强技术的研究，特别是在确保敏感数据的匿名化和安全处理方面，如差分隐私、多方计算（MPC）和同态加密等技术，以确保数据在共享和使用过程中仍能保护个人隐私。同时，美国国家标准与技术研究院还发布了一系列与隐私增强技术相关的标准和指南，如《差分隐私应用指南》，为行业提供了在数据处理过程中遵循隐私保护要求的明确指导。⑤美国国家标准与技术研究院还计划扩展对同态加密和多方计算技术的研究。⑥

此外，美国国家标准与技术研究院还与私人企业展开了广泛合作，启动了多个试点项目，以推动隐私增强技术在金融、医疗等领域的实际应用。这些试点项目不仅验证了隐私增强技术的有效性，还为未来在更大范围的推广和标准化奠定了

---

①② Federal Trade Commission，TruthFinder，LLC，FTC，October 11，2023，载于美国联邦贸易委员会网。

③ Federal Trade Commission，ITMedia Solutions LLC，February 3，2017，载于美国联邦贸易委员会网。

④ Federal Trade Commission，Vivint Smart Home，Inc.，August 23，2023，载于美国联邦贸易委员会网。

⑤ National Institute of Standards And Technology，Differential Privacy Application Guide，December 2023，载于美国国家标准与技术研究院网。

⑥ National Institute of Standards and Technology，载于美国国家标准与技术研究院网。

基础。

（四）跨境数据流动的监管调整

数据跨境流动是美国在 TTC 机制与欧盟协调的重点议题。自《隐私盾协议》被欧盟法院判定无效后，美欧之间的数据跨境流动面临挑战。美国积极推动新的跨境数据流动协议，以确保跨大西洋数据自由安全的流动。在 TTC 第三次会议之后，美国和欧盟开始协商新的跨大西洋隐私框架。2022 年 10 月，拜登政府发布了第 14086 号行政令，[①]以加强对美国信息情报活动中公民隐私数据的保障。第 14086 号行政令在限制情报机构活动、完善个人救济路径以及更新审查和监督机制等方面进行了完善，解决欧盟法院在 2020 年对美国情报机构活动提出的担忧。2023 年 7 月 10 日，欧盟通过了对《欧盟—美国数据传输保护框架》（*Data Privacy Framework*，以下简称 DPF）的"适用性决定"（adequacy decision），认为第 14086 号行政令和 DPF 中包含的额外保障措施为从欧盟传输的个人数据提供了足够的保护水平。此外，第 14086 号行政令还为使用其他转移机制（例如标准合同条款、有约束力公司规则）将个人数据从欧盟转移至美国提供了法律确定性。DPF 为公司提供了一种机制，使其能够根据欧盟法律将个人数据从欧盟转移至美国。为加入 DPF，美国公司必须向美国商务部自我认证其遵循 DPF 原则。2023 年 7 月 17 日，美国商务部正式启动 DPF 计划网站，由美国商务部国际贸易管理局（ITA）管理，并公布了自我认证的计划要求。相关公司可在该网站进行注册、向 ITA 进行自我认证，并公开承诺遵守 DPF 原则。美国商务部国际贸易管理局将根据参与公司提交的情况将其列入和保留在数据隐私框架列表中，并依据公司提交的年度重新认证申请更新数据隐私框架列表，同时在公司自愿退出、未能按照美国商务部国际贸易管理局的程序完成重新认证或被发现持续不遵守规定时将其删除。此外，参与公司若不执行 DPF 原则，将违反《联邦贸易委员会法》第 5 条禁止不公平和欺骗行为的规定，并面临美国联邦贸易委员会的行政处罚。

二、技术平台领域分措施

（一）平台责任强化的战略调整

美国在技术平台责任和透明度要求方面采取了更为严格的措施。2023 年 5

---

① Federal Register，Enhancing Safeguards for United States Signals Intelligence Activities，October 7，2022，载于美国联邦注册官网。

月,美国发布了《国家网络安全战略》报告,报告对技术平台提出了更高的网络安全责任和透明度要求。首先,报告明确要求大型技术平台,尤其是那些拥有丰富资源和能力的企业,承担更大的网络安全责任。平台被要求在产品设计和运营过程中优先考虑安全性,确保安全性内置于产品的开发流程中,并具备快速恢复能力,以迅速应对安全故障。

同时,报告还提高了对技术平台的透明度要求。平台必须公开其算法的运作方式,特别是在数据处理、算法运作和内容管理方面。此外,美国政府还计划推动立法,确保这些透明度要求能够通过法律和监管手段得以有效执行。

为实施这些要求,美国国家网络总监办公室(ONCD)制定了详细的实施计划,旨在通过立法和监管手段确保技术平台在设计和运营中内置安全性,减少网络安全风险。美国国家网络总监办公室还计划推出新政,将网络安全责任转移给那些拥有最多资源和能力的企业,以减轻小型组织和个人用户在网络安全上的负担。[1]

此外,国会也在推进相关立法。例如,参议院于 2023 年 2 月发起的《互联网平台问责和消费者透明度法》(S.1934),[2]法案要求数字平台公司制定明确的内容审核政策,并对违反自身政策或非法的内容负责。同年 9 月,参议院还推进了《算法透明度法案》(Algorithmic Accountability Act of 2023),[3]要求大型科技公司披露其算法的运行逻辑,特别是在广告推送、内容推荐和信息过滤等关键领域。

(二)反垄断和市场竞争的执法行动加强

美国司法部(DOJ)和美国联邦贸易委员会显著加大了对大型科技公司的反垄断调查和诉讼力度。

2023 年,美国司法部对谷歌发起了一项新的反垄断诉讼,指控其利用在广告技术市场的主导地位,通过收购如 DoubleClick 和 AdMeld 等公司,压制竞争对手并增加广告市场中的交易成本。[4]同年,美国联邦贸易委员会针对 Meta 的反垄断诉讼也在继续进行,指控 Meta 通过收购 Instagram 和 WhatsApp 等竞争对手来巩固其在社交网络市场的主导地位,并采用了"买入或埋葬"策略打压潜在

---

① Covington, White House Releases National Cybersecurity Strategy, March 6, 2023,载于 Insideprivacy 网。

② Congress, Internet PACT Act, S.483, February 16, 2023,载于美国国会网。

③ Congress, Algorithmic Accountability Act of 2023, S.2892, September 21, 2023,载于美国国会网。

④ Mintz, DOJ Sues Google for Monopolizing Digital Advertising Markets, February 22, 2023,载于 Mintz 网。

竞争对手。

随着这些反垄断诉讼的进行,美国国会也在推动一系列反垄断立法。例如,《平台竞争与机会保护法案》(*Platform Competition and Opportunity Act*,H.R. 3826),①旨在限制大型科技公司通过收购手段巩固市场主导地位,并提议对这些公司进行更严格的审查,确保其无法通过收购消灭潜在竞争对手。

三、人工智能领域的相关措施

(一)AI 风险安全管理相关举措

2023 年 10 月 31 日,美国总统拜登签署了《关于安全、可靠和可信地开发和使用 AI 的第 14110 号行政令》,旨在确保 AI 的安全、可信和负责任的发展与应用。行政令强调,人工智能技术的开发应保护公民权利、隐私和消费者利益,同时促进负责任的创新。行政令特别关注在关键领域(如医疗保健、金融服务和教育)中,防止 AI 使用带来的歧视、隐私侵害和潜在危害。行政令还明确政府在监管 AI 使用、管理风险以及与国际伙伴合作建立 AI 技术负责任框架方面的角色。②为此,相关机构依据第 14110 号行政令指示采取了以下措施:

1. 发布 AI 安全指南

美国 AI 安全研究所(AISI)面向领先的 AI 开发者发布了新的技术指南,供公众评论。该指南详细介绍了如何帮助防止 AI 系统被滥用以伤害个人、公共安全和国家安全,并提高产品的透明度。③

2. 管理生成式 AI 风险的框架

美国国家标准与技术研究院发布了最终框架,指导生成式 AI 系统和双用途基础模型的安全开发。该框架基于 NIST 的 AI 风险管理框架,为个人、组织和社会提供了管理 AI 风险的指南,并且已经在美国及全球范围内得到广泛采用。NIST 还向白宫提交了一份报告,详细介绍了减少合成内容风险的工具和技术。

3. AI 测试平台的开发与扩展

美国能源部开发并扩展了 AI 测试平台,用于评估 AI 模型的安全性,特别针对

① Congress,Platform Competition and Opportunity Act of 2021,H.R.3826,June 24,2021,载于美国国会网。

② The White House,Executive Order on the Safe,Secure,and Trustworthy Development and Use of Artificial Intelligence,October 30,2023,载于美国白宫网。

③ Japan AI Safety Institute,Guide to Evaluation Perspectives on AI Safety,September 18,2024,载于 Aisi 网。

AI 模型对关键基础设施、能源安全和国家安全的潜在风险。①这些测试平台还用于探索新的 AI 硬件和软件系统,包括提高 AI 可信度的隐私增强技术。国家科学基金会(NSF)也启动了一个计划,为政府外的研究人员设计和规划 AI 测试平台提供资金。②

4. 报告 AI 试点项目的结果

美国国防部和国土安全部报告了其在政府网络中应用 AI 以保护国家安全和民用政府系统的试点项目的结果。这些工作基于总统行政令中要求在 180 天内推进这些试点项目的努力。

5. 针对基于 AI 的性侵害图像发出行动号召

美国性别政策委员会与科技政策办公室发出了针对利用 AI 生成的图像性侵害的行动号召。AI 生成的性侵害图像是目前增长最快的有害 AI 应用之一,这一号召旨在邀请技术公司和相关行业利益相关者共同努力,抑制这一侵害。

(二)加强与国际标准机构在可信赖 AI 领域的合作

美国通过其国家标准学会(ANSI)在 2023 年与国际标准机构展开了深入合作,推进可信赖 AI 的标准制定。作为 ISO(国际标准化组织)在美国的官方代表,美国国家标准学会在 ISO/IEC JTC 1(信息技术委员会)的秘书处中发挥领导作用,负责协调国际 AI 标准的制定工作。

尤其在 2023 年,美国积极参与并主导了 ISO/IEC 42001:2023 标准的制定工作。该标准提供了管理 AI 风险和机遇的框架,旨在确保 AI 系统的透明度、安全性、可解释性和责任性,并采用了"计划—执行—检查—行动"(Plan-Do-Check-Act)循环,指导组织持续改进 AI 管理体系。

美国还通过 ANSI 在 ISO/IEC JTC 1 下的 SC 42 分委员会发挥了领导作用,SC 42 分委员会于 2017 年成立,是全球首个全面致力于 AI 标准化的国际委员会。SC 42 分委员会目前已经发布了 21 项 ISO 标准,并在 2023 年获得了 ISO 的劳伦斯·艾彻领导奖(LDE 奖),表彰其在标准制定方面的卓越表现。

(三)推进隐私保护技术在 AI 领域的应用

美国国家科学基金会(NSF)发起了一项 2 300 万美元的计划,旨在推广使用隐

---

① U.S. Department of Energy, Artificial Intelligence Testbeds at DOE, December 22, 2024,载于美国能源部网。

② U.S. National Science Foundation, NSF announces new AI test beds initiative to advance safety and security of AI technologies, July 23, 2024,载于美国国家科学基金会网。

私增强技术来解决与 AI 相关的问题。美国国家科学基金会将与行业和机构合作伙伴合作,通过其新的隐私保护数据共享实践计划进行投资,努力为特定用例应用、成熟和扩展隐私增强技术,并建立测试平台以加速其采用。

（四）继续推进对 AI 对劳动力市场影响方面的研究

美国在 TTC 机制下强调将持续加大对 AI 对劳动力市场影响的研究。2024 年 7 月 10 日,美国经济顾问委员会(CEA)发布了最新的关于 AI 对劳动力市场潜在影响的报告。报告指出,约 10% 的职业被认为是"潜在 AI 脆弱"职业,已经表现出需求下降的迹象,如就业增长放缓和新进入者减少。这些职业中,许多工人未能在过去几年中提升技能,这使他们更容易受到 AI 技术带来的冲击。此外,分析还显示,老年工人更容易受到 AI 的影响,且暴露于 AI 的工人加入工会的比例较低。尽管目前没有明显证据表明 AI 会对整体就业产生负面影响,但它可能对某些工人产生不利影响。为此,美国经济顾问委员会将继续监测 AI 对劳动力市场的影响趋势,并与研究人员和利益相关者合作,确保政府能够制定有效的政策应对 AI 带来的变化。[1]

四、在国际扩展与其他国家的协调

（一）五眼联盟(Fives Eyes)的跨国数据安全与平台监管合作

美国与其五眼联盟成员(包括英国、加拿大、澳大利亚和新西兰)在数据隐私保护、平台责任及网络安全方面也采取了共同行动。2021 年以来,五眼联盟的成员(美国、英国、加拿大、澳大利亚和新西兰)在边境安全和移民事务上加强了数据共享,特别是涉及生物识别信息的共享。根据一项名为"Migration 5"的合作协议,五眼联盟的成员大幅增加了指纹和其他生物识别数据的交换量,每年进行的数据检查从 3 万次增加到 40 万次。2022 年,联盟宣布了最新的生物识别和数据共享战略,旨在加快入境管理程序,并提升国家安全。[2]2022 年,五眼联盟的边境安全部门公布了有关数据共享和生物识别技术的新策略,尤其是在数字化和透明度方面。通过"单一窗口工作组"(Single Window Working Group),五眼联盟成员共享了与新冠病毒相关的物资信息。[3]

---

[1]　White House, Potential Labor Market Impacts of Artificial Intelligence：An Empirical Analysis, July 10, 2024,载于美国白宫网。

[2]　Biometrics New, Expanded biometric, criminal data-sharing discussed at recent Five Eyes meeting, August 16, 2024,载于 Biometricupdate 网。

[3]　Biometrics New, Five Eyes border security group outline data sharing strategy, biometrics, June 14, 2022,载于 Biometricupdate 网。

（二）进一步推动与部分国家间的跨境数据流动

在跨境数据自由流动议题上，美国进一步推动与其他国家的合作。2022 年 4 月，美国与 60 多个国家共同签署了《互联网未来宣言》(*Declaration for the Future of the Internet*)，宣言"重申致力于促进和维持一个开放、自由、全球、可互操作、可靠和安全的互联网，并确保互联网加强民主原则、人权和基本自由，能够实现将人类联系起来、帮助社会和民主繁荣的承诺"①。而后，美国继续在 G7 平台上推进跨境数据自由流动。在 2023 年 5 月 20 日的 G7 领导人峰会上，再次重申了跨境数据流动在提升生产力、创新和可持续发展中的重要性，并强调了"数据自由流动与信任"(Free and Trusted Data Flows, DFFT)的概念，②旨在促进可信赖的跨境数据流动，并推动数字经济的发展，同时维护各国政府应对公共利益的能力。除了在 G7 平台，在经济与和合作发展组织(OECD)，美国还与 38 个成员国通过了开创性的《关于政府访问私营部门实体持有的个人数据宣言》(*Declaration on Government Access to Personal Data Held by Private Sector Entities*)，该宣言亦重申了成员"对跨境数据自由流动的承诺"，并考虑了政府为执法和国家安全目的访问数据的商定原则。③

（三）推动在 AI 治理领域的政策协调

美国在 G7、四方伙伴关系、联合国等多个国际平台上积极协调，推动人工智能领域的国际合作与治理。在 2023 年的 G7 峰会上，美国推进 G7 成员国共同签署了《国际先进人工智能系统开发组织行为准则》，为开发最先进的人工智能系统提供自愿指导。同年，在四方伙伴关系(美国、日本、澳大利亚、印度)峰会上，四方政府宣布了"推进创新、赋能下一代农业倡议(AI-ENGAGE)"，旨在通过深化前沿合作研究，利用人工智能、机器人技术和传感技术革新农业生产，助力印太地区农民。为此，四方国家首批提供了 750 多万美元资助，并强调了科学机构间的合作备忘录以连接研究社区。在 2024 年，在四方合作伙伴峰会上，四方国家认识到推动国际努力实现安全、可靠和值得信赖的人工智能系统的重要性，寻求深化国际合作及人工智能治理框架的互操作性，并通过标准小组启动了关于人工智能和先进通信技术的两个 1.5 轨对话，以促进国际标准化合作。④2024

---

① 详见美国国务院网。

② DFFT 是日本首相安倍晋三于 2019 年发起的促进跨境数据自由流动的倡议。

③ OECD, Declaration on Government Access to Personal Data Held by Private Sector Entities, February 12, 2023，载于经济与合作发展组织网。

④ 美国驻华大使馆和领事馆：《简报：2024 年四方伙伴关系领导人峰会》，2024-09-24，载于美国驻华大使馆网。

年 3 月 21 日,联合国大会通过了由美国提出的人工智能监管决议,鼓励各国在人工智能发展过程中保障人权、保护个人数据隐私并监控风险。2024 年 5 月,在人工智能首尔峰会上,美国与英国、加拿大、日本、韩国等 10 个国家以及欧盟共同签署《首尔声明》,呼吁加强国际人工智能治理合作及治理框架之间的互操作性,倡导以风险为基础的政策和治理框架,支持启动首个国际人工智能安全研究所网络,以促进国家间对人工智能安全的共同理解,并在研究、标准和测试方面进行协调。[①]
2024 年 9 月 23 日,美国国务卿安东尼·布林肯(Antony Blinken)在纽约联合国大会第七十九届期间发起了"全球人工智能包容性伙伴关系"(PGIAI),并宣布了其他旨在利用人工智能的快速发展推动全球可持续发展的倡议,PGIAI 汇集了美国国务院、亚马逊、Anthropic、谷歌、IBM、Meta、微软、英伟达和 OpenAI 等多方力量,通过联合美国政府、美国国际开发署(USAID)及多家科技行业领军企业,共同投入一亿美元资金与资源,以推动人工智能技术在全球范围内的普及与包容性发展。[②]

第三节　欧盟采取的相关措施述评

在 TTC 成立之际,欧盟正积极推进一系列数字监管立法,如《数字服务法》(*Digital Services Act*)、《数字市场法》(*Digital Market Act*)、《数据治理法》(*Data Governance Act*)、《数据法》(*Data Act*)和《人工智能法》(*Artificial Intelligence Act*,以下简称《AI 法》)等,以规范数字平台和人工智能(AI)的发展。这些提案秉承了《通用数据保护条例》(*General Data Protection Regulation*)的核心原则,即保护欧盟公民的数据权益、提升算法透明度,并维护欧盟企业的公平竞争环境。TTC在首次部长级会议中便已明确表示尊重各自的监管自主权,力求在不改变各自法律体系的基础上协调政策,共同推动目标的实现。欧盟在数据治理和技术平台领域,秉持一种以用户权利为中心、更为严格且审慎的数字治理理念。从数据隐私保护到 AI 的监管,欧盟始终站在以权利为核心的数字治理前沿,因此被众多观察者

---

① 第一财经:《人工智能首尔峰会召开,OpenAI 等 16 家 AI 公司作出了什么安全承诺?》,2024-05-22,载于腾讯新闻网。

② U.S. Department of State, Secretary Blinken Launches the Partnership for Global Inclusivity on AI (PGIAI) with Leading AI Companies to Bolster AI's Use in Advancing Sustainable Development, September 23, 2024,载于美国国务院网。

誉为"全球超级监管大国"。①在此基础上,双方在 TTC 机制层面就数据隐私保护、数据访问、数据共享、透明度、在线内容管理、算法影响等领域达成了部分共识。在数字治理和技术平台治理领域,欧盟采取了以下相关举措。

一、数据治理方面的措施

(一)扩大数据访问权

在 TTC 第二次部长级会议上,美欧双方就采取措施扩大研究人员对平台数据的访问权达成共识,以更好地理解平台上内容传播的风险。双方计划推动在线平台为研究人员提供更多与用户互动、内容审核和算法决策相关的数据。欧盟在《数字服务法》第 40 条中明确规定,经过审查的研究人员将能够从指定的超大型在线平台(Very Large Online Platforms,VLOPs)和搜索引擎(Search Engines,VLOSEs)请求数据,以研究欧盟的系统性风险。2023 年 3 月 14 日,欧盟委员会依据《数字服务法》启动了对超大型在线平台和搜索引擎的指定程序,②并于 2023 年 4 月 25 日公布了包括亚马逊、苹果、谷歌、优酷、Instagram、微软、Pinterest、TikTok 等 20 个数字平台为指定供应商。③为进一步明确《数字服务法》第 40 条下研究人员数据访问的具体操作,欧盟委员会宣布将制定一项新的《数据访问授权法规》,详细说明高效、实用和清晰的数据访问流程的技术条件和程序要求,并于 2023 年 11 月公布了法规草案征集意见汇总报告,预计该法案将于 2024 年年底公布。④

(二)促进数据共享

TTC 会议期间,美欧双方重点讨论了数据共享与自由流动和技术互操作性问题,双方同意在确保数据安全的前提下推进数据共享。为鼓励数据驱动的创新经济、培育数字市场的竞争力,欧盟通过《数据法》和《数据治理法》来推动数据(尤其是工业数据)的共享。⑤

---

① William Schwartz, "The EU's Digital Services Act Confronts Silicon Valley," Wilson Center, February 15, 2023,载于威尔逊中心网。

② European Commission, Commission opens formal proceedings against AliExpress under the Digital Services Act,载于欧盟网。

③ European Commission, Supervision of the designated very large online platforms and search engines under DSA,19 September 2024,载于欧盟网。

④ European Commission, Digital Services Act:Summary report on the call for evidence on the Delegated Regulation on data access,24 November 2023,载于欧盟网。

⑤ 《数据法》于 2023 年 12 月 22 日公布,将于 2025 年 9 月 12 日生效,《数据治理法》于 2023 年 9 月生效。

为促进数据共享，《数据法》针对企业对企业（B2B）、企业对消费者（B2C）和企业对政府（B2G）的数据共享规则进行了规定。首先，它赋予用户对连接产品所产生的数据的访问权，允许他们在自愿的情况下与第三方共享这些数据，同时确保这些数据的分享不会用于开发竞争性产品。①其次，《数据法》保护中小企业免受不公平合同条款的影响，尤其是当数据共享涉及市场上更强大的参与者时，确保合同条款的公平合理性。再者，针对政府在紧急情况下的数据获取需求，《数据法》允许公共部门在特定情况下（如紧急状况）访问私营部门持有的非个人数据，并明确了数据请求的透明度和比例原则。此外，《数据法》还提出了具体的跨平台数据流动规则，要求云服务供应商不得设置技术或合同障碍，以阻止数据迁移至其他平台或国家，并规定在2027年1月后完全取消与数据转换相关的费用，以便用户可以自由地在不同供应商之间迁移数据，包括向境外平台的迁移，从而打破"供应商锁定"（vendor lock-in）。②最后，欧盟还在《数据法》中进一步明确了物联网（IoT）数据的所有权和访问权，即用户拥有其设备生成数据的控制权，而不再由设备制造商控制。

《数据治理法》则针对自愿数据共享制定框架来加强数据共享的信任度。首先，它明确了公共部门数据的再利用规则，允许在特定欧盟或国家立法的框架内对数据进行受保护的共享，包括个人数据和商业机密信息。其次，《数据治理法》中引入了数据中介服务的概念，允许个人和企业在透明、安全的环境下共享数据，确保数据所有者对其数据的控制权，保障数据能够在受控的环境中自由流动。③同时，《数据治理法》鼓励数据利他行为，允许个人或企业自愿将数据出于公共利益的目的共享，并通过注册"欧盟认可的数据利他组织"来保证数据提供者的权益和隐私受到保护。

---

①　这一规则体现在《数据法》的第4条至第7条，IoT设备的用户拥有生成数据的访问权，并且可以自由选择将数据分享给第三方，而不是由设备制造商垄断数据的使用权。

②　该规则体现在《数据法》的第23条至第26条。具体规则包括：（1）数据迁移权利：用户有权在两个月通知期后自由地将数据迁移至另一家云服务供应商，或迁移至内部IT系统，避免被某一供应商锁定；（2）数据移植的技术支持：云服务提供商必须提供开放的接口和标准化的格式，便于数据的无障碍导出和导入；（3）在2027年之前，云服务商可以收取与数据迁移相关的合理费用，但在此之后将不得再收取任何迁移费用。

③　数据中介体现在《数据治理法》的第9条至第11条，要求数据中介服务提供商作为独立的第三方，不得与数据共享的商业用途存在利益冲突，确保数据的透明与公正处理。数据中介服务必须向用户提供明确的数据管理选择，保证数据的使用仅限于数据提供者的许可，并且这些数据在使用过程中会受到严格的隐私和安全保护。

这两项法律协同作用,推动建立欧盟单一数据市场。《数据治理法》通过建立清晰的框架和可信赖的数据中介机构,提高了对自愿数据共享机制的信任,而《数据法》则明确规定了数据共享的条件与权利,为数据在欧盟内部以及各行业之间的流通提供法律保障。

（三）调整跨境数据流动监管

欧盟坚持数据自由流动必须以严格的数据保护为前提。[①]例如,欧盟通过 GDPR 针对个人数据的跨境流动规定了国家充分性认定、标准合同条款、数据评估等严格的流动条件。在 TTC 机制下,美欧双方就采取措施促进数据的跨境流动达成共识,特别强调要加强数据处理服务之间的跨境互操作性。为此,欧盟通过《数据法》和《数据治理法》针对非个人数据（如工业数据）的跨境流动,提供了一系列的法律保障。

《数据法》从三个方面来促进数据的跨境流动:一是确保数据的安全与隐私保障,《数据法》第 27 条还明确要求云服务提供商采取技术、法律和合同措施（包括合同安排）,确保数据在欧盟以外传输时符合欧盟法律。该条款还允许服务提供商在面对外国政府的数据访问请求时,向欧盟或成员国的相关部门寻求协助,以确保这些请求符合欧盟法律。该条规则不仅保护了欧盟非个人数据的完整性和隐私,还为跨境数据流动提供了清晰的法律框架,确保跨国企业在合法合规的基础上自由共享和传输数据。二是加强数据处理服务之间的跨境互操作性,《数据法》要求云服务提供商和其他数据处理服务提供商在跨境提供服务时,确保数据的互操作性和可移植性,并定义了互操作性的基本要求,确保数据可以在欧洲共同数据空间以及数据处理服务提供商的推动下,在部门和成员国之间无缝流动。[②]具体而言,数据空间参与者应遵守数据结构、数据格式和词汇表的描述（如果可用）应可公开访问,同时还应确保数据共享协议（如智能合约）的互操作性。三是设定明确的跨境数据转移合同条款,为保障跨境数据共享的合法性与透明性,《数据法》还授权欧委会制定标准合同条款,为企业与第三国合作伙伴共享数据提供指导。

《数据治理法》主要从两个方面来保障数据的跨境流动:一是确保数据中介服务的可信度与透明性,要求所有数据中介机构在数据共享过程中保持中立,确保数据在跨境传输中受到与欧盟内部相同的保护水平;二是建立欧洲数据创新委员会

---

① 何渊:《数据法学》,北京大学出版社 2020 年版,第 61—68 页。
② 欧洲共同数据空间是《欧洲数据战略》下创设的概念,在健康、农业、制造、能源、移动、金融、公共管理、技能、欧洲开放科学云等领域创建数据池,提高数据访问与重复利用。

(EDIB),由该委员会制定跨境数据共享的标准与指南,确保数据在欧盟和第三国之间的传输符合共同认可的安全与合规标准,同时为其提供高效、易于操作的示范合同。这种统一的标准化处理方式,确保了跨境数据流动过程中的法律保障与高效协作。2024 年 9 月 24 日,《数据治理法》生效一年后,欧委会发布了《关于实施"数据治理法"的指导文件》,进一步明确非个人数据国际转移规则,帮助利益相关方理解规定并从《数据治理法》中获益。[①]

《数据法》和《数据治理法》对跨境数据传输提供了明确清晰的法律监管框架以及标准化的合同条款,提高了美欧之间跨境数据流动的互操作性,确保了数据在美欧之间安全、透明、无障碍的流动。[②]

（四）促进数据再利用

TTC 会议还讨论了如何促进公共数据和私人数据的再利用,以推动技术创新和经济增长。为此,欧盟采取了多项举措帮助企业获得更多可用数据。

欧盟发布了《欧洲议会和理事会关于数字单一市场的版权指令》(以下简称《版权指令》),[③]允许出于数据挖掘目的复制和提取受版权保护的材料(除非权利持有人选择退出),这为欧洲企业使用数据训练人工智能模型提供了法律依据。同时,欧盟还发布了《欧洲议会和理事会关于开放数据和公共部门信息再利用指令》,强制成员国发布更多数据集供企业以创新方式使用。[④]此外,《数据治理法》和《数据法》还采取措施促进和推动私营部门的更多自愿数据共享。欧盟委员会在战略经济领域倡导建立了 14 个"共同欧洲数据空间",[⑤]旨在创建安全的工具、基础设施、标准和治理框架,帮助企业合作进行数据池化和共享。

（五）推广隐私增强技术

数据安全技术(特别是在隐私增强技术、加密技术和数据保护工具的研发方面)的合作也是 TTC 下的重要协调成果。欧盟网络安全局(ENISA)在数据安全和

---

① Data Guidance, EU: Commission publishes guidance for the Data Governance Act, September 24, 2024,载于 DataGuidance 网。

② Atlantic Council, The US-EU Trade and Technology Council: Assessing the record on data and technology issues, April 20, 2023,载于大西洋理事会网。

③ European Union, Directive(EU) 2019/790 on Copyright and Related Rights in the Digital Single Market, April 17, 2019,载于欧盟委员会网。

④ European Union, Directive(EU) 2019/1024 of the European Parliament and of the Council of 20 June 2019 on open data and the re-use of public sector information(recast), June 2019,载于欧盟委员会网。

⑤ European Commission, "Commission staff working document on common European data spaces", SWD(2022) 45, February 23rd, 2022,载于欧盟委员会网。

隐私增强技术(PETs)的推广方面发挥了重要作用。欧盟网络安全局发布了多份关于差分隐私、多方安全计算(MPC)等方面的指南和政策声明,旨在促进 PETs 技术在数据处理中的应用。例如,欧盟网络安全局于 2021 年发布了《数据伪匿名化:高级技术与应用场景指南》,该指南详细介绍了如何通过技术手段如差分隐私和多方计算(MPC)等来保护数据隐私,并阐述了各种隐私保护技术在不同场景下的应用。[①]欧盟网络安全局还多次在其政策文件中提到隐私增强技术的重要性,并发布相关声明鼓励在数据共享时使用 PETs。特别在数据跨境流动时,欧盟网络安全局提出了使用这些技术的建议,确保在保护隐私的同时促进数据自由流动。

(六)设立相关执行机构

欧盟在数据治理方面设立了专门的执行机构,以强化相关法律法规的执行。其中,欧洲数据保护委员会(EDPB)扮演着核心角色,负责监督《通用数据保护条例》(GDPR)、《数据治理法》等关键法规的实施。欧洲数据保护委员会通过制定实施细则、建立审查机制及开展执法行动,确保跨国公司遵守数据保护规定。此外,2022 年 11 月 16 日,欧盟委员会宣布成立欧洲算法透明度中心(European Centre for Algorithmic Transparency, ECAT),[②]旨在利用多学科知识,支持委员会对算法系统的监督,确保这些系统符合《数字服务法》(DSA)为超大型在线平台及搜索引擎设定的风险管理要求,从而维护一个安全、可预测且可信的在线环境。

例如,欧洲数据保护委员会对大型数字公司 WhatApp 和谷歌进行了多次调查和高额罚款,[③]并因其在用户数据处理透明度不足、定向广告投放未获有效用户同意等问题上,对其实施高额罚款。[④]通过这些举措,欧盟确保了数据保护和隐私规定的严格执行,尤其是在跨境数据流动和数据共享方面。同时,欧洲数据保护委员会还发布了一系列指南,以协助企业和政府机构更好地理解并遵守《通用数据保护条例》和《数据治理法》的相关规定。

二、技术平台领域的措施

(一)平台行为与市场竞争

在 TTC 机制下,美欧双方就平台主导地位对市场公平竞争的影响进行了深入

---

① European Union Agency For Cybersecurity, Data Pseudonymization:Advanced Techniques and Use Case, January 28, 2021,载于欧盟委员会网。

② European Commission, European Center for Algorithmic Transparency,载于欧盟委员会网。

③ WhatApp 曾被处以 2.5 亿欧元的罚款,谷歌被处以 5 000 万欧元的罚款。

④ European Date Protection Board,载于欧盟委员会网。

讨论。欧盟通过《数字市场法》制定了一系列规则,以限制大型数字平台(即"看门人")的市场行为,旨在促进公平竞争。①具体规定包括禁止平台优待自有产品,②确保跨平台互操作性、防止捆绑销售,要求平台不得未经用户同意使用商业用户数据谋取私利,并赋予用户不预装默认应用程序的权利。同时,《数字市场法》还规定广告商能够访问平台收集的广告数据,确保广告市场的透明度。此外,看门人平台的并购行为须接受欧盟的严格审查,以防止其通过收购竞争对手进一步巩固市场支配地位。③

(二)算法透明度与内容管理

提高算法透明度和在线平台的内容管理是 TTC 机制的重要协调成果。欧盟通过《数字服务法》明确了平台在内容管理和算法透明度方面的责任。④《数字服务法》要求平台公开其内容推荐和广告投放等算法的运行机制,确保用户了解数据使用方式并可选择退出个性化推荐。同时,《数字服务法》还规定平台应提供便捷的举报系统,以便用户轻松报告非法或有害内容,并要求平台及时回应并定期公布内容审核的成效。此外,平台还需披露广告来源,确保广告投放的透明性。为了打击虚假信息,《数字服务法》还要求平台定期提交报告,并与独立研究机构合作分析其内容审核系统。⑤

(三)反垄断和并购审查

《数字市场法》对被认定为"看门人"的大型数字平台设立了严格的并购审查要求,以防止这些平台通过收购竞争对手或创新企业来巩固其市场主导地位。根据《数字市场法》的规定,任何具有重要影响的并购交易,即便未达到现有欧盟竞争法中关于交易规模门槛的要求,平台也必须提前通知欧委会。欧盟委员会有权对这些并购进行深入调查,评估其对市场竞争的影响,尤其是防止"杀手收购",即平台通过收购潜在竞争对手来消除未来竞争威胁。⑥在反垄断执法方面,欧盟加快了对

---

① 《数字市场法》于 2022 年 7 月 18 日获得欧盟理事会最终批准,于 2022 年 11 月 1 日生效。

② 大型平台(如谷歌、苹果等)不能在其平台上优先展示或推广自有的产品和服务。

③ European Commission, Digital Markets Act: rules for digital gatekeepers to ensure open markets enter into force, October 31, 2022,载于欧盟委员会网。

④ 《数字服务法》于 2022 年 7 月 5 日通过,2022 年 11 月 16 日生效。

⑤ European Commission, EIB Board, supported by the EU Commission, approves €1.59 billion of EU financial assistance for Ukraine,载于欧盟委员会网。

⑥ European Union, Regulation(EU) 2022/1925 of the European Parliament and of the Council of 14 September 2022 on contestable and fair markets in the digital sector and amending Directives(EU) 2019/1937 and(EU) 2020/1828(Digital Markets Act)(Text with EEA relevance),14 September 2022,载于欧盟委员会网。

大型技术平台的调查与处罚力度,以实现 TTC 机制内的市场公平竞争目标。①

三、人工智能(AI)治理措施

(一)设定风险分级和监管要求

欧盟通过了《人工智能法案》,②并制定了《人工智能责任指令(AI Liability Directive)》,根据 AI 系统的风险程度设定了不同的监管要求。

对于高风险 AI 系统,如医疗、招聘和司法等关键领域的 AI 系统,将受到严格的合规要求,包括遵守风险缓解措施、确保数据质量、用户知情权和人类监督等。这些高风险系统需要通过详细的文档记录和合规评估来确保其安全性和透明性。对于不可接受的 AI 系统,如用于"社会评分"的 AI 系统,因对人权的潜在威胁而被明确禁止。对于一般用途 AI 系统(GPAI),欧盟设定了一系列透明度和合规要求,确保这些系统的风险管理和内容生成的透明性,这与 TTC 机制中讨论的跨国 AI 系统监管达成一致。

(二)加强与国际标准机构在可信赖 AI 领域合作

欧盟进一步加强与国际标准机构在可信赖 AI 领域的合作。根据欧盟委员会关于 AI 标准领域的最新报告指出,欧盟预计将从国际标准化组织(ISO)、国际电工委员会(IEC)等国际标准机构中汲取资源,并与欧洲标准化委员会(CEN)和欧洲电气标准化委员会(CENELEC)建立合作关系。此外,欧盟还开始研究其他 AI 标准,特别是电气和电子工程师学会(IEEE)的标准。③

(三)持续研究 AI 对劳动力市场的影响进行

欧盟持续关注 AI 对劳动力市场的影响。欧盟经济与金融事务总司于 2024 年 7 月 31 日发布了一份名为《人工智能:经济影响、机遇、挑战及对政策的影响》(*Artificial Intelligence: Economic Impact, Opportunities, Challenges, Implications for Policy*)的报告。④该报告详细讨论了 AI 对生产力、就业以及劳动力市场的影响,并深入分析了 AI 在不同领域的应用对经济的影响。报告还涵盖了与 AI 相关

---

① Wolters Kluwer, Private Enforcement of the EU Digital Markets Act: The Way Ahead After Going Live, June 20, 2023.

② 《AI 法》于 2024 年 5 月 21 日由欧盟理事会批准通过,并将于 2024 年 8 月 1 日正式生效。

③ European Commission, AI Watch: Artificial Intelligence Standardisation Landscape Update, 9 January 2023,载于欧盟委员会网。

④ European Commission, Artificial Intelligence: Economic Impact, Opportunities, Challenges, Implications for Policy, 31 July 2024,载于欧盟委员会网。

的监管政策、解决 AI 发展和应用瓶颈的政策建议，以及与劳动力市场和分配相关的政策建议。

四、在国际扩展与其他国家的协调

（一）推动数字共享资源的信任与分配领域的合作

欧盟支持在更广泛的倡议中建立对数字共享资源的信任与分配，以及更广泛的数字公共产品的分配。欧盟通过与国际电信联盟（ITU）和联合国开发计划署（UNDP）的合作来推广数字公共产品（DPGs），支持"为公共服务提供开源软件生态系统促进者"。欧盟还与国际电信联盟、爱沙尼亚、德国以及数字影响力联盟（隶属于联合国基金会）发起了 GovStack 倡议，旨在加速国家数字化转型和政府服务的数字化，以实现到 2030 年的可持续发展目标。GovStack 倡议作为一个国际论坛，由领先的数字政府组成，以用户需求、开放标准、开放源代码、开放市场、开放政府、互联互通、教儿童编程、辅助数字化以及分享和学习的承诺为原则相互连接。[①]

（二）推动在 AI 治理领域的政策协调

欧盟在人工智能治理领域积极推动与其他国家的政策协调，共同签署联合声明或协议，并积极参与国际组织和多边机制的人工智能治理讨论。

欧盟与美国、英国、日本等经济体在人工智能领域发布了多项联合声明或协议，协调各自人工智能政策，促进全球范围内的人工智能治理合作。2024 年 9 月 5 日，美国、欧盟和英国签署了《欧洲委员会人工智能、人权、民主和法治框架公约》（以下简称《人工智能框架公约》），[②]旨在确保人工智能系统的使用完全符合"人权、民主和法治"，强调保护人权与维护民主价值观，要求签署国对人工智能系统造成的任何有害和歧视性后果负责，并确保系统的输出尊重平等和隐私权。

欧盟积极参与国际组织和多边机制的人工智能治理讨论，在联合国大会关于人工智能的决议中发挥了积极作用。2024 年 3 月 21 日，联合国大会通过首个关于人工智能的全球决议《抓住安全、可靠和值得信赖的人工智能系统带来的机遇，促

---

① 　United Nations, European Union contribution to the Global Digital Compact, March 2023，载于联合国网。

② 　Council of Europe, Artificial Intelligence, Human Rights, Democracy and the Rule of Law Framework Convention, 15 March 2024，载于欧洲议会网。

进可持续发展》，①欧盟在其中发挥了积极的作用，该决议强调了安全、可靠和值得信赖的人工智能系统的重要性，并呼吁各国制定和支持相关监管和治理办法和框架。

---

① United Nations，Seize the opportunities presented by safe，reliable and trustworthy AI systems for sustainable development，11 March 2024，载于联合国网。

第六章　滥用技术以威胁安全和人权

美欧通过 TTC 第六工作组在"滥用技术威胁安全和人权"问题上取得了一定协调成果。双方在多个关键领域达成合作共识,特别是在应对非法监控、互联网封锁以及外国信息操纵等方面。双方一致认同,必须通过立法和保障措施来保护公民免受非法监控的侵害,并推动企业在提供监控产品时履行对人权的责任,确保这些技术不被滥用。此外,美欧还专注于保护在线人权维护者免受网络威胁,特别是在防止污名化、骚扰和审查等行为上,双方承诺继续加强合作,确保维护者的言论自由和集会权利。

美欧双方强调开放、安全和可靠互联网环境的重要性,反对任何形式的互联网封锁和网络降速,认为这些行为不仅影响人权维护者获取信息的机会,也阻碍了全球思想交流。为此,双方强调将通过联合研究和外交行动,共同应对互联网封锁对社会和民主进程造成的负面影响。在应对外国信息操纵和干涉(FIMI)方面,美欧双方一致认为,有必要建立一个共同目录来记录并分享信息操纵的战术、技术和程序,以提高双方应对外国信息操纵和干涉的识别和应对能力。

为了推进 TTC 第六工作组的各项工作,美国和欧盟也都积极采取单边措施。美国加强了对监控技术的管控,防止其被滥用于侵犯人权,推出了《政府使用监控技术指导原则》和《商业行为与人权国家行动计划》。同时,美国还设立了"反审查技术基金",资助开发反审查工具,帮助全球人权维护者自由上网。此外,美国还修改了相关制裁法规,确保封闭社会能够获取互联网通信服务。通过"国际互联网自由倡议",美国进一步支持全球互联网自由。

欧盟则采取了系列措施:为加强对监控技术的监管,确保其不会被用于侵犯人权,通过了《打击间谍软件滥用决议》和《企业可持续尽职调查指令》;发布了《欧洲数字权利和原则宣言》,通过立法保护人权维护者,特别是女性维护者,免受网络暴力的侵害;为应对信息操纵行为,成立了 FIMI 信息共享中心,推动成员国与私营部门之间的合作;通过"EUvsDisinfo"项目,积极打击虚假信息,并与全球科技公司合作,增加政治广告透明度,特别是在选举期间的透明度;针对俄罗斯的技术滥用行为,实施了媒体限制措施,禁止其传播虚假信息,并支持乌克兰反击虚假信息。

数字经济时代,技术作为双刃剑,在促进经贸发展、改善社会发展水平的同时也会被特定主体作为威胁安全和人权的工具。长久以来,美国及欧盟就技术滥用对安全或人权的威胁表现出高度关注,并通过 TTC 等平台进一步推动此议题的实质性协同。

第一节　美欧贸易技术委员会下的协调成果

在美欧的积极推动下,TTC 第六工作组致力于针对滥用技术以威胁安全和人权议题展开协调与合作。其工作重心聚焦于以下几个方面:社交媒体平台的任意或非法监控的规制,建立应对互联网关闭的有效机制,保护在线人权维护者的权益,解决外国信息操纵(包括虚假信息传播)及对民主进程的干扰问题,同时确保言论自由与隐私权的充分保障。此外,工作组还关注社会评分系统的合理应用,并在推动可信赖人工智能项目的发展上寻求合作。主要协调成果包括打击任意或非法监视,保护人权维护者的在线权益,构筑开放、安全且可靠的技术平台,应对外国信息操纵和干涉(FIMI)以及应对俄乌冲突中技术滥用的立场与行动五个方面。

一、打击任意或非法监视

(1)制定立法和保障措施:美欧双方达成共识,强调所有司法管辖区应制定并实施相应的立法与保障措施,以有效防范任意或非法监视行为,保护公民权益。针对全球范围内存在的国家强制监视系统,双方表达了严重关切,并重申此类政策必须严格遵循国际人权法的原则。同时,双方承诺在联合国等国际机构中携手合作,推动这些保障措施的广泛传播与落实。

(2)企业责任的强化:双方认识到商业行为对人权尊重的重要性,特别是那些涉及监视产品或服务交易的企业。为此,美欧将在利益相关方的广泛咨询基础上,探讨如何更有效地促进国家对监视产品或服务使用的责任感,确保这些产品不被用于侵犯人权。此外,双方还将通过联合国平台及与私营部门的紧密合作,强调尽职调查与激励措施的重要性,以确保对人权的尊重。

二、保护人权维护者的在线权益

（1）应对网络威胁：美欧双方确认，保护人权维护者免受在线威胁是至关重要的。这些威胁包括污名化、骚扰、监视和审查等，可能对维护者的线下活动产生严重的负面影响。因此，双方同意继续加强合作，确保维护者的言论自由与和平集会权利得到保障，并加大对在线威胁的识别与缓解力度。

（2）合作与活动的推进：在联合国人权理事会第 49 届会议期间，美欧与哥斯达黎加及国际非政府组织携手合作，举办了一个活动，重点讨论女性人权维护者所面临的威胁，并针对政府提出了关键性的建议。未来，双方将继续深化专家交流，提升对人权维护者紧急保护的协调能力，并计划与志同道合的国家共同发表声明，呼吁对人权维护者给予更大的支持。

（3）政策与指南的制定：美欧双方计划制定相关政策与指南，减轻对民主和人权的线上威胁。同时，双方将探讨如何与企业界建立合作关系，共同预防和应对线上威胁，并针对人权维护者的紧急保护问题组织更多的专家交流。

三、构筑开放、安全且可靠的技术平台

（1）维护开放互联网的原则：双方强调保护和促进开放、互操作、安全且可靠的互联网的重要性。美欧一致认为，互联网应成为促进人权、经济机会和全球思想交流的重要平台。同时，双方对政府强加的互联网封锁、网络连接中断或有意降速的行为表示严重关切，认为这些行为不仅对社会产生广泛负面影响，还可能妨碍人权维护者获取信息和记录人权侵犯的证据。

（2）研究与外交行动的开展：为了更好地理解互联网封锁对当地和国际社会的影响，美欧将继续进行联合研究。同时，双方将致力于建立一个有效的机制来应对政府强加的互联网封锁或网络连接降速问题。此外，双方还将积极开展外交活动，呼吁采取互联网封锁措施的政府停止此类行为。

四、应对外国信息操纵和干涉（FIMI）

（1）加强外国信息操纵和干涉识别和应对能力：美欧双方承认，国家支持的信息操纵和干涉对各自的民主和安全构成了重大威胁，双方一致认为必须发展对FIMI 的共同或可比理解与方法，并创建一个共同目录来记录和分享关于信息操纵和干涉的战术、技术和程序，以深化对外国信息操纵和干涉的识别、分析和应对

能力。

（2）联合研究和信息分享机制的建立：为了加强应对外国信息操纵和干涉的理解与应对，美欧计划召集来自美国和欧盟的社会和政治科学研究人员进行深入讨论。同时，双方将组织更多与信息操纵和虚假信息有关的利益相关方进行交流。此外，在遵守各自法律框架的前提下，双方还计划开展更广泛的隐私合规信息共享活动，并与 G7 的快速响应机制和欧盟的快速警报系统进行紧密合作，进一步加强对应对外国信息操纵和干涉的能力。

第二节　美国采取的相关措施述评

一、打击任意或非法监视

（一）推动《政府使用监控技术指导原则》

2023 年 3 月 30 日，美国宣布参与并推动《政府使用监控技术指导原则》的制定和实施。[①] 该指导原则由"自由在线联盟"（Freedom Online Coalition）36 个成员国共同协商形成，目前由美国担任主席。其旨在防止政府滥用监控技术侵犯人权，具体涵盖互联网管控、视频监控与人工智能的融合、大数据分析等多个领域。美国及其他参与国承诺，在合法执行执法、安全和公共安全任务的同时，坚守民主价值观和人权，确保透明度、问责制和公民参与。

（二）加强对监控技术出口的管控

美国商务部通过《出口管制条例》（*Export Administration Regulations*）强化对监控技术出口的监管力度，以防止这些技术被用于侵犯人权。2021 年，美国商务部将 NSO 集团等多家以色列公司列入"实体清单"，禁止这些公司在美国境内获取监控技术产品，因其所开发的技术被用于全球范围内的非法监控和侵犯隐私行为。[②]

（三）《商业行为与人权国家行动计划》

2024 年 3 月，美国发布了《商业行为与人权国家行动计划》（*United States Government National Action Plan on Responsible Business Conduct*），该计划旨在

---

① U.S. Department of State, Guiding Principles on Government Use of Surveillance Technologies, March 30, 2023，载于美国国务院网。

② Bureau of Industry and Security, Entity List，载于美国商务部工业安全局网。

鼓励美国公司在国际市场上尊重人权,特别是在监控产品和技术交易方面。美国政府与私营部门紧密合作,确保企业遵循人权尽职调查程序,防止监控技术被用于侵犯个人自由和隐私。①

二、保护人权维护者的在线权益

2024 年 3 月 18 日,美国发布了《关于在线平台保护人权捍卫者的指导意见》,旨在保护人权维护者的在线安全。②该文件强调了数字技术对人权维护者的重要性,同时指出这些技术也可能被滥用来打压他们并削弱公民空间。该指导基于2024 年 3 月 11 日美欧联合发布的 10 项建议,提供了在线平台应采取的最佳实践和行动指南,包括承诺实施人权维护者保护政策、识别风险、与相关组织交流信息、制定减轻风险的政策实施计划、提供资源和安全教育、建立事件报告渠道、提供补救措施以及承诺透明度和持续改进。美国重申将人权置于外交政策的核心,促进与民主价值观相一致的技术使用。

三、维护开放互联网

(一)发布互联网封锁报告

美国国务院定期发布关于各国互联网封锁和审查情况的报告,评估这些行为对人权和自由的影响,并提出相应的政策建议。2022 年和 2023 年,美国国务院连续发布两份《网络自由报告》,分别聚焦于人工智能对网络自由的影响,以及抵制专制政府对网络言论自由的直接压制行为。③

(二)国际互联网自由倡议

2022 年 4 月,美国通过"国际互联网自由"倡议支持全球开放的互联网环境,包括资助开发抵御审查和封锁的技术工具,例如虚拟专用网络(VPN)和加密通信手段,以帮助全球人权维护者和公民在面临政府审查时自由访问网络内容。④

---

① U.S. Department of State, United States Government National Action Plan on Responsible Business Conduct,载于美国国务院网。

② U.S. Department of State, United States Releases Guidance for Online Platforms On Protecting Human Rights Defenders Online Media Note, March 18, 2024,载于美国国务院网。

③ Freedom House, Freedom On The Net 2023;Freedom On The Net 2022,载于 FreedomHouse 网。

④ U.S. Department of State, Declaration for the Future of the Internet, April 5, 2022,载于美国国务院网。

（三）支持反审查技术

2022 年,美国设立了"反审查技术激增与可持续基金",由国务院管理。该基金旨在为那些在压制性环境中最需要关键工具来访问自由开放互联网的人扩大反审查技术的使用范围。美国政府已为该基金提供超过 1 700 多万美元的资金,用于支持开发和推广反审查技术,尤其是对人权维护者和公民社会组织提供支持。通过技术开发和数字安全培训,确保互联网审查下的个人和组织能够继续进行信息交流。[1]

（四）更新互联网通信相关许可

美国批准更新现有的互联网通信通用许可证。为了帮助封闭社会的居民获取关键的互联网通信技术,美国财政部外国资产控制办公室将修改制裁法中现有的互联网通信许可证,以对目标司法管辖区实施全面制裁。[2]

四、应对外国信息操纵和干涉（FIMI）

2024 年 1 月 18 日,美国国务院发布了《应对外国信息操纵框架》(*The Framework to Counter Foreign State Information Manipulation*),[3]旨在解决外国信息操纵对美国及其盟友的国家安全威胁。该框架强调需要通过五个关键行动领域来增强合作伙伴间的协调应对能力:制定国家战略与政策、建立有效的治理结构和机构、提升技术和人力资源能力、支持公民社会和独立媒体,以及通过多边合作增强应对信息操纵的能力。美国呼吁其盟友共同承诺这些行动领域,以应对跨国信息操纵的威胁。

五、应对俄乌冲突中的技术滥用

美国政府加强了对俄乌冲突中俄罗斯的制裁。2022 年 3 月,美国外国资产控制办公室将与俄罗斯在全球传播虚假信息活动有关的 26 名个体和七个实体列入制裁名单,尤其是那些得到俄罗斯情报部门支持的个体和实体。[4]这些被制裁对象

---

[1][2]　The White House, FACT SHEET: Advancing Technology for Democracy, March 29, 2023,载于白宫网。

[3]　U.S. Department of State, The Framework to Counter Foreign State Information Manipulation, January 8, 2024,载于美国国务院网。

[4]　U.S. Department of State, Targeting Russian Elites, Disinformation Outlets, and Defense Enterprises, March 3, 2022,载于美国国务院网。

利用号称是合法新闻网站的机构，而实际上为俄罗斯散布虚假信息和宣传极端民族主义。[1]2024 年 6 月，美国财政部和国务院共同发布了针对俄罗斯的 300 多项制裁。其中，美国财政部根据第 14071 号行政令，发布了限制俄罗斯军工产业对外国 IT 系统依赖的新政。自 2024 年 9 月 12 日起，禁止向俄罗斯提供以下服务：（1）IT 咨询和设计服务；（2）企业管理软件及设计和制造软件的 IT 支持和云服务。此政策旨在进一步切断俄罗斯获取关键软件和 IT 服务的渠道。[2]

六、扩展与其他国家的合作

在应对滥用技术以威胁安全和人权方面，美国还积极扩展与其他国家的合作。

在打击虚假信息和信息操纵方面，美国在"五眼联盟"（Five Eyes）和北约框架下加强合作，共同打击虚假信息的传播，尤其是在与俄罗斯和其他国家相关的信息战中。通过共享情报和协调应对措施，五眼联盟加强了对虚假信息源的识别能力，推动全球范围内的虚假信息打击行动。例如，美国与澳大利亚、英国、加拿大和新西兰合作，针对网络虚假信息的多渠道传播进行打击，特别是在选举期间和疫情相关信息的操纵上。[3]

在保护人权维护者的在线权益方面，美国在"自由在线联盟"（Freedom Online Coalition, FOC）框架下，与加拿大、英国等国加强了对全球人权维护者的支持。通过多边合作，美国推动制定了针对在线平台的具体指南，旨在帮助这些平台采取措施，防止人权捍卫者受到在线监控、骚扰和压制行为。"自由在线联盟"还通过联合行动计划，协助成员国协调应对日益增长的网络威胁，特别是应对虚假信息传播和国家级别的信息操纵。"自由在线联盟"成员国共同发表声明谴责侵犯人权的在线行为，并通过多方协调在全球范围内推动互联网自由和信息公开。[4]

在推动开放互联网方面，美国通过与全球互联网治理联盟（Global Internet

---

① 这 33 个个体和实体已经根据不同行政令和法令受到制裁，包括：《第 13661 号行政令》（E. O. 13661）、《第 13694 号行政令》修订案（E.O. 13694）、《第 13848 号行政令》（E.O. 13848）以及《美国制裁敌对国家法案》（Countering America's Adversaries Through Sanctions Act）第 224（a）（1）（B）节的有关规定。

② U.S. Department of The Treasury, As Russia Completes Transition to a Full War Economy, Treasury Takes Sweeping Aim at Foundational Financial Infrastructure and Access to Third Country Support, June 12, 2024, 载于美国财政部海外资产控制办公室网。

③ European Union External Action, Cybersecurity：EU holds 8th dialogue with the United States, December 16, 2022, 载于欧盟网。

④ Freedom Online Coalition, 参见"自由在线联盟"网。

Governance Forum)等国际组织的合作,推动全球互联网的开放性。通过技术支持和政策协调,美国帮助那些受限于信息封锁的国家重新开放信息流通渠道。此外,美国还通过技术转移和资助项目,支持全球范围内开发反审查技术,特别是为那些面对互联网封锁的国家提供 VPN 和加密工具。[①]

第三节 欧盟采取的相关措施述评

一、打击任意或非法监视

（一）加强间谍软件监管

欧盟通过成立欧洲议会调查委员会,专门调查如"Pegasus"等间谍软件的使用情况。2023 年 6 月,该委员会通过了一项"关于打击间谍软件滥用建议"的决议,[②]旨在推动欧盟制定严格规则,仅在满足特定条件下允许使用间谍软件,并全面调查任何疑似滥用行为,同时为受害者提供援助。此外,欧洲议会还倡议建立欧盟技术实验室,以揭露非法监视行为,并寻求与美国和以色列等非欧盟国家的合作。

（二）在企业责任立法中纳入监视技术审查

2024 年 7 月,欧盟委员会发布了《企业可持续尽职调查指令》(Corporate Sustainability Due Diligence Directive),要求企业在供应链中实施尽职调查,确保所提供的监视技术不会被滥用于侵犯人权,以确保企业在全球范围内的商业行为符合人权标准,防止监视技术的滥用。[③]

二、保护人权维护者的在线权益

欧盟在保护人权维护者在线权益方面采取了一系列立法和政策措施。在《欧盟人权和民主行动计划（2020—2023 年）》(EC Action Plan on Human Rights and Democracy 2020—2024)中,欧盟强调了保护人权维护者的重要性,特别是在数字

---

① European Union External Action, Cybersecurity: EU holds 8th dialogue with the United States, December 16, 2022,载于欧盟委员会网。

② European Parliament, MEPs call for action against abuse of spyware(interview), June 15, 2023,载于欧盟委员会网。

③ European Commission, New rules fostering sustainable and responsible corporate behaviour enter into force, July 25, 2024,载于欧盟委员会网。

环境中支持他们的活动,并确保他们免受网络攻击和骚扰。①2024 年,欧盟委员会通过了第 2554 号决议《关于保护欧洲女性人权捍卫者的决议》(*Resolution on the Protection of Women Human Rights Defenders in Europe*),针对女性人权捍卫者面临的在线暴力问题发表了声明,并呼吁成员国调查和起诉对女性人权维护者进行线上攻击和威胁的肇事者,包括恶意发布私人信息和性别针对性攻击的行为。2022 年 12 月 15 日,欧盟委员会、欧洲议会和欧盟理事会共同签署了《欧洲数字权利和原则宣言》(*European Declaration on Digital Rights and Principles*),承诺采取一系列具体行动,保护人权捍卫者的在线权益,包括加强数字环境中的民主框架、保护言论自由和信息自由、打击非法内容和虚假信息,以及促进所有行为体的负责任行动。欧盟还将定期发布报告,评估在保护人权捍卫者在线权益方面的成效。

三、应对外国信息操纵和干涉

为应对外国信息操纵和干涉,欧盟实施了一系列综合措施。首先,欧盟建立了FIMI 信息共享和分析中心(FIMI-ISAC),该中心旨在促进成员国、私营部门和民间社会之间的合作与信息交流,以形成系统性的网络,更有效地监测和应对信息操纵行为。此外,欧盟还通过 EU vs Disifo 项目积极宣传和揭露虚假信息,该项目在2023 年成功覆盖了超过 2 000 万观众,利用社交媒体平台提高公众对信息操纵的认识。同时,欧盟积极与美国、加拿大、英国等保持密切联系,共同制定应对外国信息操纵和干涉活动的标准和策略。欧盟还专注于提升与乌克兰、格鲁吉亚等国的合作,通过培训和资源支持,加强这些国家在抵御信息操纵方面的能力。②此外,2022 年 6 月 16 日,欧盟与主要科技公司签署了《2022 年虚假信息行为准则》,要求在线平台加强对虚假信息的监管,并提高其透明度。特别是在选举期间,平台必须对政治广告进行透明标识,明确其来源和资助信息。③

四、应对俄乌冲突中的技术滥用

在俄乌冲突过程中,欧盟针对俄罗斯采取了一系列综合措施。首先,欧盟发布

---

① European Commission，Eu Action Plan on Human Rights and Democracy 2020—2024，载于欧盟委员会网。

② European Union External Action，EEAS Stratcom's responses to foreign information manipulation and interference(FIMI) in 2023，June 28，2024，载于欧盟委员会网。

③ European Commission，The 2022 Code of Practice on Disinformation，June 16，2022，载于欧盟委员会网。

了《反信息操纵行动计划》(*Action Plan on Disinformation*),要求 Meta、Twitter、Youtube 等社交平台建立反虚假信息专门团队,确保在战争期间对相关内容进行监测和删除,减少误导性信息的传播。社交媒体公司还必须提供政治广告的透明度报告,包括广告主身份和资金来源,以揭露潜在的外部干预。例如,Meta 平台在政治广告上增加了"透明度标签"。其次,欧盟外部行动署(EEAS)还成立了反信息操纵工作组,建立了一个快速警报系统,允许成员国在发现新的虚假信息时立即通报并采取行动。此外,欧盟对包括"俄罗斯今日"(RT)和"斯普特尼克"等主要俄罗斯媒体实施制裁,限制其在欧盟的广播和在线传播,切断其资金来源,限制其运营能力。同时,欧盟还对参与信息操纵和假新闻传播的特定个人实施了旅行禁令和资产冻结。[1]最后,欧盟与乌克兰政府合作,提供信息共享平台,使乌克兰能够快速识别和反击虚假信息。[2]同时,建立专门的技术监测机构,实时跟踪社交媒体和在线新闻平台上的信息动态,评估与俄乌冲突相关的虚假信息传播情况,应用人工智能和数据分析工具,自动识别和标记虚假信息和宣传内容。[3]

五、扩展与其他国家的合作

在应对滥用技术以威胁安全和人权方面,欧盟积极拓展与其他国家的合作。

在虚假信息和信息操纵的国际合作上,欧盟依托联合国、五眼联盟和 G7 等平台与多个国家开展合作,积极打击虚假信息,特别是在非洲和东欧地区。通过"全球门户"(Global Gateway)战略,欧盟与多个非洲国家建立合作伙伴关系,确保这些国家有能力应对外部的虚假信息威胁,并通过提升数字基础设施来增强信息传播的透明性。[4]

在保护人权维护者的在线权益方面,欧盟与联合国人权理事会合作,推动全球范围内对人权维护者的保护政策。通过与拉丁美洲、非洲和亚洲的伙伴合作,欧盟为受到网络威胁和压制的维护者提供支持,包括紧急资金援助、法律支持以及数字安全培训。此外,欧盟还通过与其他国际组织合作,推动出台针对女性人权维护者

---

① EU Sanctions Map,参见必应网。

② European Union External Action, EU-Ukraine Relations-factsheet, September 23, 2022,载于欧盟委员会网。

③ United Nations, Report on Disinformation, April 13, 2021,载于联合国人权事务高级专员办事处网。

④ European Union External Action, Cybersecurity:EU holds 8th dialogue with the United States, December 16, 2022,载于欧盟委员会网。

的特别保护措施,特别是在面对性别暴力和在线骚扰的情况下。①

在维护开放互联网方面,欧盟通过其"数字外交"计划与多国开展合作,通过与非洲联盟和东南亚国家联盟的合作,欧盟致力于确保数字基础设施的开放性和安全性。此外,欧盟在与南美洲国家的合作中,重点强调了反对互联网封锁和信息垄断行为,推动通过国际法规确保互联网的开放。

---

① European Union External Action, Cybersecurity：EU holds 8th dialogue with the United States, December 16，2022,载于欧盟网。

第七章 出 口 管 制

美欧自设立 TTC 伊始就确立了在出口管制领域进行协调的基本方向和工作方案。美欧 TTC 通过设置第七工作组——出口管制工作组,加强出口管制领域的信息交流和监管合作,确定出口管制合作的共同原则和领域,解决共同的技术竞争和国防安全关切。同时,美欧还致力于在 G7 等"志同道合"的伙伴间推动更广泛的出口管制协调成果。目前,美欧 TTC 共同限制了与俄罗斯和白俄罗斯的贸易,采取了一系列经济制裁措施,限制两用物品和战略技术的出口。

除在 TTC 开展双边协调外,美欧还致力于在 G7 等"志同道合"的伙伴间推动更广泛的出口管制协调成果。2023 年 5 月的 G7 广岛峰会也关注出口管制领域的合作,其强调"出口管制是解决对军事应用至关重要的技术转移以及威胁全球、地区和国家安全的其他挑战的一个基本政策工具。G7 申明在微电子和网络监控系统等关键和新兴技术的出口管制方面进行合作的重要性"。

除 TTC 出口管制领域的协调外,美欧又分别通过各自的国内举措进一步完善各自出口管制体系。总体而言,美国的出口管制立法体系要比欧盟更加严格全面,凸显出较强的"技术民族主义"色彩。虽然美欧在出口管制领域的立法进度和表现形式存有差异,但二者存在着共同的利益关切,主要聚焦于针对中国的技术竞争关切,表现为在半导体产业和量子计算等领域的严格出口管制;以及针对俄罗斯的国防安全关切,表现为在无人机、地图测绘等军民两用技术上的严格出口管制。由于出口管制政策容易招致被管制国的反制措施,且单边的出口管制并不能阻碍被管制方从其他渠道获得相应的技术和产品,因此需要组建出口管制联盟,对被管制国形成多方围堵的打压态势;并积极与第三方国家进行协调,从原材料、零部件、技术、设备、科技服务等多个领域对被管制国设限。①

然而,美欧在出口管制议题上也存在着一定的利益分歧。美国出口管制法律

---

① 姜辉:《美国出口管制的政策体系及协调机制研究》,《情报杂志》,2024 年 7 月 13 日(网络首发),载于中国知网。

体系以"再出口"(re-export)、"最低含量规则"(de minimis rule)和"外国直接产品规则"(foreign-produced direct product rule)等规定设置了广泛的域外管辖权,使得全球范围内使用了美国技术和中间品生产的最终产品都要受到美国出口管制法律的管辖。而欧盟没有类似的规定,对原产于外国的物项一般没有管辖权。美国过于宽泛的域外管辖权阻碍了欧盟成员国自由开展对外贸易,引发了欧盟利益攸关方的不满。通过在 TTC 的沟通协调,美国扩大了对欧盟成员国的许可证例外范围,一定程度上放松了美国对欧盟境内产品制造的域外管辖权。

此外,当前的美国和欧盟的出口管制法律体系呈现出不断扩张与升级的态势,例如美国正在酝酿针对云计算与人工智能大模型实施出口管制,欧盟也正在进行升级联盟出口管制管理体系的立法修订。在二者各自进行出口管制制度升级的同时,通过跨大西洋两岸的 TTC 机制实现制度配合,是提升其出口管制有效性的重要路径,也是解决双方共同利益关切的关键机制,从而在量子计算和人工智能等关键与新兴技术领域与中国开展技术竞争,同时在俄乌冲突问题上针对俄罗斯进行特定物项管控。

在协同开展出口管制方面,美欧存在着共同的利益关切,主要聚焦于在关键与新兴技术领域针对中国的技术竞争关切,以及在俄乌冲突问题上针对俄罗斯的国防安全关切。因此,美欧致力于通过 TTC 机制的双边协调来沟通共同关切问题,达成一致的出口管制方案。同时,双方也在不断升级各自的出口管制法律体系,丰富出口管制工具箱。自 2018 年通过《出口管制改革法案》(ECRA)以来,美国持续推进以"小院高墙"为特征的出口管制,通过扩张管制对象、管制物项和域外管辖权的范围,有针对性地在半导体产业实施对华出口管制,步步升级对中国和俄罗斯等国的关键与新兴技术出口管制。而欧盟在 2021 年通过《建立欧盟两用物项出口、中介、技术援助、过境和转让的管制制度》(以下简称《欧盟出口管制条例》)之后,也通过更新管制清单的方式逐步扩大了受管制的物项范围,并发布了《出口管制白皮书》进行立法修订意见征询,寻求对欧盟现有的出口管制管理体系进行更新。

第一节　美欧贸易技术委员会下的协调成果

美欧自设立 TTC 伊始就确立了在出口管制领域进行协调的基本方向和工作方案,设置了"第七工作组—出口管制",以加强出口管制领域的信息交流和监管合作,确定出口管制合作的共同原则和领域,解决共同的技术竞争和国防安全关切。同时,美欧还致力于在 G7 等"志同道合"的伙伴间推动更广泛的出口管制协调成果。

一、美欧 TTC 的双边协调成果

美国与欧盟的第一次 TTC 部长级会议宣言就指出共同协调管控两用物品贸易的重要性。美欧强调,多边出口管制方法对于保护国际安全和支持全球公平竞争环境最为有效。美欧提出,新兴技术在国防和安全领域的潜在应用引发了重大关切,并认识到有必要应对这些风险。因此,美欧确定了出口管制合作的共同原则和领域,包括向第三国提供出口管制能力建设援助,并认识到在适当可行的情况下进行事先磋商的重要性,确保出口管制以透明和公平的方式对美国和欧盟的出口商实施。[①]

在第一次 TTC 部长级会议之后,美欧 TTC 出口管制工作组旋即于 2021 年 10 月 27 日召开利益攸关方在线会议,来自美国和欧盟政府机构、私营部门及科研机构的 200 余名代表参会。会上欧盟代表释放了强烈的信号希望强化跨大西洋两岸的合作,尤其是加强多边出口管制体系。美方代表呼吁利益攸关方积极与监管部门分享信息,对拟出台的规则进行评议,同时积极向监管部门提供可疑交易的线索。参会的利益攸关方也同意出口管制应以多边方式而非单边方式进行,美国与欧盟的出口管制政策应强化一致性,在保证安全的同时也不能阻碍创新。部分欧盟利益攸关方对美国出口管制的域外管辖权表达了不满,认为其加重了欧盟利益攸关方与美国企业合作时的合规成本,阻遏其使用美国技术或雇用美国人。此外,美国和欧盟的监管机构应分享涉及拒绝许可证的信息,以防在一法域被拒绝的交易在另一法域被许可。利益攸关方还指出美欧应当澄清公共信息和基础研究所适用的出口管制例外规则。[②]

美欧第二次 TTC 部长级会议进一步强调了协调采取出口管制和投资审查工具来捍卫其安全的重要性。美欧表示将深入强化合作,支持关于两用技术和出口管制的信息交流。美欧认为 TTC 的工作已经证明在制定应对俄乌冲突的共同方

---

① USTR, "U.S.-EU Trade and Technology Council Inaugural Joint Statement", September 29, 2021, 载于美国贸易代表办公室网。

② U.S.-EU TTC Export Control Working Group, "U.S.-EU TRADE & TECHNOLOGY COUNCIL STAKEHOLDER MEETING(Summary)", October 27, 2021,载于美国商务部工业安全局网。

法方面具有基础性意义,包括通过促进出口管制方面前所未有的合作。①在"第七工作组—出口管制"的总结中,美欧回顾了已有的工作成果,双方已在 2022 年 1 月巩固了出口管制工作组的工作方案,确定了通过讨论各自的双重用途出口管制做法来促进双边贸易、联合创新和技术开发的行动,以解决与敏感和新兴技术以及受管制出口地有关的安全问题,并首先将在西巴尔干地区开展合作,共同向第三国提供能力建设援助。

在应对俄乌冲突方面,美欧 TTC 通过磋商,共同限制了与俄罗斯和白俄罗斯的贸易,采取了一系列经济制裁措施,限制两用物品和战略技术的出口。双方共同禁止向俄罗斯和白俄罗斯出口的物品包括受多边出口管制制度控制的两用物品;不受多边控制的、有潜在军事用途的先进技术项目,包括电子、电信、信息安全、激光、传感器、导航、航空电子、海洋和航天等,以及为军事最终用户和支持俄罗斯军事工业综合体的实体提供的项目。

在发放许可证方面,美欧表示正在探索促进双边贸易、联合创新和技术开发的方法,特别是在关键技术部门,同时确保美国和欧盟的技术受到保护,不被外部滥用。为此,双方将进一步沟通某些货物的再出口许可证发放程序,以便在互惠的基础上确定可改进之处,并根据多边出口管制制度,支持双方在更新管制清单的过程中统一步伐,以确保军民两用出口管制清单得到一致执行。在涉及新兴技术出口管制方面,双方认识到创新的快速步伐和快速发展的技术,以及维护公平竞争环境的需要,出口管制工作组将交流有关风险评估、提高认识、许可证政策及其实施的信息,以探索适当的多边管制,从而努力共同应对已确定的风险。此外,出口管制工作组还将评估来自第三国的技术援助请求,以支持其出口管制能力建设。②

在第三次 TTC 部长级会议宣言中,美欧表示正在研究如何简化跨大西洋贸易中两用物品和技术的出口和再出口,同时通过试点交流关于美国对欧洲出口的处置信息。美欧正在通过强化多边管制清单的协调适用和修订,来促进美国和欧盟之间的贸易。美欧还计划与合作伙伴协同进行出口管制的宣传,加强美国和欧盟之间的执法合作,包括酌情交流最佳做法,以及有关授权和拒绝的决定信息的定期交流,提高针对俄罗斯和白俄罗斯的出口管制制裁措施一致性。最后,美国和欧盟

---

① USTR,"U.S.-EU Joint Statement of the Trade and Technology Council",May 16,2022,载于白宫网。

② USTR,"U.S.-EU Joint Statement of the Trade and Technology Council(Annex VII:Conclusions on Working Group 7-Export Controls)",May 16,2022,载于白宫网。

将继续在敏感和新兴技术的出口管制方面进行合作,同时确保措施的适当性,防止滥用,以促进合法的跨大西洋贸易和研究利益。[①]

第四次 TTC 部长级会议进一步强调了在出口管制以及与制裁相关的出口管制方面强化合作的重要性。会议指出,TTC 应当通过交流管制信息、提高管制措施实施的一致性,应对规避风险。这项协调工作对于识别针对俄乌冲突的出口管制关键物项尤其重要,可以帮助美欧设计出专门的限制措施,防止伊朗制造的无人机出口至俄罗斯和白俄罗斯。美欧同时在与第三国强化合作,加强能力建设,以防止规避敏感技术出口管制的行为。此外,美欧 TTC 还协调了双方发布生物技术出口管制措施的时间。美欧 TTC 努力澄清并简化再出口管制的程序,以建立双方适用规则的共识。美欧还将继续在发布敏感技术出口管制措施前寻求对方的意见。最后,美欧 TTC 还重申了《G7 集团防核武器扩散主任小组》对于将出口管制作为防止核扩散工具的重要意义。[②]

第五次 TTC 部长级会议重申了强化协调美欧出口管制制度以防止两用技术被滥用的重要性。[③]第六次 TTC 部长级会议肯定了 TTC 在支持欧盟、美国和其他国际伙伴就针对俄罗斯和白俄罗斯的制裁措施开展前所未有的合作方面所发挥的重要作用,例如通过创建和更新"共同重点关注清单"(Common High Priority List,CHPL)[④]以及与行业利益攸关方的外联活动。美欧在向俄罗斯实施出口管制的问题上,表示将建立许可证信息交流平台,并计划继续交流有关外联活动的信息,包括对第三国和产业界的信息。双方还决定继续努力促进安全的高技术贸易,减少出口管制领域的监管负担,对各自的规则形成共识,并制定有助于简化这种贸易的措施,例如美国已将许可证例外情况扩大到欧盟成员国。[⑤]

二、美欧与更多发达经济体推动出口管制的诸边协调

除在 TTC 开展双边协调外,美国和欧盟还各自或共同与其他发达经济体推动

① The White House, "U.S.-EU Joint Statement of the Trade and Technology Council", December 5, 2022,载于白宫网。

② The White House, "U.S.-EU Joint Statement of the Trade and Technology Council", May 31, 2023,载于白宫网。

③ The White House, "Readout of U.S.-EU Trade and Technology Council Fifth Ministerial Meeting", January 31, 2024,载于白宫网。

④ European Commission, "List of Common High Priority Items", February 2024,载于欧盟委员会网。

⑤ The White House, "U.S.-EU Joint Statement of the Trade and Technology Council", April 5, 2023,载于白宫网。

更广泛的出口管制诸边协调体系。此外,2023 年 5 月的 G7 广岛峰会也关注出口管制领域的合作,其强调"出口管制是解决对军事应用至关重要的技术转移以及威胁全球、地区和国家安全的其他挑战的一个基本政策工具。(G7)申明在微电子和网络监控系统等关键和新兴技术的出口管制方面进行合作的重要性"。这一宣言基本遵循了美欧 TTC 宣言的口径,反映出美欧 TTC 的协调成果向 G7 扩散的趋势。

此外,在美国出口管制法律制度及实践的影响下,日本率先根据其达成的美日荷三方协议,修订其国内的出口管制法律制度,意图与美国联合打压中国高新技术发展。2023 年 5 月 23 日,日本正式六类 23 项高性能半导体制造设备纳入其出口管制范围,自 2023 年 7 月 23 日起,对华出口 23 项产品的日本企业,必须获得经日本经济产业大臣审批的单独许可证。①荷兰也作出表态,2023 年 3 月,荷兰政府表示正在准备对先进半导体生产设备采取新的出口管制措施。阿斯麦(ASML)在声明中指出,管制措施将涉及最先进的深紫外(DUV)光刻设备。②随后,荷兰于 2023 年 6 月 30 日通过《先进半导体生产设备法规》,限制最新型号的深紫外光刻设备出口到中国。美国、日本、荷兰等国在对华半导体生产设备出口方面占据领先地位,因而日本与荷兰的出口管制新规一旦正式实施,必将对我半导体行业发展产生深远影响。

2024 年 7 月 11 日和 7 月 15 日,欧盟委员会③和美国商务部④分别在其官网发布新闻稿,称将加强对俄出口管制相关措施。新闻稿称,作为出口管制合作定期磋商的一部分,欧盟委员会于 7 月 10 日主办了一次与日本、英国和美国等盟国的会议,讨论目前为协调和加强针对俄乌冲突而实施的出口限制措施所做的努力,例如对战争物项设立"共同重点关注清单"(Common High Priority List, CHPL)。同时,欧盟呼吁贸易商加强其出口合规计划,称将计划继续扩大对俄罗斯的限制,并将打击更多非法向俄罗斯军方转运受管制物项的行为。

第二节 美国采取的相关措施述评

美国政府在 1979 年基于《国际紧急经济权力法案》的授权出台了《出口管制条

---

① 陈子雷:《日本管制半导体出口,影响几何?》,《新民晚报》2023 年 6 月 1 日。
② ASML, "Statement regarding additional export controls", March 8, 2023,载于阿斯麦官网。
③ Director-General for Trade, "Statement on export controls and restrictions against Russia", 11 July 2024,载于欧盟委员会网。
④ BIS, "Statement on export controls and restrictions against Russia", 15 July 2024,载于美国商务部工业安全局网。

例》(EAR),随后又颁布了一系列出口管制措施,在行政执法条线上确立了出口管制的基本制度。2018 年美国立法通过的《出口管制改革法案》(ECRA)整合了以往的出口管制执法实践,为《出口管制条例》提供了上位法依据,对出口管制制度进行了大幅修订与扩充,形成了美国两用物项管制法律体系的基本框架。此后,美国基于泛化的国家安全关切持续强化对出口管制的执行力度,实施以"小院高墙"为特征的出口管制,通过扩张管制对象、管制物项和管辖权的范围,有针对性地在半导体产业实施对华出口管制,步步升级对中国和俄罗斯等国的关键与新兴技术出口管制。

一、扩大管制对象范围,频频将中国实体加入实体清单

美国制定了庞杂的管制清单体系,用以实现灵活而广泛的出口管制及经济制裁等以国家安全为由的经贸管制措施。美国出口管制或制裁类清单共 13 类,其中 7 类由财政部管辖、4 类由商务部管辖、2 类由国务院管辖(详见表 7-1)。

表 7-1　美国主要的出口管制或制裁清单

序号	清单名称	英语简写	主管机构
1	往来账户或通汇账户制裁清单	CAPTA List	美国财政部
2	非 SDN 中国军事综合体企业清单	NS-CMIC List	
3	外国制裁规避者清单	FSE List	
4	非特别指定国民菜单式制裁清单	NS-MBS List	
5	巴勒斯坦立法委员会清单	PLC List	
6	特别指定国民清单	SDN List	
7	行业制裁识别清单	SSL List	
8	被拒绝人员清单	DP List	美国商务部
9	实体清单	Entity List	
10	军事最终用户清单	MEU List	
11	未经核实清单	UV List	
12	武器出口禁止清单	ITAR AECA Debarred List	美国国务院
13	防扩散制裁清单	ISN List	

资料来源:根据 International Trade Administration 官网整理①。

————————

① ITA,"Consolidated Screening List",载于美国商务部网。

其中,实体清单(Entity List)是美国在两用物品管制中使用最频繁的贸易制裁黑名单,是美国商务部产业与安全局(BIS)根据《出口管制条例》实施出口管制制裁依据。美国出口管制的实体清单涵盖自然人和法人,法人又包括企业、高校和政府机关等。被列入实体清单的最直接影响是在涉及美国产品与技术的出口、转口和转让贸易时必须事先获得美国商务部的许可证,而其审查政策为针对所有受管辖物项的推定拒绝,一旦纳入就很难移除。

自美欧 2021 年 9 月开展 TTC 协调以来,美国在出口管制领域不断扩大管制对象范围,频繁将中国相关实体纳入实体清单。截至 2024 年 8 月 28 日,美国累计将 883 个中国实体及个人加入实体清单[①],涵盖航空航天、量子计算、人工智能、半导体制造、生物医药等多个关键与新兴技术领域。

二、扩大管制技术范围,将更多地新兴和基础技术纳入管制清单

继 2018 年《出口管制改革法案》正式对国家安全有影响的关键与新兴技术进行出口管制后,美国商务部产业与安全局一直在不断识别和界定关键和新兴技术。从 2022 年起,美国商务部产业与安全局多次更新商业管制清单(CCL),逐步扩大"关键及新兴技术"相关的管制物项范围,新增的主要物项见表 7-2。

表 7-2　2022 年 1 月至今美国商业管制清单的物项主要变化

2022 年 1 月 6 日	延长对于自动分析地理空间图像的软件的临时管制,为期一年
2022 年 5 月 23 日	将四种天然存在的两用生物毒素加入清单
2022 年 5 月 26 日	基于国家安全和反恐的原因对某些网络安全项目建立了新的管制
2022 年 8 月 15 日	将半导体基板、GAAFET 所用软件和燃气轮机压力增益燃烧技术、电子计算机辅助设计(ECAD)软件和超宽禁带半导体衬底的两种材料(氧化镓和金刚石)加入商业管制清单
2022 年 9 月 13 日	将自动肽合成仪加入商业管制清单
2022 年 10 月 7 日	将特定高性能计算机芯片、使用这些芯片的计算机产品以及相关软件与技术纳入清单
2023 年 4 月 7 日	将具有军事应用场景的生物技术纳入清单
2023 年 7 月 12 日	对高性能加密技术实施更严格的管控参数
2023 年 10 月 15 日	将具有军事和军民两用用途的人工智能技术纳入清单

---

① 包括中国大陆、香港及澳门地区,查询日期截至 2024 年 8 月 28 日,载于美国商务部网。

续表

2024 年 1 月 10 日	修订一系列的管控物项参数,包括高性能计算、电子元器件以及先进航空与国防材料等
2024 年 7 月 19 日	修订两类物项的管控参数,包括传感器及绘图技术,以及具有两用用途的先进材料
2024 年 7 月 29 日	(拟)增加面部识别的相关系统、软件和技术

资料来源:根据美国商务部产业与安全局公开资料整理。

同时,美国也不断更新其国家层面的新兴技术标准及清单,并将重点关注的技术落实在出口管制制度调整中。白宫在 2022 年 2 月发布《关键和新兴技术清单》(以下简称"CET 清单")[①]之后,又于 2023 年 5 月 3 日发布"关键和新兴技术的国家标准战略",聚焦的技术领域包括:通信和网络技术;半导体和微电子;人工智能和机器学习;生物技术;定位、导航和计时服务;数字身份基础设施和分布式账本技术;清洁能源的生产和存储;量子信息技术;自动化和连接基础设施;生物库;自动化、连接和电气化交通;关键矿物供应链;网络安全和隐私;碳捕获、移除、利用和储存。截至目前,美国新兴技术清单中重点管控的领域几乎全部涵盖"中国制造 2025"和"十四五"规划中提到的中国将重点发展的领域,[②]体现出美国在新兴技术领域这一"小院"内构筑严格出口管制规则的"高墙",寻求遏制中国的技术竞争力,保证美国的绝对竞争优势。

三、高度聚焦半导体产业,出台一揽子具有对华针对性的出口管制措施

在遏制中国新兴技术发展的过程中,美国尤其聚焦于半导体制造技术和设备,出台了一揽子具有针对性的出口管制措施。2022 年 10 月 7 日,BIS 发布《对向中国出口的先进计算和半导体制造物项实施新的出口管制》[③](以下简称"2022 年 10 月 7 日新规"),加严对中国先进计算和半导体设备的管制。"2022 年 10 月 7 日新规"新增"先进计算外国直接产品规则"和"超级计算机外国直接产品规则",严格规

---

① CET 清单于 2024 年 2 月更新。See The White House, "Critical and Emerging Technology List Update", February 2024,载于白宫网。

② 程慧、刘立菲:《拜登政府对华出口管制政策分析与应对》,《国际商务》2022 年第 8 期。

③ BIS, "Commerce Implements New Export Controls on Advanced Computing and Semiconductor Manufacturing Items to the People's Republic of China(PRC)", October 7, 2022,载于美国商务部产业与安全局网。

制在域外利用美国先进计算技术和超级计算机生产的相关产品并最终出口到中国的行为。同时为实体名单中的 28 个中国实体适用"脚注 4:实体清单外国制造直接产品规则",涉及 18 个管控物项,使得更多中国企业受到与华为同样严格的出口管制要求。对在中国用于超级计算机或半导体开发或生产最终用途的物项,增加新的许可要求;对运往中国制造符合规定的集成电路的半导体制造"设施"施加新的许可要求①,且采用"推定拒绝"的审查方式,而跨国公司现有的设施将被逐案审查。"2022 年 10 月 7 日新规"还在管制清单中增加了特定先进、高性能的计算芯片和包含此类芯片的计算机,以及特定半导体制造设备及相关物项,限制美国人在未经许可的情况下支持位于中国的半导体制造"设施"开发或集成电路生产,对开发或生产半导体制造设备及相关项目的出口项目增加新的许可要求,以及建立临时通用许可证(TGL),2022 年 10 月 21 日至 2023 年 4 月 7 日允许总部不在 D:1、D:5 或 E 国家组的公司继续向中国出口、再出口、转让(国内)从国外出口以及在中国境内相关软件和技术,以最大限度地减少对半导体供应链的短期影响。

2023 年 10 月 17 日,美国商务部产业与安全局再次发布一揽子半导体出口管制规则②(以下简称"2023 年 10 月 17 日新规"),更新针对先进计算半导体、半导体制造设备以及支持超级计算应用和终端用途物品的出口管制,并进一步扩大对中国相关实体的管制范围。本次新规在"2022 年 10 月 7 日新规"的基础上进一步强化半导体出口管制,目的是限制中国购买和制造对军事优势至关重要的某些高端芯片的能力。这些管制措施从战略角度出发,旨在阻止中国获得生产下一代先进武器系统所必需的半导体制造设备,以及开发和生产用于军事应用的人工智能等技术所必需的高端先进计算半导体等问题。主要包括以下三项规则:

一是发布《先进计算芯片规则》(*Advanced Computing Chips Rule*),该规则包含参数更新与防止规避两部分。在参数更新方面,AC/S IFR 取消了"互连带宽"作为识别受限芯片的参数,并限制超过"2022 年 10 月 7 日新规"中设定的原有性能阈值或新的"性能密度阈值"的芯片出口。在防止规避方面,AC/S IFR 对总部设

---

① 管制门槛如下:
- 16 纳米或 14 纳米及以下的非平面晶体管架构(即 FinFET 或 GAAFET)的逻辑芯片;
- 18 纳米半间距或更小的 DRAM 内存芯片;
- 128 层或更多层的 NOT-AND(NAND)闪存芯片。

② BIS, "Commerce Strengthens Restrictions on Advanced Computing Semiconductors, Semiconductor Manufacturing Equipment, and Supercomputing Items to Countries of Concern", October 17, 2023,载于美国商务部产业与安全局网。

在受美国武器禁运的任何目的地(包括中国内地或中国澳门),或其最终母公司总部设在这些国家的任何公司,规定向其出口受管制芯片须满足全球许可要求,以防止受关注国的公司通过其外国子公司和分支机构获得受管制芯片。同时,设立新的警示要求(red flags)和额外的尽职调查要求,以帮助代工厂识别来自受关注国的受限芯片设计,使代工厂更容易评估外国是否试图通过非法制造受限芯片来规避管制。此外,AC/S IFR 将先进芯片出口的许可要求扩大到美国对其实施武器禁运的所有 22 个国家和地区,并推定拒绝许可。根据受关注国利用第三国转移或获取受限物品的报告,对上述新增国家实施出口先进芯片的许可证要求。此外,还为少量高端游戏芯片制定通报要求,以提高对各类芯片出口的了解程度,防止其被滥用以破坏美国国家安全。最后,AC/S IFR 还就多个议题征求公众意见,包括与"基础设施即服务"(IaaS)供应商的相关风险、对视为出口和视为再出口的控制、可向接收芯片设计的代工厂提供的额外合规指导,以及如何更准确地定义法规中的关键术语和参数。

二是发布《扩大半导体制造项目出口管制暂行最终规则》(SME IFR):与"2022 年 10 月 7 日新规"相比,该最终规则对更多类型的半导体制造设备实施管制,并突出了对"美国人"的限制,同时更新受管制机构指南,以确保美国公司不能为中国先进的半导体制造提供支持。此外,扩大半导体制造设备许可证要求的适用范围,除中国内地和澳门外,还包括美国对其实施武器禁运的其他 21 个国家和地区。

三是扩大实体清单,增加两家从事先进计算芯片开发的中国实体及其子公司(共 13 家实体)。这些实体将受到利用美国技术生产的外国直接产品规则限制,为这些被列入清单的实体生产芯片的代工厂在向这些实体或代表这些实体行事的实体发送芯片之前,将需要获得美国商务部产业与安全局许可证。

短短半年后,美国在"2023 年 10 月 17 日新规"的基础上再次升级半导体管制规则。2024 年 3 月 31 日,美国商务部产业与安全局发布了《实施额外出口管制:某些先进计算物项;超级计算机和半导体的最终用途;更新和更正;以及半导体制造物项的出口管制;更正和澄清》的最终决定①(以下简称"2024 年 4 月 4 日最终决定"),主要对"2023 年 10 月 17 日新规"中的 AC/S IFR 与《扩大半导体制造项目出口管制暂行最终规则》进行更新与更正。除部分技术细节的补充与更正外,2024

---

① BIS, "Commerce Releases Clarifications of Export Control Rules to Restrict the PRC's Access to Advanced Computing and Supercomputing Items and Semiconductor Manufacturing Equipment", April 4, 2024,载于美国商务部产业与安全局网。

年 4 月 4 日的修订规则重点澄清了两项要求。一是如果制造计算机或其他产品所使用的集成电路受到出口管制要求,那么该计算机或其他产品也受到同样的出口管制要求。二是如果某一零部件出口的最终用途是用于中国本土的半导体设备制造,那么该零部件的原始出口须获得美国商务部产业与安全局许可。

在对半导体产业的硬件设备进行严密出口管制后,美国还在尝试管制基于先进半导体提供算力的云计算技术。2024 年 1 月 29 日,美国商务部产业与安全局发布 IaaS 云服务相关客户识别拟议规则①,要求基础设施即服务(IaaS)供应商对外国客户进行验证,该规则并非直接禁止或限制中国企业通过美国云服务获得算力、开展人工智能大模型的训练,但是美国政府将可以通过本规则大范围收集使用云服务的中国企业信息,并且在认定该大模型可能用于黑客攻击等恶意网络行为的情形下,禁止或限制中国企业使用美国云服务获得算力,从而为云计算技术或者说"算力"的出口管制奠定基础。

除针对云计算"算力"的出口管制外,美国立法机构正在筹划"算法"的出口管制,即将人工智能大模型纳入出口管制。美国立法机构认为,美国商务部产业与安全局可以阻止用于制造最强大人工智能系统的最先进半导体以及用于制造这些半导体的工具出口,但没有明确的法律授权来控制人工智能系统本身的转让。为此,美国众议院于 2024 年 5 月 22 日通过了《加强关键出口海外限制的国家框架法案》(以下简称《ENFORCE 法案》)②,拟允许总统指示商务部对"所涵盖的人工智能系统"和"被认定对美国国家安全至关重要的特定新兴技术和基础技术"实施出口管制。该法案还允许未来的出口禁令适用于在国外工作的个人,防止美国人参与人工智能系统或其他新兴技术的设计、开发或维护的任何环节。在立法设计上,该法案给予总统广泛的自由裁量权,以决定哪些类型的人工智能和新兴技术出口管制可能符合美国利益。

四、持续拓展域外管辖权,形成"人 + 物项 + 行为 + 用途"的全面管制范式

在上述的半导体出口管制措施中,美国不仅通过扩大管制物项和管制实体的范围来加强出口管制,还通过扩张适用直接产品规则、增加以"美国人"为连接点的

---

① BIS, "Taking Additional Steps To Address the National Emergency With Respect to Significant Malicious Cyber-Enabled Activities", January 29, 2024,载于美国商务部网。
② H.R.8315-118th Congress(2023—2024): ENFORCE Act.

域外管辖权、扩大最终用户和用途管制范围的方式升级管制措施,拓展域外管辖权,防止规避出口管制的行为,形成了"人+物项+行为+用途"的全面管制范式。

一方面,美国商务部产业与安全局多次修改各类外国直接产品规则(详见表7-3),扩大限制他国使用特定的美国技术、软件生产某些特定的直接产品,并运输、转移给特定目的地或特定用户。例如,"2022 年 10 月 7 日新规"将纳入实体清单中的28 个中国实体适用"脚注 4:实体清单外国制造直接产品规则",要求对其出口遵守相关许可要求。无论是"买方""最终收货人"还是"中间收货人"或"最终用户",都受此规则约束,体现出美国对于半导体全产业链的严格管控。2024 年 7 月 24 日,美国商务部产业与安全局又修订了"伊朗直接产品规则",扩大了该规则的适用范围,强化了对位于伊朗境内或运往伊朗的某些外国生产物项的出口、再出口或转移(国内)的管制,要求额外的外国生产物品获得许可证,并增加了一个新的最终用户范围,同时还以排除条款限制了某些原本适用的许可证要求,旨在进一步阻碍伊朗采购对军事系统至关重要的技术和部件,包括先进无人机。

表 7-3 《出口管制条例》中的外国直接产品规则

条　款	外国直接产品规则名称
EAR§734.9(b)	国家安全外国直接产品规则
EAR§734.9(c)	9x515 外国直接产品规则
EAR§734.9(d)	600 系列外国直接产品规则
EAR§734.9(e)	实体清单外国直接产品规则
EAR§734.9(f)	俄罗斯/白俄罗斯外国直接产品规则
EAR§734.9(g)	俄罗斯/白俄罗斯军事最终用户外国直接产品规则
EAR§734.9(h)	先进计算外国直接产品规则
EAR§734.9(i)	超级计算机外国直接产品规则
EAR§734.9(j)	伊朗直接产品规则

资料来源:根据《出口管制条例》整理。

另一方面,美国将受出口管制的"美国因素"从美国技术和产品等美国物项扩大至美国人的活动。"2022 年 10 月 7 日新规"增加了对于美国人在中国的晶圆厂从事或促进特定集成电路开发或生产的活动进行限制,突破了美国出口管制制度中以管制物项的最终用途和最终用户为切入点的传统管制范式。"2022 年 10 月 7 日新规"对于"美国人开展特定'支持'研发或生产特定标准的集成电路的活动,可能由于其涉及'支持'大规模杀伤性武器相关最终用途而必须申请许可证"。其中，对于"美国人"的认定范围较为广泛，包括任何美国公民、享有永久居留权的外国人、难民等受保护的个人以及根据美国法律设立的实体（包括其外国分支机构）和位于美国境内的任何实体和个人。随后，"2023 年 10 月 17 日新规"进一步明确了"美国人"规则的物项范围和行为边界，例如排除了特定行政和文员活动，同时扩充了"美国人"规则限制的国别范围，以实施更为精准的管制。

2024 年 7 月 25 日，美国商务部发布两项拟议规则，计划进一步增加对"美国人"活动的管控。一项为《出口管理条例：美国人的犯罪控制及扩展/更新拟议规则》①，拟建立"外国安全最终用户"（Foreign-Security End User，FSEU）规则，除原本的许可要求外，美国商务部产业与安全局要求企业当明知出口、再出口和境内转移全部或部分受《出口管制条例》管辖且在 CCL 清单上的物项至位于国家组 D：5组和 E 组的"外国安全最终用户"时，必须获得许可证。美国商务部产业与安全局还可单独通知或通过修订《出口管制条例》以通知有关人员，由于存在某些不可接受的风险，某一特定的出口、再出口、境内转移行为，或向某一最终用户出口、再出口或境内转移受《出口管制条例》管辖的任何物项，需要获得许可证。同时增加对"美国人"活动的管控范围，以限制"美国人"为"外国安全最终用户"以及标注"脚注8：外国安全最终用户"的实体提供"支持"；最后，美国商务部产业与安全局拟在 CCL 清单中拟增加三个关于面部识别相关的管制物项。另一项为《基于最终用途和最终用户的出口管制，包括美国人活动管制：军事和情报最终用途和最终用户》②，拟修订《出口管制条例》中与军事最终用途和最终用户的管控规则，包括"美国人"相关活动的限制，军事和情报最终用途和最终用户有关的管控规则，并新增"军事支持最终用户"的管控规则。

五、加大出口管制的执法力度

在执法层面，美国持续加大对于企业违反出口管制法的处罚力度，以此警示跨国公司严格遵守美国出口管制法律法规，避免向中国相关实体出口受管制物项及技术。例如 2023 年 4 月 19 日，美国商务部产业与安全局发布公告，认定希捷向华

---

① BIS, "Export Administration Regulations: Crime Controls and Expansion/Update of U.S. Persons Controls", July 29, 2024，载于美国商务部产业与安全局网。

② BIS, "End-Use and End-User Based Export Controls, Including U.S. Persons Activities Controls: Military and Intelligence End Uses and End Users", July 29, 2024，载于美国商务部产业与安全局网。

为出口硬盘违反了美国对华为实施的出口管制"外国直接产品规则",继而对美国加州希捷技术公司及希捷新加坡国际总部处以 3 亿美元的民事罚款。①

2023 年 2 月 16 日,美国司法部和商务部启动"颠覆性技术突击工作组",突击工作组重点调查和起诉违反出口管制的犯罪行为;加强美国出口管制的行政执法;促进与私营部门的伙伴关系;利用国际伙伴关系来协调执法行动;利用先进的数据分析和全面的情报来源开展调查;为外地办事处进行定期培训;以及加强突击工作组与情报机构之间的联系。

此外,美国出口管制还体现出与其他制裁工具间联动的改革趋势。2023 年2 月,美国参议员提出扩大财政部和商务部现有政策工具范围及使用权限,限制中国涉军企业(CMIC)从美国技术、人才和投资中获益,提出要将美国财政部的限制中国涉军企业名单和美国国防部中国军工企业名单(CMC)实现同步;实现财政部的特别指定的国民和封锁人员(SDN)名单与其他美国政府部门管制名单的同步;实现财政部内部名单的同步等。

第三节　欧盟采取的相关措施述评

欧盟在 2021 年出台了《建立欧盟两用物项出口、中介、技术援助、过境和转让的管制制度》(以下简称《欧盟出口管制条例》)②,大幅修订两用物项出口管制体系,加强了欧盟成员国和欧盟委员会协调执行成员国层面和欧盟层面的双轨管控。但欧盟没有统一的出口管制执法权限,其管制清单主要为根据瓦森纳安排等多边机制的决定进行更新,并发布成员国管制清单的汇编;欧盟内部具有约束力的管制清单主要由各成员国自主发布,颁发各类许可证的职能也由成员国主管机构履行。《欧盟出口管制条例》实施以来,欧盟扩大了受管制的物项、对象和行为范围,其管制清单也根据国际多边出口管制机制的调整不断更新,建立了欧盟层面的出口管制协调机制,推动成员国国别管制清单更加透明化,并通过更新合规指南明确企业合规要求。

---

① BIS, "BIS Imposes ＄300 Million Penalty Against Seagate Technology LLC Related To Shipments To Huawei", April 19, 2023,载于美国商务部产业与安全局网。

② Official Journal of European Union, "Regulation(EU) 2021/821 of the European Parliament and of the Council of 20 May 2021 setting up a Union regime for the control of exports, brokering, technical assistance, transit and transfer of dual-use items(recast)", May 20, 2021,载于欧盟委员会网。

一、不断扩大欧盟出口管制物项清单

为适应不断变化发展的生物技术、新材料及先进计算等新兴技术现实,并与国际防扩散制度及瓦森纳安排等多边出口管制体制的更新保持一致,欧盟在2021至2023年间多次更新其《两用物项出口管制清单》,扩大受管制物项范围(见表7-4)。

表7-4　2021—2023年欧盟出口管制清单的主要更新

序号	调整时间	修改内容
1	2021年10月21日	与国际防扩散制度和出口管制安排框架在2020年2月至12月做出的决定保持一致
2	2021年12月8日	对"超级合金"的定义进行了更改,欧盟根据澳大利亚集团为欧盟管制清单中的2B352.f.2新增注释2——明确包括满足所有提及特性的任何隔离器,无论其预期用途及名称,并将此前的注释2变更为注释3
3	2022年1月6日	与国际防扩散制度和出口管制安排框架做出的决定保持一致
4	2023年2月23日	将生物领域的一些新兴技术列入清单,包括可用于生物武器的4类海洋毒素(短裸甲藻毒素brevetox-in、膝沟藻毒素gonyautoxin、节球藻毒素nodularin和岩沙海葵毒素palytoxin)
5	2023年1月11日	与截至2021年12月前的国际不扩散制度和出口管制安排决定保持一致
6	2023年9月15日	更新制造设备、高性能计算机和激光器的管制参数,并根据瓦森纳安排(WA)相关管制清单将潜航器推进电机和飞机燃气轮机的开发技术增列入欧盟两用物项管制清单

资料来源:韩爽著《欧盟出口管制回顾与展望》,《对外经贸实务》2024年第4期。

同时,欧盟成员国也在持续更新各自的管控清单,以限制半导体产业和量子计算等特定关键技术的出口,同时与多边出口管制体系的协商结果保持一致。表7-5为欧盟成员国2023年进行的主要管制措施更新。

表7-5　欧盟成员国2023—2024年采取或拟修订国家管制清单的不完全统计

时　间	国家	更新内容
2023年5月1日	西班牙	修订皇家法令679/2014号附件III.5,出于公共安全原因对量子技术、增材制造以及其他新兴技术进行管控
2023年6月23日	荷兰	发布《先进半导体生产设备条例》,对半导体制造设备进行管控,反映了与美国及日本等国的协调

续表

时　间	国家	更新内容
2023 年 6 月 28 日	立陶宛	通过了一份基于海关分类的出口禁止清单,管制物项包括飞机发动机、机械设备以及测量设备和电子设备
2023 年 11 月 10 日	芬兰	发布拟议措施的公共意见征询稿,或将对集成电路、量子计算机和增材制造设备实施出口管制
2024 年 2 月 2 日	法国	对量子计算机和量子技术以及先进技术设备相关货物和技术发布出口管制命令

资料来源:根据公开资料整理。

二、提高监管执法的一致性、透明度和可预见性

为加强成员国协调落实欧盟对网络监控和新兴技术实施新的出口管制,加强成员国之间及其与欧委会之间的信息交流,欧盟建立了统一的出口管制电子许可平台,提高成员国在颁发出口管制许可证时的一致性和透明度。2023 年 10 月,欧盟出台了首个成员国出口管制清单汇编,该汇编包括了荷兰对半导体制造设备的管制以及西班牙对量子计算等新兴技术的管制。[1]以此为手段,欧盟将在联盟范围内定期公布成员国国别管制清单,而成员国可对该清单汇编中其他成员国管制的物项(但本国尚未管制的物项)施加出口许可要求,进一步提高欧盟成员国之间出口管制执法的一致性。

此外,为提高监管执法的可预见性,帮助欧盟出口企业做好出口管制合规工作,欧盟出台了加密技术和公司内部技术转让的"欧盟通用出口许可",并简化了申请许可证的流程。[2]欧盟还出台了多项合规指南,诸如《欧盟委员会关于控制涉及两用物品研究的内部合规规划的 2021/1700 号建议》[3]和《欧盟委员会关于两用贸易管制的内部合规计划的 2019/1318 建议》[4]等,帮助企业建立涉及受管制物项的

---

① Director-General for Trade, "EU enables coordinated export controls by compiling national lists", October 23, 2023,载于欧盟委员会网。

② Director-General for Trade, "Commission's actions to implement new EU Export Control Regulation-Memo", September 9, 2021,载于欧盟委员会网。

③ Official Journal of the European Union, "Commission Recommendation 2021/1700 on internal compliance programmes for controls of research involving dual-use items under Regulation 2021/821", September 23, 2021,载于欧盟委员会网。

④ Official Journal of the European Union, "Commission Recommendation 2019/1318 on internal compliance programmes for dual-use trade controls under Council Regulation(EC) No 428/2009", August 5, 2019,载于欧盟委员会网。

研究合规计划和内部合规项目,降低合规风险。同时,欧盟还针对成员国的出口管制年度报告发布《关于出口管制的数据收集与处理指南》①,从而促进成员国之间在出口管制许可领域的信息共享和透明度,增加两用物项出口管制许可和拒绝的信息,让欧盟整体的出口管制年度报告得以进一步完善丰富,提高欧盟整体的出口管制执法透明度和可预见性。

三、发布《出口管制白皮书》,启动修订立法的意见征询

在全球新冠疫情、俄乌冲突和地缘政治紧张加剧的三重挑战压力下,欧盟于2023 年 6 月出台《欧盟经济安全战略》,提出了包含出口管制、投资审查立法升级在内的 11 项行动计划。2024 年 1 月,欧盟委员会又出台《推进欧洲经济安全:引介五项新举措》的"经济安全一揽子计划",提出了五项关于对外投资审查、出口管制及研究安全的倡议。其中《出口管制白皮书》评估了现行的欧盟出口管制法律体系,并提出了改进构想,启动了修订欧盟出口管制立法的意见征询。②

欧盟《出口管制白皮书》认为欧盟现行的出口管制制度存在几项薄弱之处。首先是管制体系过于碎片化,成员国在发布国家管制清单之前缺乏透明度和足够的磋商;各成员国是否会采用"欧盟出口管制国家清单汇编"中的措施缺乏确定性;部分成员国的法律也可能限制其采取欧盟清单中的管制措施;成员国管制清单之间的参差不齐会给企业提供"择地申请"(forum shopping)的套利机会。其次,欧盟在出口管制领域缺乏对联盟安全和贸易政策目标的共同应对措施,因为各国目前都是根据各自的国家安全关切制定出口管制措施。再次,现行的出口管制体系无法使欧盟在国际上统一发声,因为欧盟与各成员国在多边出口管制安排中的参与程度和立场存在参差。

为此,《出口管制白皮书》提出了四项行动建议,包括确保欧盟继续并加强统一管制、设立一个高级别的出口管制政治协调论坛、更好地协调成员国的国家管制清单以及明确对两用物项出口管制条例评估时间等。首先,欧盟委员会提出应当立即更新《欧盟出口管制条例》附件一中的管制清单,以及时将俄罗斯在多边管制框架下反对管控的物项纳入欧盟的管制清单,从而解决成员国之间管控清单的参差问题。其次,鉴于俄乌冲突带来的地缘政治压力,欧盟与成员国应当设立一个高级

---

① Director-General for Trade, "Commission publishes new Guidelines for annual report on dual-use export controls", January 25, 2024,载于欧盟委员会网。

② European Commission, "White Paper on Export Controls", January 24, 2024,载于欧盟委员会网。

别的出口管制政治协调论坛,推动形成欧盟统一的出口管制国际立场。再次,欧盟拟出台相应的政策文件,建议成员国在出台管控清单前通知欧盟和其他成员国,以便欧盟基于联盟整体的安全利益发表意见。最后,白皮书提议将评估《欧盟出口管制条例》的时间从原定的 2026—2028 年间提前至 2025 年的第一季度,以便应对快速变化的国际局势。

第八章 投资审查

自 2021 年 9 月美欧设立 TTC 以来,为实现投资审查有效性的最大化,美欧在各自进行投资审查制度升级的同时,积极通过 TTC 开展投资审查领域的信息交流与合作,在外资安全审查和对外投资审查领域都取得了一定协调成果,并将其双边协调成果努力拓展至 G7 等诸边平台,进一步扩大制度影响范围。

当前,美欧 TTC 已成为双方就投资审查议题开展信息交流以形成共识,协同国内措施以及开展联合行动的重要协调机制,也是美欧基于"共同价值观"在 G7 等跨大西洋两岸的诸边平台推行更广泛制度合作的起点,从而以双边协调推动诸边协调,最终形成投资审查领域的协调单边主义。但需要指出的是,基于 TTC 或 G7 形成的美欧投资审查协调机制更多将重点置于相关信息的交流等方面,一个系统或联动性的美欧投资审查协同体系尚未正式确立。

当然不可否认,在各自推进相关协同目标问题上,美欧各自做了更多工作,并基于自身利益采取了不同的路径与方式。美国在专项式立法受阻的情况下,运用灵活的嵌入式立法和扩权式执法先于欧盟开展了对外投资审查,并充分强化了外资安全审查的执法权力;而欧盟囿于其多边主义与自由贸易的传统,以及成员国投资审查主权的协调难度,依然专注于立法升级这一项路径,且在审查资本流入和流出两个维度上的立法进度都要落后于美国。但通过在 TTC 机制的沟通协调,美欧各自的投资审查制度规则呈现出了高度协同性,体现在审查场景、审查重点和审查目标三方面。

从审查场景看,美欧的投资审查制度都呈现出从资本流入向资本流出场景的蔓延趋势。在本轮的投资审查制度升级中,美欧强调的国家安全风险则来源于域内资本流出所导致的关键技术与专业知识外泄,从而威胁自身在关键技术领域的竞争优势。因此,美欧当前的投资审查制度升级呈现从资本流入向资本流出场景扩展的趋势,其节制对象从外国投资者转向本国投资者,对资本的双向自由流动将产生更大阻碍。

从审查重点看,美欧的投资审查重点领域都是关键与新兴技术。美国自《外国投资风险审查现代化法案》开始,就将"关键与新兴技术"(CET)列为外资安全审查的重点范围,并以动态更新清单的方式灵活调整所关注的关键技术领域,最新的"CET 清单"列出了 18 项关键技术,作为外资安全审查的重点领域。欧盟在《2024 年修订草案》附件中也列出了 10 项重点审查技术领域。相较于广泛的外资安全审查范围,美欧在对外投资审查方面划定的关键技术领域更为狭窄,高度聚焦于先进半导体、量子技术和人工智能这三项技术。这三项关键技术也是贯穿于美国和欧盟在资本流入和资本流出两个方向上的审查重点。

从审查目标看,美欧的投资审查制度都具有明显的对华制度性制衡目标。在关键技术领域与中国开展竞争是美国和欧盟进行投资审查制度升级的重要战略目标。此种与中国开展技术竞争的战略目标也存在于欧盟的执政方针中。欧盟委员会主席冯德莱恩在 2023 年 3 月的公开讲话中指出"经济去风险化"是应对与中国竞争和合作的关键手段,为此需要在"某些关键领域开发新的防御工具",从而"确保(欧盟)公司的资本、专业知识和技能不会被用于增强系统性竞争对手的军事和情报能力"。

为使投资审查制度在实践中获得最大效用,美欧在制度升级的基础上强化了制度协同。美国《2022 年国家安全战略》将"与盟友合作"作为实施国家安全战略的重要路径,并特别强调了与欧盟的协同,"加强贸易、投资和技术合作……保护(美国的)创新不被用于违背(美国)利益和价值观"。而冯德莱恩在讲话中也提到,欧盟将与包括美国在内的 G7 国家进行协同作为实现中欧关系"经济去风险化"的重要手段。

由此可见,美欧 TTC 与 G7 将继续成为美欧等发达经济体协调投资审查制度的重要平台,在审查场景、审查重点和审查目标三方面实现了高度的协同,将投资审查从外资流入场景扩展至外资流出场景,对中国的关键与新兴技术发展实施制度性制衡。

在美欧通过 TTC 推进协调单边主义的过程中,以国家安全为由实施的投资审查制度①正在美欧等发达经济体中呈现持续升级态势。2017 年至 2021 年,主要经

---

① 既往研究多采用"外资安全审查制度"指代针对外资流入本国的国家安全审查制度,因本章研究范围不仅限于外资安全审查制度,还包含本国对外投资的国家安全审查制度及对外投资审查制度,故本章以"投资审查制度"同时涵盖针对资本流入的外资安全审查制度和针对资本流出的对外投资审查制度。

济体陆续进行了一轮投资安全审查立法,在诸多方面升级了外资安全审查措施,审查范围基本已经覆盖了外资流入本国的各类投资形式。自 2021 年 9 月美欧设立 TTC 以来,为实现投资审查有效性的最大化,在各自进行投资审查制度升级的同时,美欧积极通过 TTC 开展投资审查领域的信息交流与合作,在外资安全审查和对外投资审查领域都取得了一定协调成果,并将其双边协调成果努力拓展至 G7 等诸边平台,进一步扩大制度影响范围。

第一节　美欧贸易技术委员会下的协调成果

投资审查是美欧 TTC 最早开始协同且协同程度最高、推进速度最快的议题之一。在设立 TTC 的共同宣言中,美欧即表示"将通过投资审查应对国家安全风险,以及欧盟内部的公共秩序风险"。该宣言明确,美欧的投资审查制度应辅以适当的执行机制,同时应遵循经合组织(OECD)相关准则中规定的非歧视、透明、可预测、相称性和问责原则。美欧还表示将就投资审查问题与伙伴国和利益相关方进行接触。因此,美欧 TTC 设立了"第八工作组——投资审查",重点交流影响安全的投资趋势,包括有关行业、投资来源和交易类型方面的战略趋势,以及分享最佳做法,包括风险分析和风险缓解措施系统方面的最佳做法,重点是敏感技术和相关敏感数据,其中可能包括个人数据;并与包括出口管制在内的其他小组一道,对处理与特定敏感技术有关的风险的政策工具形成整体看法。[①]

一、外资安全审查制度的协调成果

在外资安全审查制度的协同上,双方从早期的 TTC 会议就开始交流影响国家安全的投资趋势信息,以及风险分析和缓解措施的最佳实践,尤其是敏感技术和敏感数据相关的风险及应对,到后期逐渐建立了共享资料库及利益攸关方联络活动等合作成果。

在第二次 TTC 会议的投资审查工作组总结中,美欧强调在投资安全问题上的国际参与对于解决跨国风险和维护集体安全的重要性。美欧表示,对在其境内外建立完全成熟的外国投资审查机制重要性有着共同的看法,并且这些机制应涵盖所有相关交易。美欧认为俄乌冲突进一步凸显了这种机制的重要性。第二次

---

① USTR,"U.S.-EU Trade and Technology Council Inaugural Joint Statement",September 29, 2021,载于美国贸易代表办公室网。

TTC 会议还通过了一项协调投资审查的工作方案,旨在提高美欧对各自投资审查制度的理解,与某些外国投资有关的不断变化的威胁,以及分享识别敏感部门脆弱性的最佳实践。①

在此期间,投资审查工作组讨论了影响安全的投资趋势,重点交流了外国直接投资的总体趋势,来自包括俄罗斯在内的某些来源国的投资和战略的趋势,以及相关交易结构变化的趋势,并根据各自的汇总信息概述了各自审查制度的实施情况。同时,该工作组还就最佳实践进行了交流,重点关注敏感技术和敏感数据问题,并介绍了相关案例,从而在风险分析和风险缓解措施方面进行更有针对性的讨论。美欧指出,这些交流的重点不仅在于分享信息,而且在于更好地了解异同,加深对共同和个别风险的集体理解,强调投资审查作为应对国家安全和公共秩序风险的关键工具之一的重要性,并探索更深入的技术交流的潜在机会,以实现日益高效的未来合作。

会议指出未来的工作重点包括:继续分享信息和经验,拓宽各自审查体系的视野,包括通过实际操作和案例研究,让专题专家参与进来;对与特定敏感技术有关的安全风险和处理这些风险的政策工具形成共同看法,特别是包括出口管制和投资审查;继续酌情为利益攸关方联合开展线上外联活动;以及探讨在 2022 年下半年进行一次实际的"桌面"演习,以继续促进在技术和实践层面的最佳做法的交流。②

在第三次 TTC 会议宣言中,美欧表示已通过技术交流,包括在布鲁塞尔举行的"桌面"演习,深化了美欧在投资审查方面的合作。美欧还继续讨论与特定敏感技术有关的安全风险,包括那些与关键基础设施有关的技术,并全面评估可用来应对这些风险的政策工具。此外,工作组将在 2022 年 12 月中旬举办一次关于投资审查工作组的利益攸关方外联活动。③

第四次 TTC 会议继续就投资审查议题强化合作交流,对欧盟成员国近期采取的投资审查制度建设表示欢迎,表示将从西巴尔干半岛开始,联合利益攸关方推进联合活动。④第五次会议发布的会议简介并未提及投资审查的协调进展。第六次

---

① USTR, "U.S.-EU Joint Statement of the Trade and Technology Council", May 16, 2022,载于白宫网。

② USTR, "U.S.-EU Joint Statement of the Trade and Technology Council(Annex VIII: Conclusions on Working Group 8-Investment Screening)", May 16, 2022,载于白宫网。

③ The White House, "U.S.-EU Joint Statement of the Trade and Technology Council", December 05, 2022,载于白宫网。

④ The White House, "U.S.-EU Joint Statement of the Trade and Technology Council", May 31, 2023,载于白宫网。

会议在延续前述合作内容的同时,进一步提出将推出一个联合资料库,为美国和欧盟成员国的投资审查专业人员提供更多资源。①

二、对外投资审查制度的协调成果

在对外投资审查制度的协同上,双方自第四次会议开始推动形成共识,提出对外投资审查是对现有外资安全审查和出口管制的必要补充,可有效防止本国资本与技术为外国竞争对手所利用。在第五次联合会议上,美方联合主席强调了加强美欧集体经济安全的重要性,包括进一步分散经济的风险,建立有弹性的供应链,利用对外投资审查机制来保护与国家安全相关的技术等。第六次 TTC 会议也专门讨论了出境投资安全问题,提到美欧关注在少数关键技术领域的某些对外投资可能对国际和平与安全造成的潜在安全威胁和风险。在此背景下,美国和欧盟表示将继续就安全风险、风险分析、各自在对外投资审查方面的做法以及如何应对这一新挑战交流信息。

三、向 G7 等盟友扩大投资审查协调的成果

美欧在积极推进双边协调的同时,也积极将投资审查的协调成果推广至 G7 等诸边层面,以制度协调实现投资审查有效性的最大化。美欧 TTC 中所述及的投资审查合作内容,几乎被复制到了 2023 年 5 月发布的《G7 领导人关于经济复原力与经济安全的宣言》中,G7 领导人表示"(G7)有一个共同利益,那就是防止(G7)公司的资本、专业知识和技术助长那些被评估为对提高可能利用这些能力破坏国际和平与安全的行为者的军事和情报能力具有核心作用的少数技术进步。"因此,G7 提出旨在应对对外投资风险的适当措施可能对补充现有的定向出口管制和境内投资工具非常重要,这些工具共同保护我们的敏感技术不被用于威胁国际和平与安全。G7 还表示将继续努力使其经济安全工具包适应当今的挑战,并将向私营部门澄清这些共同目标。G7 还将继续协调,分享经验,并寻求在可行的情况下调整方法,以最大限度地提高政策的有效性。

由此可见,美欧 TTC 已成为双方就投资审查议题形成共识、协同国内措施以及开展联合行动的重要协同机制,也是美欧基于"共同价值观"在 G7 等跨大西洋两岸的诸边平台推行更广泛制度合作的起点,从而以双边协调推动诸边协调,最终

---

① The White House, "U.S.-EU Joint Statement of the Trade and Technology Council", April 5, 2023,载于白宫网。

形成投资审查领域的协调单边主义。

第二节　美国采取的相关措施述评

美国在与欧盟开展 TTC 协调期间持续推进构建对外投资审查制度，提出了《国家关键能力防御法案》（NCCDA）和《2023 年对外投资透明度法案》等专项对外投资审查法案，以及《关于解决美国在受关注国家的某些国家安全技术和产品投资的行政令》（以下简称《对外投资审查行政令》）。同时，还颁布了多项行政令和规范性文件，诸如《关于确保美国外国投资委员会（CFIUS）全面考虑不断变化的国家安全风险的行政令》（以下简称《CFIUS 考虑国家安全风险行政令》）、《CFIUS 执法和处罚指南》，以及《关于外国投资者在美国的某些投资以及外国人士涉及美国房地产的某些交易的处罚规定、信息提供、缓解协议谈判和其他程序的修订规则》（以下简称《CFIUS 审查修订规则》）等，继续扩大外资安全审查的行政权力。

一、持续推进对外投资审查的制度构建

美国的对外投资审查并非是拜登政府上台后首创的立法动议。2018 年美国国会在提出《外国投资风险审查现代化法案》（FIRRMA）时曾意图建立对外投资审查工具，但迫于利益集团压力未能通过。在对中国战略竞争意图加剧及供应链韧性担忧凸显的多重因素作用下[①]，美国国会持续推进对外投资审查制度，最终在拜登执政时期取得了实质性突破。拜登上台后的新一届国会与政府提出了《国家关键能力防御法案》（NCCDA）和《2023 年对外投资透明度法案》等专项对外投资审查法案，在专项立法努力受挫的情况，通过《2022 年芯片与科学法案》（以下简称《CHIPS 法案》）这一产业政策法案及《对外投资审查行政令》等多个途径逐步构建对外投资审查工具。

（一）基于专项法案的对外投资审查立法动议受阻

《外国投资风险审查现代化法案》早期草案的对外投资审查条款计划将美国关键技术公司通过合资公司和技术许可等任何交易向外国人提供知识产权和相关支持的行为纳入美国外国投资委员会审查范围，以防止外国对手在关键技术领域实

---

① Congress of the United States, Letter from Robert P. Casey, Jr., et al to President Joseph R. Biden. September 27，2022，载于美国国会网。

施秘密收购。①但该条款遭到了国内利益集团的强烈反对,在最终的立法文本中被删除,以技术和产品出口为规制对象的出口管制代替了以知识产权交易为规制对象的资本流出审查。

美国的对外投资审查立法努力并未就此止步。2021 年 5 月,参议院首次提出《国家关键能力防御法案》,并试图将其纳入《美国创新与竞争法案》(USICA),但未能成功。后两党于 2022 年在众议院又共同提出新版《国家关键能力防御法案》,受到业界及学界批评后又于 2023 年 5 月提出缩减版《国家关键能力防御法案》,但仍未能得以通过。2023 年 7 月,参议院提出《2023 年对外投资透明度法案》,计划将其纳入《2024 财年国防授权法案》,依然未能如愿。

1.《国家关键能力防御法案》:以对外投资审查防止关键供应链布局至竞争对手国②

凝聚了两党两院共识的 2022 版《国家关键能力防御法案》是美国目前为止最丰富的对外投资审查立法草案,旨在防止国家关键能力领域的生产、研发和制造布局到竞争对手国。草案拟建立跨部门的国家关键能力委员会(CNCC),负责审查相关对外投资,采用"强制申报 + 依职权审查 + 依国会要求审查"相结合的审查方式,并赋予国家关键能力委员会禁止、暂停或附条件同意交易的执法权力。其审查对象主要涵盖涉及"国家关键能力"布局到竞争对手国的交易或活动,"国家关键能力"的范围则与"供应链百日审查"和"关键与新兴技术清单"等政策工具挂钩,涵盖了广泛的关键供应链和新兴技术领域。同时其审查具有域外效力,即任何一种与"受关注国家"的连接点都可能使受关注国家域外的实体被认定为"附属于受关注国家的实体",使美国实体与其开展的交易受到审查。受关注国家初步包括中国、俄罗斯等已被定义为"外国竞争对手"的国家。

2022 版《国家关键能力防御法案》过于宽泛的审查范围和域外效力引发了国内利益集团的不满。美中贸易全国委员会(USCBC)曾公开向国会批评《国家关键能力防御法案》"审查范围太过宽泛""审查程序具有不确定性"且"有损美国的全球竞争力与就业"。③该草案同时引发了学界的批评,认为其域外效力条

---

① Foreign Investment Risk Review Modernization Act(FIRRMA),H.R. 4311,Nov. 18,2017,Section 3(a)(5)(B)(v).

② 本小节的立法草案介绍以 2023 年参议院最新提出的《国家关键能力防御法案》草案为主。See National Critical Capabilities Defense Act of 2023,H.R.3136,May 9,2023,载于美国国会网。

③ USCBC,Views on the Make It in America Act(Previously USICA) and the America COMPETES Act,March 9,2022,载于美中贸易全国委员会网。

款超出了美国宪法规定的"对外贸易条款"授权范围,并缺乏足够的行政问责机制。①

在吸收了部分意见后,2023 版《国家关键能力防御法案》缩减了审查范围,聚焦于半导体的制造与先进封装及大容量电池等七项关键领域;并削弱了国家关键能力委员会的审查权力,仅让其保留附条件通过权,将否决权转交司法部长;同时删除了域外效力条款,缩小了法案的影响范围。即使如此,该草案仍未能通过,但其充分体现了美国目前在对外投资审查上的立法意图和规则设计倾向,是重要的立法参考资料。

2.《对外投资透明度法案》:以提升对外投资的透明度奠定对外投资审查的基础

在经历了《国家关键能力防御法案》的三度受挫后,推动对外投资审查立法的主要议员②在 2023 年 7 月又提出了无审查权力的《对外投资透明度法案》,旨在通过收集敏感技术领域的对外投资信息,以更明确的数据证据来推动国内利益集团对于对外投资风险的共识。《对外投资透明度法案》要求美国公司在投资中国、俄罗斯等"外国竞争对手"的敏感技术领域时进行通报,并允许监管部门跟踪监控相关投资。敏感技术领域包括半导体制造和先进封装、微电子、两用大容量电池、人工智能、量子信息科技、超音速、卫星通信、两用联网激光扫描系统以及其他受出口管制的技术。此外,该草案还计划开展"对外投资审查的发展战略",与盟友国联合推广对外投资审查。但该立法动议依然未能通过,美国立法机构围绕对外投资审查的专项立法仍存在较大争议。

(二)将对外投资审查条款嵌入在产业政策法案中

在专项性立法受阻的同时,美国立法机构在实施产业政策的核心领域——芯片行业——成功嵌入了一项对外投资审查条款,即《CHIPS 法案》中的"国家安全护栏"条款。《CHIPS 法案》将为美国半导体行业提供 527 亿美元的投资,其中包含 390 亿美元的"CHIPS 激励基金",由美国商务部实施;另对先进半导体制造投

---

① Cash M,"Reversing CFIUS: Analyzing the International and Constitutional Implications of the Revised National Critical Capabilities Defense Act",Duke journal of comparative & international law,vol.33,2023,pp.289—322.

② 美国的对外投资审查立法主要推动者为参议院的民主党议员 Bob Casey 和共和党议员 John Cornyn,众议院的民主党议员 Rosa DeLauro,Bill Pascrell,共和党议员 Michael McCaul,Brian Fitzpatrick 及 Victoria Spartz。See Bipartisan Statement on National Critical Capabilities Committee Proposal,June 13,2022.

资提供25％的税收抵免,即总金额或达240亿美元的"先进制造业投资抵免",由美国财政部负责。在"国家安全护栏"条款的限制下,不仅受关注国家的实体无法获得上述激励及税收抵免补贴,接受补贴的美国实体也不得在中国等受关注国家进行产能扩张及其他技术合作活动。

根据美国商务部2023年9月发布的《阻止CHIPS资金不当使用规则》,接受CHIPS激励基金资助的实体不得运用该资金在美国之外建造或改造半导体设施,同时在接受资助后的十年内不得在受关注国家实质性扩大半导体产能①,在指定期限内不得与受关注实体开展联合研发活动或向其进行技术许可交易。若违反相关限制,则须交回其获得的补贴。受关注国家目前包括中国、朝鲜、俄罗斯及伊朗,受关注实体除受关注国家政府所有、控制或管辖的实体外,还包含了大量管制和制裁清单上的实体②。

"国家安全护栏"条款虽然不是以具有执法权力的对外投资禁令来阻止美国芯片企业向中国进行投资,但其丰厚的补贴激励是绝大多数美国芯片企业难以放弃的政策红利。因此,该条款在推动美国芯片产业扩大本土产能、进行本土创新的同时,实质上阻止了美国芯片企业向中国等国家进行投资,包括技术转让等广义的投资活动。此项嵌入在产业政策中的对外投资审查条款,依托补贴激励的收回规则,获得了一定的可执行性保障。

（三）以行政令的方式在关键技术领域确立对外投资审查工具

相较于法律层级较高的立法法案,法律层级较低的行政令虽然在法律效力上不及前者,但灵活性更高,执行力更强。因此,在对外投资审查的专项法案受阻之后,拜登政府便出台了《对外投资审查行政令》,率先在行政执法条线上开展敏感领域的对外投资审查。

以行政令的方式率先开展投资审查,继而将其上升至立法层面,是美国在构建外资安全审查制度时业已验证可行的路径。美国外国投资委员会（CFIUS）就是先以行政令的方式设立,在过渡时期依据《国家紧急经济权力法》（IEEPA）获得了执

---

①　"实质性扩大（产能）"指:针对非成熟制程的半导体生产设施,通过增加洁净室、产线或其他设施的形式,将其在中国、伊朗、朝鲜、俄罗斯等国家境内的产能扩大5％以上;针对成熟制程的半导体生产设施,通过增加洁净室、产线或其他设施的形式,将其在中国等国家境内的产能扩大10％以上,除非该生产设施85％及以上产量将被并入在中国等国家境内使用及消耗的最终产品。

②　包括(1)由美国国务卿指定为外国恐怖组织的实体;(2)"特别指定的国民和封锁人员"（SDN）名单实体;(3)由司法部长指控定罪的实体;(4)美国商务部BIS"实体清单"所列实体;(5)非SDN中国军工综合体公司清单（NS-CMIC）所列实体。

法权力,后以立法形式正式确立其审查权力。①美国对外投资审查制度的构建或将遵循此路径,先以行政令的方式在有限的领域实施,再寻求上升至立法层面。

2023 年 8 月,拜登政府再次选择基于《国家紧急经济权力法》和《国家紧急状态法》(NEA)的授权,认为"受关注国家在军事、情报、监视或网络能力等对国家安全至关重要的敏感技术和产品领域的进步,对美国的国家安全造成了不同寻常的威胁",继而宣布进入"国家紧急状态",出台《对外投资审查行政令》。该项行政令将美国实体在国家安全技术和产品领域向受关注国家的对外投资分为需通报交易(notifiable transactions)和被禁止交易(prohibited transactions),国家安全技术和产品领域包括半导体及微电子、量子信息技术和人工智能。而该项行政令附件目前列出的受关注国家只有中国,包括香港和澳门特别行政区,对中国的指向性不言自明。

美国财政部同时基于该行政令发布了《关于美国在受关注国家开展涉及国家安全技术和产品领域投资的规定》的预先立法通知(ANPRM),详细规定了需通报交易和被禁止交易的类别,以及受管制的国家安全技术和产品标准。2024 年 6 月21 日,美国财政部正式公布了《对外投资审查行政令》下关于《外国投资审查限制的拟议规则》(NPRM),对 2024 年的预先立法通知进行了大幅细化和完善,围绕"美国人""受关注外国实体"和"受管辖交易"这三个关键定义确立了美国对外投资审查体系的管控逻辑和措施。同时,建立投资者"自行判断"的交易分类管理机制。《外国投资审查限制的拟议规则》将涵盖交易分为"禁止类交易"和"通报类交易"两类,前者因对美构成特别重大国家安全威胁而被禁止,后者因对国家安全威胁较小而需履行申报义务。"禁止类交易"往往关涉满足基本门槛的特定类别先进技术和产品;"通报类交易"则涉及其他特定类型技术或产品。除此之外的例外交易将被允许,主要包括符合美国国家利益的交易、公开交易的证券、部分有限合伙投资、收购有关国家的所有权、美国母公司与受控外国实体之间的公司内部交易等。在美投资者有义务在实际知情和有理由知情的情况下,自行确定其交易属于上述哪类情况,从而履行相应义务。

---

① 1975 年,时任美国总统福特以行政令的方式设立了"美国外国投资委员会"(CFIUS),美国国会于1977 年颁布 IEEPA,授权美国总统在国家处于紧急状态时,可以对外国企业或其资产采取其认为足以抵御国家安全风险的任何措施,并于 1988 年通过《埃克森—弗洛里奥修正案》,授权美国总统可以在不宣布国家紧急状态的情况下禁止那些威胁国家安全的外资并购活动。详见李仁真、包蓉:《特朗普政府以来美国外资安全审查制度的变化及中国对策》,《边界与海洋研究》2021 年第 6 期。

拜登政府借由"国家紧急状态"下扩张的行政权力,通过该项《对外投资审查行政令》及相关实施规定,在资本的流出方向上针对其国家安全关切最为突出的领域制定了对外投资审查工具。此种基于行政令的对外投资审查工具延续了美国出口管制的"小院高墙"范式,在半导体及微电子、量子信息技术和人工智能这三个领域拟实施高标准的资本管制措施,是美国目前最为明确而具体的对外投资限制。

二、以行政令及规范性文件强化外资安全审查执法权

美国通过《外国投资风险审查现代化法案》已经构建了较为完整的外资安全审查制度体系,在该法案实施后,为充分落实,拜登政府以行政令及规范性文件的方式强化了美国外国投资委员会的外资安全审查执法权。

(一)发布细化 CFIUS 审查重点的行政令

2022 年 9 月,拜登政府发布《CFIUS 考虑国家安全风险行政令》①,进一步细化了美国外国投资委员会在审查外资交易时需考虑的关键因素,从关键供应链弹性、技术竞争力、行业投资趋势、网络安全及敏感数据等方面突出了审查重点,具体包括以下方面。

从关键供应链的弹性来看,审查交易对美国国防工业基地内外的供应链弹性和供应链安全的影响,包括对国家安全至关重要的生产能力、服务、关键矿产资源或技术。行政令所涉及的产业包括微电子、人工智能、生物技术和生物制造、量子计算、先进清洁能源(例如电池储能和氢能)、气候适应技术、关键原材料(例如锂和稀土元素)、对食品安全有影响的农产品加工业等,以及第 14017 号"美国供应链行政令"中确定的其他产业。

从技术竞争力的角度,审查交易对美国在影响国家安全领域的技术领先地位的影响,包括生物技术和生物制造、人工智能、微电子、量子计算、先进清洁能源和气候适应技术。

从行业发展趋势的角度,审查某项交易将助长"关键产业的有害技术转让"或以其他方式危害国家安全的产业投资动态,包括在某一行业或技术方面的长期增量投资。

从网络安全的角度,审查可能危害国家安全或为美国境内的网络入侵和其他恶意网络活动提供支持的网络安全风险(包括"外国人士和美国企业的网络安全态

---

① White House, Ensuring Robust Consideration of Evolving National Security Risks by the Committee on Foreign Investment in the United States, September 14, 2022,载于白宫网。

势、操作、能力以及访问"方面存在的风险)。

从敏感数据的角度,审查存储敏感数据的数据库或系统中的数据保护或数据完整性面临的风险,以及美国人的敏感数据被加以利用的风险。

该行政令并未提及任何特定国家,但提到了"直接或间接涉及外国对立方和其他特别关注国家"的投资所构成的威胁,"考虑到参与交易的外国人(包括外国政府)的法律环境、意图或能力",这些投资可能对美国国家安全构成不可接受的风险。该行政令出台之际,美国官员已对中美贸易投资的安全问题表示担忧,尤其是技术领域的投资,同时显著加强了针对俄罗斯的贸易管制。

(二)出台《CFIUS 执法和处罚指南》

2022 年 10 月 22 日,美国外国投资委员会公布了首份《CFIUS 执法和处罚指南》[①](以下简称"指南")。虽然指南并不具备法律约束力,但为业界就美国外国投资委员会行使职权的预期和执法重点提供了指引。指南着重强调了美国外国投资委员会针对"三类作为或不作为"的执法权,包括"未能提交"强制性申报,违反美国外国投资委员会缓解协议、条件或命令,以及向美国外国投资委员会提交的信息(包括申报、证明阶段提供的信息,在非正式磋商期间提供的信息和应美国外国投资委员会请求提供的信息)存在"重大不实陈述或遗漏"。除美国外国投资委员会可能采取的执法行动将对商誉和交割造成风险外,美国外国投资委员会还规定对每次违规行为处以最高 25 万美元或与交易价值同等金额(以数额较高者为准)的民事处罚。

此外,指南还列举了美国外国投资委员会在评估是否实施处罚时可能考虑的因素,包括:执法行动对保护国家安全的影响;违规行为对美国国家安全造成的实际或潜在危害;是否曾试图向美国外国投资委员会隐瞒或拖延提供相关信息;当事人对美国外国投资委员会的了解和配合程度,包括进行披露和采取补救措施的及时性;明知或者应当知道该行为的所涉人员的级别;该行为发生的频率、持续时长和时间点;当事人的合规记录和企业文化,包括其在确保合规和实施相关培训、政策和程序方面投入的资源;以及参考其他联邦、州、地方或外国当局评估当事人合规情况的经验。值得注意的是,指南"大力提倡"当事人以书面形式向美国外国投资委员会自行披露其所发现的违规行为,这在委员会评估是否实施处罚时可以作为减轻因素。

---

① U.S. Department of the Treasury, CFIUS Enforcement and Penalty Guidelines, October 22, 2022,载于美国财政部网。

（三）出台系列实施条例

基于《外国投资风险审查现代化法案》的授权，美国财政部在美欧开展 TTC 协调期间出台了多项实施条例，用以强化扩充美国外国投资委员会执法程序和权力。2023 年 8 月，美财政部出台美国外国投资委员会审查房地产交易的规定[①]，新增八个军事基地作为审查临近房地产交易的重点对象，扩大美国外国投资委员会对外国主体参与美国房地产交易的相关审查权力。

2024 年 4 月，美国财政部发布《关于外国投资者在美国的某些投资以及外国人士涉及美国房地产的某些交易的处罚规定、信息提供、缓解协议谈判和其他程序的拟议规则》[②]（以下简称"拟议规则"），计划通过大幅提高处罚金额、扩大信息提供范围以及明确缓解协议谈判规定等措施扩大美国外国投资委员会的执法权力。

拟议规则将澄清美国外国投资委员会能够启动问询的多种情况，并正式规定相关交易方必须做出回应。拟议规则还将规定，交易方须在三个工作日内就拟议缓解条款做出实质性回应，除非交易方申请延长回应时限，且美国外国投资委员会常务主席已予书面批准。现行的 CFIUS 条例并未规定此类回应的截止时限。拟议规则还将大幅提高针对违反义务行为可做出的民事罚款上限（从 25 万美元提高至 500 万美元）。同时，拟议规则还将推出一项新的处罚认定方法，参照违规行为或交易发生时相关主体在美国企业中的权益，认定可能做出的最高处罚（在某些情况下，甚至有可能高于交易价值）。拟议规则将扩充可就交易一方的重大不实陈述或遗漏处以民事罚款的情形，包括在交易审查或调查程序之外的以及关系到美国外国投资委员会的监督和合规职能的重大不实陈述或遗漏，都会被处以民事罚款。此外，拟议规则还明确规定，美国外国投资委员会常务主席可根据委员会的建议，要求交易方及其他主体补充提供相关信息，以弥补申报信息的缺陷。

通过上述一系列的行政令与规范性文件，拜登政府制定了强有力的外资安全审查配套措施，从实施规则上进一步细化了外资安全审查的标准，从实施程序上进一步明确了申报和处罚的流程，强化了外资安全审查制度的执行力和有效性。

---

① U.S. Department of the Treasury, Provisions Pertaining to Certain Transactions by Foreign Persons Involving Real Estate in the United States, August 23, 2023, 载于美国财政部网。

② U.S. Department of the Treasury, Amendments to Penalty Provisions, Provision of Information, Negotiation of Mitigation Agreements, and Other Procedures Pertaining to Certain Investments in the United States by Foreign Persons and Certain Transactions by Foreign Persons Involving Real Estate in the United State, April 15, 2024, 载于美国财政部网。

第三节　欧盟采取的相关措施述评

在美欧 TTC 开展协调期间,欧盟也在外资安审审查和对外投资审查领域持续发力。2023 年 6 月出台的《欧盟经济安全战略》凸显出欧盟在限制性"自由主义"的道路上越走越远,该战略提出了包含投资审查立法升级在内的 11 项行动计划,以应对全球新冠疫情、俄乌冲突和地缘政治紧张加剧三重挑战。2024 年 1 月,欧盟委员会又出台《欧洲经济安全一揽子计划》,包含了五项具体倡议,其中《对外投资白皮书》首次启动了对外投资审查的立法意见征询,《2024 年欧盟外资审查条例修订草案》(以下简称"2024 年修订草案")①计划全面升级 2019 年《外资审查框架条例》。这两项立法动议是当前欧盟升级其投资审查制度的主要路径。

一、启动对外投资审查的立法意见征询

2023 年《欧盟经济安全战略》提出为保护欧盟的"基本安全利益",需对某些对外投资进行管控,以应对技术和知识泄露的风险。以白皮书的形式开启立法意见征询,从而推进新的立法动议,是欧盟在立法过程中惯常采用的路径。在对外投资审查的立法努力上,欧盟也采取了这一路径,在《欧洲经济安全一揽子计划》中提出了《对外投资白皮书》,首次开启了欧盟历史上关于对外投资审查的立法讨论,以为后续或将采取的审查措施寻求立法共识。

由于欧盟成员国之前没有关于对外投资进行任何系统审查和评估,因此没有关于对外投资的详细数据。鉴于此,《对外投资白皮书》敦促欧盟及成员国收集 2019 年 1 月以来欧盟企业的境外投资信息,聚焦于三方面:(1)欧盟企业在特地关键技术领域开展了哪些对外投资;(2)此类投资是否会引发技术泄露等安全风险;以及(3)欧盟或成员国层面的现有的工具能否缓解此类风险,或是否应采取额外的政策行动。信息收集阶段初步涵盖的四项关键技术为先进半导体、人工智能、量子技术和生物技术,投资形式包括收购、兼并、资产转让、绿地投资、合资企业和风险投资等多种形式,并可能扩大到研发合作和高水平专业人才流动。另外,《对外投资审查白皮书》还特别要求成员国注意收集在对外投资背景下申请受管制技术出

---

① 　European Commission, Proposal for a REGULATION OF THE EUROPEAN PARLIAMENT AND OF THE COUNCIL on the screening of foreign investments in the Union and repealing Regulation(EU) 2019/452 of the European Parliament and of the Council(2024/0017), January 24, 2024,载于欧盟委员会网。

口许可的信息,体现出欧盟两用技术出口管制制度与未来可能实施的对外投资审查制度或将存在高度联动性。

在重点审查的地域范围上,不同于美国在对外投资审查立法中直接将中国等国家列为"受关注国家",欧盟的《对外投资白皮书》并未明确划定审查的地域范围,而是建议成员国根据"对特定国家风险状况的评估"予以划定,例如考虑相关国家之前违反《联合国宪章》的情况,并评估在战争或冲突中侵犯人权或大规模杀伤性武器扩散中使用相关技术或产品的风险。此类地域范围的考量更多指向了俄乌冲突等对欧盟造成直接地缘安全威胁的风险来源。

二、以立法修订案的形式强化既有的外资安全审查机制

2019 年 3 月,欧盟通过《2019 年欧盟外资审查框架条例》(以下简称《外资审查框架条例》),首次建立了欧盟层面节制外国资本的法律工具。因此,相较于对外投资审查立法讨论的起步阶段,欧盟在全面评估《外资审查框架条例》实施效果的基础上①,提出了更为成熟完善的立法修订草案。2024 年修订草案将"框架"性审查机制扩充为更具强制性、一致性、广泛性、主动性和联动性的外国投资审查法律制度。

(一)建立审查机制的强制性

相较于《外资审查框架条例》鼓励成员国可以(may)建立外国投资审查机制的软性条款,2024 年修订草案则要求成员国必须(shall)建立外国投资审查制度,对成员国提出了欧盟法律框架下的强制性要求。在《外资审查框架条例》于 2020 年 10 月生效以来②,建立外资审查机制的欧盟成员国数量从 14 个上升至 22 个,并未达到欧盟所期望的全面覆盖。欧盟委员会认为,大量外商直接投资流向了没有设立外商投资审查制度的欧盟成员国,导致可能给欧盟带来不利影响的关键外商投资项目未能受到审查。这些没有建立外资审查机制的国家构成了"系统中的盲

---

① See European Commission, COMMISSION STAFF WORKING DOCUMENT EVALUATION of Regulation(EU) 2019/452 of the European Parliament and of the Council of 19 March 2019 establishing a framework for the screening of foreign direct investments into the Union, January 24, 2024,载于欧盟委员会网。

② 欧盟数据统计截至 2023 年 6 月 30 日。See European Commission, COMMISSION STAFF WORKING DOCUMENT EVALUATION of Regulation(EU) 2019/452 of the European Parliament and of the Council of 19 March 2019 establishing a framework for the screening of foreign direct investments into the Union, January 24, 2024,载于欧盟委员会网。

点",将损害欧盟及成员国识别并应对广泛的潜在风险的能力。有鉴于此,2024 年修订草案第三条明确要求"成员国应当根据本条例建立审查机制",并"应当"及时向欧委会通报其审查机制的建立和修订情况。此外,对于"安全和公共秩序"的考量因素也由软性建议改为强制要求,并明显拓宽了考量因素。同时,明确要求各欧盟成员应当考虑境外投资者的信息,包括:(1)境外投资者本身、其实际控制人、受益人、任何子公司或任何受其所有、控制或指令的其他主体是否曾接受过任何欧盟成员国的外商投资审查且未获批准或获得附条件批准,或者是否可能为非欧盟国家之政策服务或协助非欧盟国家的军事活动;(2)境外投资者或其任何子公司是否已经参与对欧盟成员国安全和公共秩序产生负面影响的活动,或者是否已经从事违法犯罪的活动。与之相应的,草案也扩大规定了申报者应当提供的信息范围。

(二)强化审查重点的一致性

在要求成员国普遍建立外国投资审查机制的基础上,2024 年修订草案还对各成员国的审查机制提出了最低要求(minimum requirement),在程序性规则和实体性规则上力求提高一致性,尤其是划定了开展外资审查的重点领域。虽然《外资审查框架条例》也将一些关键技术和两用物项列入了审查的重点领域,但并未将其明确设置为各国审查机制的最低覆盖要求。而 2024 年修订草案以两项附件清单明确列出了各国审查机制至少应覆盖的重点对象,包括具有欧盟利益的重大项目参与方和补贴接受方,以及对欧盟安全或公共秩序利益至关重要的关键技术、产品及敏感实体的清单①,涵盖了先进半导体、人工智能、量子技术、生物技术、先进的通讯及导航技术、传感技术、能源技术、机器人和自控系统以及先进材料等领域。

(三)扩展审查范围的广泛性

2024 年修订草案将审查范围从原先的"外国直接投资"泛化为"外国投资",除传统的外国直接投资形式外,将受外国控制的欧盟境内实体投资活动也纳入审查范围。这一审查范围的扩展或反映了欧洲法院在 Xella 案判决中的司法解释。在 Xella 案中,Xella 为一家直接母公司设立在德国,间接母公司设立在卢森堡和百慕大的匈牙利公司,希望收购一家从事提取砾石、沙子和黏土等原材料业务的匈牙利

---

① Ibid, see ANNEX I: Projects or programmes of Union interest, ANNEX II: List of technologies, assets, facilities, equipment, networks, systems, services and economic activities of particular importance for the security or public order interests of the Union.

公司 Janes，匈牙利投资审查主管机构，以该交易影响匈牙利国家利益为由，拒绝了 Xella 的外商投资申报。Xella 对此通过司法途径寻求救济，匈牙利法院将该案提交至欧洲法院请求裁定。该案判决指出，欧盟《外资审查框架条例》的适用范围仅限于依照非欧盟国家法律设立的企业，除非某一欧盟企业的最终控制人为非欧盟国家的自然人或企业，并且其设立并不反映实际的经济情况，而是旨在规避欧盟的外资审查。① 2024 年修订草案所扩展的审查范围将"穿透"外国资本的控制链条，辐射到更广泛的外国投资形式。

（四）扩大审查权力的主动性

在《外资审查框架条例》下，仅有接受投资的目标成员国具有主动审查相关投资的权力，而 2024 年修订草案拟将主动审查权同时赋予欧盟委员会以及非投资目标国。若非目标投资国的其他欧盟成员国认为某一外商投资对其安全和公共秩序产生负面影响，或者若欧盟委员会认为某一外商投资对超过一个欧盟成员国或欧盟的安全和公共秩序产生负面影响，都可以主动发起审查程序。在事先确认该目标投资国尚未发起外商投资审查之后，其他欧盟成员国和欧委会可以在该外商投资完成后至少十五个月内自行发起外商投资审查程序，在审查过程中目标投资国应当密切配合自主启动审查的其他欧盟国家或欧委会。此项审查权力主动性的扩大，将使得欧盟委员会能够主动干预对欧盟集体安全和公共秩序具有影响的外国投资交易，同时让非投资目标国及时应对其他成员国境内对本国具有负面溢出效应的交易，体现了欧盟对于进入单一市场的资本流动自由之强化限制倾向。虽然欧盟委员会和非投资目标国可对该交易发表意见，但最终的审查否决或通过权仍由投资目标国享有。

（五）提高审查程序的联动性

与草案一并发布的工作备忘录提到，大约 27% 的通报交易都属于多辖区交易，即应当在不止一个欧盟成员国进行正式外商投资审查的交易。为应对这一问题，2024 年修订草案计划建立多辖区交易监管协调制度，以及更规范的欧盟与成员国合作制度，从而提高横向与纵向审查程序的联动性。在横向程序的联动性上，2024 年修订草案拟建立多辖区交易监管制度，规定横跨多辖区的交易应当于同日在交易所涉及的司法管辖区提交申请，收到多辖区交易申请的成员国应当协作决定是否审查该交易。在纵向程序的联动性上，2024 年修订草案对原先欧委会与成

---

① See European Court of Justice, Xella Magyarország Építőanyagipari Kft. v Innovációs és Technológiai Miniszter. Judgment of the Court(Second Chamber)，July 13，2023，载于欧盟委员会网。

员国之间松散的信息共享与合作机制增加了更规范严格的程序规定;同时,虽然欧委会发表的意见对成员国的审查决定仍不具有约束力,但其重要程度已从原先的"适当考虑"(due consideration)上升为"最高注意"(utmost consideration),并强调欧盟委员会保有起诉成员国不遵守欧盟法律的权力,强化了欧盟委员会在审查程序中的作用。

第九章　促进中小企业获得和使用数字化工具

　　数字化能够大幅提高企业的创新能力和竞争力,但美国和欧盟的大量中小企业对数字化潜在优势的认识仍不足,不愿进行必要的投资以利用新的商业模式,并且可能缺乏使用云等服务的足够知识。中小企业对美国和欧盟经济至关重要,因而,帮助中小企业解决数字化转型中所面临的各项难题,促进中小企业获得和使用数字工具已经成为美国和欧盟共同关心的一项重要议题。

　　美国和欧盟期望通过跨大西洋联盟合作的方式进一步提升各自中小企业在跨大西洋和全球范围的竞争力。双方将 TTC 机制下的第九工作组——促进中小企业获得和使用数字化工具工作组视为跨大西洋的交流平台,期望通过与中小企业的沟通了解其需求、经验、战略和最佳实践,并根据这些沟通内容进行分析和研究,进而制定政策建议。截至目前,该工作组已基本完成了工作计划的内容,例如工作组已根据工作计划在美国和欧盟举办了多次外联活动和网络研讨会以了解中小企业和需求及其所面临的挑战,制定了关于中小企业获得和使用数字工具的最佳实践指南,并且为美国和欧盟的政策制定者制定了关于加速中小企业获得和吸收数字工具的联合政策建议。此外,在第三次 TTC 部长级会议之后,美国和欧盟还额外启动了"人才促进增长特别工作组"(Talent for Growth Task Force),为数字转型和经济增长培养人才。

　　为了推进 TTC 第九工作组的各项工作,美国和欧盟也都积极采取单边措施,不仅通过外联活动听取中小企业的意见,还积极寻求各类组织或联盟的相关政策建议。美国小企业管理局通过宣传办公室举办了一系列外联会议,听取小企业意见并为政策制定者提供相关情况信息,并且通过成立公司合作伙伴关系,帮助小企业通过免费数字工具扩大影响力。欧盟相关组织机构不仅积极举行外联活动,听取欧洲不同组织或联盟(如数字欧洲、欧盟美国商会)对美欧合作路线图的建议和意见,还制定专门战略和推动政策措施来帮助欧洲中小企业摆脱数字化转型升级过程中遇到的困难。欧盟先后发布了中小企业战略以及全面的中小企业救助计划,计划包括改善监管环境,简化行政流程,促进投资,劳动力发展等方面的一系列立法和非立法措施。

为加速数字化转型,中小企业需要获得技能、数字技术和数据,以便进行创新并参与数字经济。然而,欧盟中小企业目前对数字技术利用不足,只有约 20% 的中小企业采用大数据,25% 的中小企业使用云计算服务。在美国,调查发现与数字化参与度较低的企业相比,数字化程度较高的小型企业获得了显著的收益,例如员工的收入是原来的两倍,收入较上一年增长近四倍,创造就业机会的可能性几乎是上一年的三倍,但 80% 的美国小企业并没有充分利用数据分析和更复杂的在线工具等数字化工具。

大量的美欧中小企业缺乏对数字化潜在优势的认识,不愿进行必要的投资以利用新的商业模式,并且可能缺乏使用云等服务的足够知识。中小企业可能"技能不足",许多中小企业甚至没有达到基本的数字素养水平,也不了解如何将全球电子商务市场选项战略性地纳入其商业模式。为此,美国和欧盟在 TTC 下设立了促进中小企业获得和使用数字化工具的第九工作组,旨在提供一个论坛,交流使用数字技术作为工具的最佳实践,以增强中小企业在跨大西洋和全球范围内创新和竞争的能力,并确保全球数字技术使服务不足的社区成员受益。该工作组的主要任务有二:其一,通过举办外联活动,为中小企业和服务不足的社区及其代表提供了机会并使他们能与大西洋两岸的政策制定者分享他们的需求、经验、战略和最佳实践,以确保更好地了解数字化赋权的障碍;其二,通过与中小企业和服务欠缺社区的一系列倾听会议以及由此产生的分析和报告,为美国和欧盟政策制定者制定了实施建议,以加快数字化技术的获取和采用。

第一节　美欧贸易技术委员会下的协调成果

为给中小企业提供一个论坛,交流使用数字化技术作为工具的最佳实践,以增强中小企业在跨大西洋和全球范围内创新和竞争的能力,并确保全球数字化技术使服务不足的社区成员受益。美欧在 TTC 促进中小企业获得和使用数字化工具工作组通过促进中小企业数字化转型、举办外联活动和研讨会强化中小企业数字化转型与获得和使用技术能力等方式达成系列协调成果。

一、制定落实促进中小企业数字化转型与获得和使用技术计划

为了执行 TTC 首次联合声明中确立的工作组任务，2021 年 10 月 15 日，该工作组制定了一份行动计划。①

行动计划主要包含了两方面工作内容：

一方面，通过收集和分析中小企业群体特定需求的数据，加速中小企业的数字化转型。具体包括如下几个方面：

第一，绘制阻碍中小企业充分发挥其数字潜力的准入挑战，包括：绘制数字化采纳水平图，包括识别"服务不足"的中小企业或行业和生态系统的类型；确定中小企业进入市场的主要障碍，包括行政负担、监管障碍、获得（数字）融资的渠道；识别获取数字化技术和数据的障碍；以及确定技能、培训和教育的需求和差距。

第二，在圆桌会议和听证会上寻求中小企业的直接意见，包括组织一系列圆桌会议和听证会，让欧盟和美国的政府官员与中小企业会面，直接收集有关通过数字化技术促进中小企业竞争力、创新和增长的政策建议的反馈。这些会议有助于了解大西洋两岸数字技术采用方面的异同，并有助于确立一个共通的模式。会议的主题可涉及技术援助、资本获取、贸易融资和其他可以改善中小企业市场准入的政策。

第三，制定案例研究/报告，帮助制定最佳实践指南和政策建议，以促进数字化技术的采用。TTC 宣言强调，美欧双方应利用听证会、案例研究和中小企业对中小企业研讨会的意见，为政策制定者制定一套具体的、一致同意的跨大西洋原则和建议，旨在进一步促进中小企业（包括来自服务不足社区的成员）获取和采用数字技术。工作组还应针对代表性不足的群体进行专门的案例研究/报告，包括少数族裔和女性拥有和经营的科技公司，以及面临双方希望优先考虑的特定挑战的其他群体。

另一方面，将最佳实践和信息共享的成果付诸实践，促进中小企业创新和发展。具体又包括如下两方面内容：

第一，举办网络研讨会，邀请来自政府、中小企业和其他相关私营部门实体的专家就如何获得与中小企业需求相关的数字化服务提供见解。

第二，促进中小企业之间的交流，分享制定和实施成功数字化战略的最佳

---

① Scoping Paper for the TTC Working Group 9 on Promoting SME Access to and Use of Digital Tools，Joint Work Programme，international trade administration，October 15th 2021，美国商务部网。

实践。

工作组应依据上述工作中所收集的证据和经验,编制一份中小企业最佳实践指南。该指南应侧重于如何扩大创新型中小企业驱动的商业模式,利用数字化技术在日常流程和运营中的潜力,在面对市场力量失衡时采取有用的策略,并在数字化环境中真正赋予中小企业权力。它还将考虑中小企业如何充分利用现有的创新基础设施,特别是欧盟的数字化创新中心和美国的制造业创新中心。此外,美国和欧盟应结合中小企业最佳实践指南的内容,举办一系列网络研讨会,重点关注中小企业在采用数字化工具后需要扩大创新和经营能力的领域。这些网络研讨会可以邀请政府、中小企业和相关私营部门代表讨论各自市场中对企业重要的问题,包括帮助中小企业取得成功的技巧和策略、美国电子商务创新实验室和欧洲数字化创新中心等政府资源,以及与新出口商的法规和要求有关的问题。

二、举办外联活动和研讨会强化中小企业数字化转型与获得和使用技术能力

根据美欧 TTC 第九工作组的联合工作计划,该工作组已在美国和欧盟举办了多次外联活动和网络研讨会以了解中小企业和需求及其所面临的挑战。2022 年 1 月 25 日,欧盟牵头的中小企业网络安全网络研讨会,其中包括专门的网络安全培训师,并为中小企业提供机会,分享他们在网络安全问题上的经验。2022 年 3 月 8 日,由美国牵头的关于中小企业数字化技能和公司发展战略的网络研讨会,其重点是中小企业在采用数字工具后扩大其创新和经营能力的需求领域。

基于这些外联活动和网络研讨会的讨论内容,该工作组发布了中小企业关于获得和使用数字化工具的最佳实践指南,如 2022 年 1 月发布的《中小企业网络安全高级指南》。该指南汇编了该工作组 2022 年 1 月网络研讨会的经验教训,为中小企业提供了 7 条提高网络安全水平的建议,包括大西洋两岸的相关资源和举措。[①]2022 年 3 月 8 日,该工作组在网络研讨会后发布了针对中小企业的数字化技能和战略建议,为中小企业提供了采用数字化工具和提高数字化技能的 5 条建议。[②]

---

① High-Level Guidelines on Cybersecurity for SMEs, European Commission, February 7th 2022,载于欧盟委员会网。

② Digital Skills and Strategies Tips for SMEs, working Group 9-Promoting SME access to and use of digital tools, November 23rd 2022,载于欧盟委员会网。

三、加强数字人才培养

在第三次 TTC 部长级会议之后，美国和欧盟启动了"人才促进增长特别工作组"（Talent for Growth Task Force），为数字化转型和经济增长培养人才。该工作组将在大西洋两岸现有倡议的基础上，把来自商业、劳工和提供培训机构的政府和私营部门领导人聚集在一起，建立了一支促进增长和不间断的供应链的熟练劳动力，促进了中小型企业获得相关的熟练专业人员，以促进竞争。

四、增强数字化工具在跨大西洋贸易中的使用

数字化技术可以使公司，特别是中小型企业更便于从事贸易活动。美国和欧盟汇编并交流了有关各自倡议的信息，以利用数字化技术来简化商业行为者与各自政府在贸易相关政策、法律要求或监管要求方面的互动或降低其成本。美国和欧盟在这种信息交流的基础上，制定了使用数字化工具的联合最佳做法，并讨论如何最好地促进这种数字工具的兼容性。

五、制定联合政策建议

该工作组举办了多次网络研讨会和外联活动，让中小企业分享他们的需求和经验，并在对这些利益相关者的交流进行分析后，为美国和欧盟的政策制定者制定了关于加速中小企业获得和吸收数字工具的联合政策建议，[①]以采取措施帮助中小企业加速获取这些技术。

由于通过专门的咨询收集了中小企业的反馈意见，这些建议涉及了中小企业在国际标准化活动中的作用、获取和参与。这些建议的重点是与数字化有关的培训；跨大西洋交流计划；网络安全、知识产权和标准方面的信息共享；以及融资渠道。为了继续开展这项工作，该工作组接下去将为这些建议制定一个实施程序，其中包括一些措施，如举办一次关于获取资金的网络研讨会，以及在美国和欧盟网站上发布相互参照的中小企业实用信息。

此外，美国和欧盟还探讨和交流了关于如何教育和培训标准制定方面的技术专家的最佳做法，特别是考虑到关键和新兴技术所需的新技能组合。

---

① Presentation of Recommendations from the U.S.-EU Trade & Technology Council Working Group on Promoting SME Access to and Use of Digital Tools，February 2024，载于美国商务部网。

第二节 美国采取的相关措施述评

一如美欧在 TTC 促进中小企业获得和使用数字工具工作组通过促进中小企业数字化转型、举办外联活动和研讨会强化中小企业数字化转型与获得和使用技术能力的协调努力一般,美国也通过其国内措施进一步加快上述领域的相关工作。

一、开展与中小企业的外联活动

美国负责第九工作组各项工作的职能部门是美国商务部国际贸易管理局(International Trade Administration)。其中,美国小企业管理局(Small Business Administration)的宣传办公室(Office of Advocacy)代表该工作组开展外联活动。

2022 年 3 月至 9 月期间,该宣传办公室举办了一系列外联会议,与小企业直接对话。办公室通过其网站和订阅邮箱发布公告,邀请小企业利益相关者参加。美国小企业管理局和其他联邦机构的项目办公室也在其网站和订阅邮件上宣传这些会议,宣传办公室邀请工作组成员及其机构的代表以及美国小企业管理局内各办事处的代表参加这些会议,工作组成员也尽可能参加了这些会议。宣传办公室的地区宣传员网络与美国中小企业局地区办事处一起,协助开展小企业外联活动,以提高活动的出席率和参与度。[①]

此外,该宣传办公室还鼓励所有与会者提交书面意见。在 2022 年 3 月 23 日(线上)、2022 年 6 月 17 日(新罕布什尔州达勒姆)和 2022 年 9 月 13 日(华盛顿州西雅图)举行的三次外联会议上,听取了小企业关于获取和使用数字化技术的意见。此外,宣传部长还会见了个别小企业主和员工,主持了电话会议,并对小企业进行了实地考察,以进一步探讨特定行业所关注的问题。基于这些与中小企业和得不到充分服务的社区举行的讨论会,该办公室于 2023 年 2 月 7 日发布分析报告,为政策制定者提供了美国小企业获取和采纳数字技术的相关情况信息。

二、成立小企业数字化联盟并开展相关计划与活动

2022 年 1 月 21 日,美国小企业管理局成立了一个公私合作伙伴关系——小企业数字化联盟(Small Business Digital Alliance),旨在帮助美国小企业通过免费数

---

① U.S. SME Access and Use of Digital Tools, U.S.-E.U. Trade and Technology Council SME Working Group, Office of Advocacy, U.S. Small Business Administration, January 2023,载于美国商务部网。

字工具扩大其在线影响力。①该联盟与美国各行各业企业会员合作,如亚马逊、Comcast、谷歌、Meta、PayPal 等,致力于支持小型企业,与小型企业倡导者、多元化协会和当地合作伙伴合作,为中小企业提供免费的数字资源,帮助中小企业企业家们获取和利用这些数字化工具进入新市场、寻找多元化人才、改善运营并筹集资金。该联盟也在帮助小企业扩大企业网络范围,例如通过小企业与社区合作伙伴(如当地大学实验室、培训计划或技术孵化器)的合作来吸引客户、开拓新市场、开发新产品并获得资本。②

该联盟成立以后,举办了数场活动。小企业数字化联盟还举行了多次联盟活动。2023 年 5 月 1 日,该联盟与其全国会员、地方盟友和小企业网络一起庆祝全国小企业周,具体包括举行多场网络研讨会、炉边谈话和线上峰会等活动。2023 年 7月 13 日,谷歌和该联盟举办了一场讨论会,探讨新兴技术和社区伙伴关系对中小型企业的作用,以帮助其实现业务弹性并扩大客户覆盖范围。2024 年 1 月 30 日人力资源解决方案提供商 TRINET 和该联盟举办了关于"小企业繁荣"以及如何培养稳固的融资机会促进业务发展的小组讨论。

除了小企业数字化联盟,美国小企业发展中心(Small Business Development Centers)和其他小企业管理局资源合作伙伴也积极通过为中小企业提供低成本业务发展培训,提供信息工具来支持企业创业和业务扩张。③

第三节　欧盟采取的相关措施述评

欧洲有 2 400 万家中小企业,占欧盟企业总数的 99％。这些中小企业同时构成了欧洲经济和社会结构的核心,并在欧洲向绿色和数字化转型过程中发挥着至关重要的作用。④欧洲中小企业在发展与转型过程中,面临着诸多困难与挑战,例如获取融资困难、缺乏专业技术、缺少数字技能熟练的员工等。为了推进

---

①　SMALL BUSINESS ADMINISTRATION AND BUSINESS FORWARD LAUNCH THE SMALL BUSINESS DIGITAL ALLIANCE, January 21st 2022, Small Business Digital Alliance,载于美国小企业数字化联盟网。

②　SMALL BUSINESS DIGITAL ALLIANCE ANNOUNCES NATIONAL MEMBERS AND FIRST SLATE OF EVENTS, March 24th, 2022, Small Business Digital Alliance,载于美国小企业数字化联盟网。

③　Scoping Paper for the TTC Working Group 9 on Promoting SME Access to and Use of Digital Tools, Joint Work Programme, international trade administration, October 15th 2021,载于美国商务部网。

④　Support to small and medium-sized enterprises(SMEs), European Council,载于欧盟委员会网。

TTC 第九工作组的各项工作,欧盟层面通过外联活动听取中小企业的意见,积极寻求欧洲各类组织或联盟的相关政策建议。此外,欧盟从多个维度采取措施扶持本土的中小企业发展,如改善监管环境、简化行政流程、促进投资、劳动力发展等。

一、举办系列外联活动加速中小企业数字化转型与技术利用

欧盟相关组织机构积极举行外联活动,共同探讨中小企业数字化转型相关问题。2023 年 6 月 15 日至 16 日,欧盟理事会主席国瑞典和欧盟委员会主办了主题为"数字化、开放和安全的欧洲"的 2023 年数字化大会。在为期两天的活动中,欧盟委员会文化教育数字化技术总司互动技术部门与数字技能和就业平台合作举办了一场题为"加速欧洲中小企业的高级数字化技能"的会议。该场会议的讨论重点是如何加速中小企业劳动力和管理层的技能提升,使他们获得高度成功和可持续地创新和发展所需的高级数字化技能。[1]2023 年 11 月 13 日,第一届数字化中小企业峰会在布鲁塞尔的欧洲经济和社会委员会(EESC)举行,为欧洲信息通信技术行业中小企业和欧盟及国际机构、行业协会、研究人员等利益相关者代表提供了交流的机会。各方讨论了利用中小企业自下而上的创新力量来提升欧盟数字领导力的新范式。[2]

此外,为了对 TTC 及其十个工作组的目标提供支持,欧盟成立了贸易与技术对话(The Trade and Technology Dialogue)。该联盟会在 2022 年至 2025 年期间支持欧盟委员会组织 TTC 的各项活动,包括高层政府与利益相关者活动、政府与利益相关方联合技术会议以及针对目标群体的临时政策讨论和交流等活动。该联盟通过活动和研究成果动员大西洋两岸的专家和利益相关者,促进包容、高效和有效的讨论和联合倡议,以支持 TTC 的政治目标以及深化和加强欧盟与美国的贸易和技术伙伴关系。[3]2023 年 5 月 3 日,该联盟受第九工作组的委托,完成了关于中小企业获得和使用数字化工具障碍和机遇的报告,报告指出中小企业的主要障碍包括缺乏数字化技能、对数字化机会的意识有限、获取资本渠道、网络安全风险以及知识产权保护等,同时也提出了欧洲和美国需要解决这些障碍

---

[1] Accelerating Advanced Digital Skills within European SMEs: a discussion, Digital Skills & Jobs Platform, July 13rd 2023,载于欧盟委员会网。

[2] DIGITAL SME summit, Digital Skills & Jobs Platform, November 13rd 2023,载于欧盟委员会网。

[3] EU-US Trade and Technology Dialogue, EU-US Trade and Technology Council, European Commission,载于欧盟委员会网。

所需要的措施。①

二、多组织多维度就合作路线图提出建议

数字化欧洲(DIGITAL EUROPE)是欧洲数字化技术行业贸易协会,涵盖了45 000多家在欧洲经营和投资的企业。2021年TTC成立后,数字欧洲对TTC的成立表示了欢迎,并提出了十项优先事项来促进目标的实现。其中,第十项就指出TTC应协助设计欧盟和美国联合项目,提升数字技能,促进数字教育中的多样性和性别平等,并助力中小企业实现数字化转型。②2022年1月,数字化欧洲向TTC提交了一份设定了24项目标的提案,为TTC每个工作组制定了清晰的路线图以及中短期的目标。针对中小企业获取和使用数字化工具,提案建议设立一个技术初创企业加速器,以促进资本与初创企业特别是在人工智能和网络安全领域的连接。此外,双方应开展联合投资项目,签署联合承诺,增加政府资金支持教育项目和机构,并建立政府资助的欧盟—美国培训中心,提供网络安全、人工智能和云计算等领域的教育等。③

欧盟美国商会(AmCham EU)致力于为欧盟进行贸易、投资和竞争的美国企业发声。该组织认为TTC应该成为双方解决潜在的新兴问题的论坛,如新技术的影响,贸易数字化和供应链等,从而加强欧盟和美国的合作。该组织也认为TTC必须成为欧盟和美国相互沟通和建立信任的可持续机制,也将是双方根据共同价值观塑造全球标准的平台。2021年10月,该组织就TTC下促进中小企业获取和使用数字化工具方面加强合作的优先事项发表了立场文件,认为双方应优先在网络连通性、数字化技能和电子商务便利化展开合作。④

三、在欧盟内部采取多维度措施扶持中小企业

为了帮助欧洲中小企业摆脱数字化转型升级过程中遇到的困难,欧盟内部

---

①　SMES AND ACCESS TO DIGITAL TOOLS Barriers and opportunities for transatlantic cooperation, the Trade and Technology Dialogue, May 2023,载于欧盟委员会网。

②　Ten priorities for the EU-US Trade and Technology Council—a partnership that can deliver, DIGI-TALEUROPE, July 19th 2021,载于欧盟委员会网。

③　DIGITALEUROPE-BECOMING TECH ALLIES: 24 TARGETS FOR THE EU-US TRADE & TECHNOLOGY COUNCIL BY 2024, Working Group 9—Promoting SME Access to and Use of Digital Tools, European Commission, February 14th 2022,载于欧盟委员会网。

④　AmCham EU: priorities for the TTC on promoting SME access to and use of digital tools, Working Group 9—Promoting SME Access to and Use of Digital Tools, European Commission, October 26th 2021,载于欧盟委员会网。

积极制定专门战略和推动政策措施。2020 年 3 月，欧盟发布了中小企业战略，希望支持和赋能各种规模、各个行业的中小企业。①2023 年 9 月，欧盟委员会公布了一项全面的中小企业救助计划，包括立法和非立法措施，旨在应对中小企业面临的独特挑战，增强其竞争力和韧性。例如改善监管环境，简化行政流程，促进投资，劳动力发展等。继这一重大进展之后，欧盟委员会主席冯德莱恩在其国情咨文演讲中重申了中小企业的重要性，并提出了简化中小企业业务运营的关键举措。②

（1）简化行政负担。为了增强欧盟成员国间企业的信任和透明度，建立更加互联的公共管理机构，减少跨境情况下企业和其他利益相关者的行政负担，2024 年 3 月，欧盟理事会和欧洲议会就 2023 年欧盟委员会提出的一项扩大和升级公司法中数字工具的使用和流程的指令修订提案达成了临时协议。2023 年欧盟委员会的指令提案旨在通过商业登记互联系统（BRIS）在欧盟层面公开更多有关公司的信息，以确保商业登记册中的公司数据准确、可靠且即时，并且减少企业在跨境情况下使用商业登记册中的公司信息时的繁琐手续。例如，该提案通过通用数字模板（欧盟数字授权书）消除了企业文件上需要加注认证等手续，还引入了用于跨境情况的多语言欧盟公司证书。③

（2）改善融资渠道。欧盟计划在 2027 年前，通过资助项目向中小企业提供超过 2 000 亿欧元的金融支持。④此外，欧盟也能够通过 2024 年新设立的欧洲战略技术平台（Strategic Technologies for Europe Platform）为中小企业提供资金支持。该平台是欧盟 2021—2027 年长期预算中期修订的重要内容，旨在扩大欧盟对绿色和数字化转型相关关键技术的支持和投资机会。该平台将利用现有欧盟计划和基金下的资金支持关键技术，包括凝聚力政策基金（cohesion policy funds）、投资欧盟（InvestEU）、欧洲地平线（Horizon Europe）、欧洲防务基金（the European Defence Fund）以及创新基金（the Innovation Fund）和复苏和复原力基金（the Recovery

① COMMUNICATION FROM THE COMMISSION TO THE EUROPEAN PARLIAMENT, THE COUNCIL, THE EUROPEAN ECONOMIC AND SOCIAL COMMITTEE AND THE COMMITTEE OF THE REGIONS, An SME Strategy for a sustainable and digital Europe, European Commission, COM(2020) 103 final, March 10th 2020, 载于欧盟委员会网。

② Unleashing the Potential of Europe's Small Businesses, European Commission, September 28th 2023, 载于欧盟委员会网。

③ Council and Parliament strike a deal to expand the use of digital tools in EU company law, European Council, March 13rd 2024, 载于欧盟委员会网。

④ Support to small and medium-sized enterprises(SMEs), European Council, 载于欧盟委员会网。

and Resilience Facility)。①此外,欧盟还鼓励成员国通过特定工具向"投资欧盟"分拨额外的资源,以便为该成员国的中小企业提供融资。②

（3）提高数字化技能。数字化技能是欧盟委员会议程的一大重点。2023 年,欧盟委员会主席冯德莱恩将该年度称为"技能年"（year of skills）,欧盟继而在整个欧洲推出一系列举措支持发展基础和高级数字技能。欧盟意图帮助所有企业,尤其是中小企业,解决欧盟内部的技能短缺问题,鼓励终身学习,提高和再培训技能,并获得适合高质量工作的技能。③欧盟委员会也在通过"数字化欧洲"计划汇集大量资源,以支持基础和高级数字技能的发展。

与此同时,欧盟各类企业组织及就业平台也在持续助力中小企业的数字技能提升。例如,欧洲企业网络（the Enterprise Europe Network）可以通过与其他平台合作的方式,为中小企业数字化转型能力提高提供定制化的解决方案,包括评估数字化成熟度、提供指导、提高认识、促进数字化工具的试验和融资渠道等。为了实现中小企业数字化赋能,欧盟设立了欧洲数字化创新中心（European Digital Innovation Hubs）来为中小企业提供网络接入等技术支持。该中心还向其他企业推广数字化转型经验、技术,供其他企业吸收借鉴。2024 年 7 月,该中心推出了一项数字成熟度评估工具,帮助中小企业识别其业务数字化转型中的优势和劣势。企业可以使用该工具评估其在六个关键标准方面的成熟度:数字化业务战略、数字化准备、数字化技能提升、数据管理、自动化和智能化以及绿色数字化。④另外,欧盟还设有数字化技能和就业平台（Digital Skills & Jobs Platform）,该平台能够为劳动力的技能提升和再培训提供诸多资源,包括有关融资机会的新闻、建议、相关学习材料和数字化领域的培训目录。此外,该平台还提供数字化技能自我评估工具。

---

① Strategic Technologies for Europe Platform：provisional agreement to boost investments in critical technologies，European Council，February 7th 2024，载于欧盟委员会网。

② Mid-term revision of the EU long-term budget 2021—2027，European Council，载于欧盟委员会网。

③ 2 Years of bridging the skills gap：our highlights from the F2F Co-Creation Workshop with National Coalitions for Digital Skills & Jobs，Digital Skills & Jobs Platform，July 18th 2023，载于欧盟委员会网。

④ Commission unveils new tool to help SMEs self-assess their digital maturity，European Commission，July 30th 2024，载于欧盟委员会网。

第十章　全球贸易挑战

美欧 TTC 第十工作组——全球贸易挑战工作组重点关注当前全球存在的影响贸易活动的各类情形,并将非市场经济政策和做法、经济胁迫、新的贸易壁垒、与贸易有关的劳工及环境和气候问题视为全球贸易面临的最突出挑战。为此,TTC全球贸易挑战工作组重点围绕上述几个方面展开了多次交流对话。

从全球贸易挑战工作组报告的几次工作内容和进展看,美欧在应对全球贸易挑战上的协调任务主要包括三方面:一是对当前构成全球贸易挑战的情形进行认定并交流应对信息,二是确保对各自实施的应对政策的进展和目标效果的知情,三是寻求对各自采取的应对和监管措施的理解以及避免新的贸易壁垒。但需要指出的是,美欧 TTC 全球贸易挑战工作组实质性的协调成果并不多,更多表现为统一立场,并进一步通过多边和区域平台推动共识以及充分调动各自内部政策工具的运用。例如在应对非市场经济政策和做法方面,分享对美国和欧盟工人和企业构成特别挑战的非市场扭曲性政策和做法的信息并交流有效的应对工具;在应对贸易与劳工问题方面,共同支持促进在多边论坛上合作,包括打击童工和强迫劳动,以及在世贸组织渔业补贴谈判中将劳工问题考虑进去。

而从美欧各自采取的措施来看,双方已经将对上述各类挑战的应对均较为一致地内化到了各自的法律政策当中,并加强了针对性的立法或执法。例如在针对强迫劳动产品的禁止性立法方面,美国近年来出台的《基础设施投资和就业法》以及《2022 财年国防授权法》均涉及强迫劳动的规则,欧盟的《欧盟市场禁止适用强迫劳动产品条例》也在 2024 年取得了新的进展。不过在此类行动中,美欧也存在一定的政策倾向差异。表现之一,在应对所谓"经济胁迫"问题上,美国作为时常采取经济制裁措施的国家,其打击经济胁迫的相关立法提案旨在与其盟友和伙伴共同应对贸易中的经济胁迫;欧盟 2023 年 12 月 27 日生效的《欧盟反经济胁迫工具》则立足其自身以及成员国的合法主权选择不受干扰;表现之二,是在处理与贸易有关的劳工问题上,美国尤其注重在贸易活动中嵌入劳工标准;而欧盟在侧重环境标准时也兼顾劳工人权问题，其政策措施具有普适性。

在当前新兴技术快速发展、经济全球化深化变革背景下，为了应对贸易活动中的各类新议题，美国和欧盟还特别设立了全球贸易挑战工作组作为 TTC 的第十个工作组。根据 TTC 关于全球贸易挑战的声明，第十工作组的任务是重点关注来自非市场经济政策和做法的挑战，并避免在新兴技术的产品和服务、促进和保护劳工权利和体面工作，以及贸易和环境问题方面出现新的和不必要的技术壁垒。

第一节　美欧贸易技术委员会下的协调成果

在全球贸易挑战工作组下，美欧的合作议题包括关于非市场政策和做法的贸易政策合作、避免不必要的贸易壁垒、解决与贸易有关的环境（气候）、劳工问题以及与贸易有关的经济胁迫、与利益相关者对话等，虽然有限定的议题，但每个议题之下涉及的事项可以覆盖影响贸易的多种措施，因此双边合作的潜在范围非常广泛。整体来看，目前美欧 TTC 全球贸易挑战工作组发挥的作用主要体现在交流贸易领域的政策信息与做法、保持各自措施的透明度方面，在应对全球贸易挑战上，美欧采用的应对工具各不相同，更多实质性的协调行动还在探索当中。

一、美欧应对全球贸易挑战的合作领域

2021 年 9 月 29 日美欧第一次 TTC 部长级会议发布的联合声明确立了美欧在应对全球贸易挑战方面进行合作的计划，根据该联合声明所附的关于全球贸易挑战的声明（附件五），美欧首先关注的目标包括关于非市场政策和做法的贸易政策合作、避免新的和不必要的新兴技术贸易壁垒、贸易和劳工、与贸易有关的环境和气候政策和措施方面的合作、与利益相关者协商几大方面。2022 年 5 月 16 日举行的第二次 TTC 部长级会议在该基础上，还进一步补充了应对与贸易有关的经济胁迫以及贸易、农业和粮食保障问题。从此后几次 TTC 会议联合声明所汇报的工作成果进展看，美欧在全球贸易挑战合作方面实际上仍主要集中在非市场政策和做法、避免新的和不必要的新兴技术贸易壁垒、贸易和劳工、与贸易有关的环境和气候政策、与贸易有关的经济胁迫以及促进利益相关者协商六大方面。

（一）应对非市场政策和做法的贸易政策合作

美国和欧盟声明双方作为民主市场经济体，在人权和劳工权利、环境保护、法

治、非歧视、监管透明度、基于市场的商业,以及创新和保护创新自由方面具有共同的价值观,双方将在国际上促进这些价值观,抵制非市场扭曲性政策和做法对全球商业中这些价值观的挑战。

引起美国和欧盟关注的非市场做法包括强制技术转让、国家支持的知识产权窃取、扭曲市场的工业补贴、建立国内和国际市场份额目标、为支持工业政策目标而歧视性地对待外国公司及其产品和服务以及国有企业的反竞争和非市场行动。对此,美国和欧盟打算在全球贸易挑战工作组中采取的行动包括:

第一,分享对美国和欧盟工人和企业构成特别挑战的非市场扭曲性政策和做法的信息,包括跨部门的以及与某些特定部门有关的风险,目的是制定战略以减轻或应对这些政策、做法和挑战。

第二,交流美国和欧盟为应对非市场政策和做法采取的贸易政策的适当性和有效性,以及在双方认为可取的范围内就这些国内措施的使用和发展进行磋商或协调,并减少应对措施对美国或欧盟的副作用。

第三,交流关于第三国非市场、扭曲性政策和做法的影响的信息,并探索共同合作和与其他伙伴合作的方式,以解决这些政策和做法的负面影响。

(二)避免新的和不必要的新兴技术贸易壁垒

美国和欧盟承认并尊重对商品和服务进行监管以实现合法政策目标的重要性,但强调在确保实现合法监管目标的同时,应避免对来自新兴技术的产品或服务贸易的潜在新的不必要的障碍。为此,在尊重各自监管自主权和监管体系基础上,美欧将采取以下合作以避免不必要的贸易壁垒:

第一,加强双边信息交流。除了已有的信息交流平台外,例如世界贸易组织(WTO),美国和欧盟打算应对方要求提供机会,讨论可能对跨大西洋贸易产生影响的新技术或新兴技术部门的监管措施,目的是最大限度地增加实施兼容方法的机会,尽可能避免不必要的贸易障碍。

第二,就共同的贸易关切问题进行合作。美国和欧盟打算建立一个贸易协调对话,以便在早期阶段就任何一方认为对美国和欧盟企业构成或可能演变为重大贸易障碍的第三国的倡议或措施交换信息。

第三,采取措施促进贸易便利化。美欧打算在选定的部门,特别是环境、健康、数字化和其他高科技部门,制定具体的、部门性的贸易促进倡议,包括:通过数字化工具促进贸易的可能性,在适当情况下以数字方式提交监管审批和合格评估;加强合格评估方面的合作;加强在政府采购领域的合作来促进贸易等。

（三）贸易和劳工问题的合作

在美国和欧盟看来,劳工保护是双方的共同关切,尤其是在双方制造业外流比较严重的情况下,重振就业市场成为了美欧的政策重心之一。对此,美欧将贸易中的劳工和人权问题作为了应对全球贸易挑战的重点事项,双方在此方面的协调行动方向如下:

第一,分享与尊重基本劳动权利和防止强迫劳动和童工有关的贸易措施方面的信息和最佳做法,包括实施和执行;双方的新举措,以开发更多的和联合的方法来防止强迫劳动;以及劳动执法工具的有效性,并改进这些工具。

第二,在多边论坛上合作并共同支持促进基本劳动权利的工作,包括打击童工和强迫劳动,以及在世贸组织渔业补贴谈判中将劳工问题考虑进去。

第三,讨论技术对劳动力市场、工作条件和工人权利的影响,包括与"零工"经济("gig" economy)①、工人监控和整个供应链的劳动条件有关的政策问题。

第四,交流关于美国和欧盟各自贸易协定中劳工条款执行情况的信息。

（四）贸易与环境及气候问题的合作

不同于气候和清洁技术工作组侧重技术层面的交流和互操作性,美欧在全球贸易挑战工作组下的环境和气候合作更加关注贸易在应对环境挑战上可以发挥的积极作用,双方希望在利用贸易政策和工具支持气候和环境政策目标方面发挥主导作用,且能够增进对彼此的气候和环境措施可能产生的贸易影响的相互理解。对此,双方打算主要从以下几个方向开展合作:

第一,共同支持国际论坛上的工作,以包容的方式促进在贸易和气候/环境问题上的更大一致性。包括在执行世界贸易组织关于贸易和环境可持续性结构性讨论的声明方面的合作,具体来说:(1)促进更好地理解贸易在增进商品和服务传播以实现环境和气候目标方面的作用,重点是减缓气候变化和建立气候复原力;(2)实现循环方法,包括对再制造、翻新、修理和直接再利用采取贸易便利化方法。

第二,就各自贸易协定中与环境有关的条款的执行情况交流信息。

第三,在符合适用的国家法律和法规的前提下,就各自在可持续渔业管理和打击非法、未报告和无管制的捕捞活动方面的规则、行动和倡议交流信息,包括欧盟的《共同渔业政策》法规和实施以及《美国海洋哺乳动物保护法》,以加强在各自市场上确保可持续和合法捕捞的鱼和鱼产品的共同目标。

---

①　"小工"经济或称"零工"经济,在美欧 TTC 第一次联合声明中提及,但尚未有权威清晰的界定,一般是指由从事临时性、灵活工作的独立承揽者及自由职业者等群体创造的经济类型。

（五）与贸易有关的经济胁迫问题

影响贸易或投资的经济胁迫在 2022 年第二次 TTC 会议上纳入了美欧关注的议题范围，美欧认为经济胁迫将破坏政府的政策选择，威胁全球安全和稳定。对此，美国和欧盟在全球贸易挑战工作组将识别和解决经济胁迫问题，并探索潜在的协调或联合努力，通过双边和与其他志同道合的伙伴，改善对经济胁迫的评估、准备、复原力、威慑和反应。

（六）促进利益相关者协商交流

美国和欧盟认为利益相关者的意见对了解贸易政策影响以及应对贸易挑战有重要意义，因此美欧欢迎企业界、工会、消费者组织、环境组织和其他非政府组织对全球贸易挑战工作组的工作提出意见并进行对话。TTC 也将协助搭建对话平台，以供利益相关者探讨应对贸易挑战的方法。目前新建立的交流机制包括贸易和劳工对话、跨大西洋可持续贸易倡议等，而全球贸易挑战工作组中的任务大多数以 TTC 会议展开的协调交流作为成果的形式载体。

二、美欧应对全球贸易挑战当前取得的成果

截至第六次 TTC 部长级会议，围绕上述几个方向的行动大多停留在政策信息和相关做法的交流层面，这也基本符合全球贸易挑战工作组计划的目标任务。具体来看，可以将美欧在应对全球贸易挑战上的协调任务归纳为三个方面：一是对当前构成全球贸易挑战的情形进行认定并交流应对信息；二是确保对各自实施的应对政策的进展和目标效果的知情；三是寻求对各自采取的应对和监管措施的理解以及避免新的贸易壁垒。因此 TTC 全球贸易挑战工作组下实质性的双边协调成果不多，更多表现为多边平台上的立场统一和各自内部政策工具的运用。

在上述六个方面，全球贸易挑战工作组的具体协调进展简要介绍如下。

（一）应对非市场政策和做法的贸易政策合作进展

为了落实 TTC 第一次联合声明附件五关于处理非市场、贸易扭曲政策和做法的工作计划，美国和欧盟目前的协调行动主要从以下几方面展开：

第一，美欧各自工具的相互支持和协调。全球贸易挑战工作组评估了具体的非市场、贸易扭曲政策和做法对美国和欧盟的影响，并交流了美国和欧盟现有的应对政策工具清单。

第二，制定跨大西洋的协调工作计划。美国和欧盟计划利用现有的政策和工具，制定联合或协调的战略，旨在对抗非市场和贸易扭曲的政策和做法对共同优先

部门的技术发展和竞争力的有害影响。目前,美欧关注到了医疗设备部门以及政府拥有或控制的投资基金领域有关的非市场经济政策做法。美国和欧盟还在深化交流,分析受益于政府所有或政府控制的投资基金的企业生态系统,以确定这些基金造成的扭曲。此外,美国和欧盟还共同关注非市场经济政策和做法导致的产能过剩问题,尤其是在传统芯片行业。目前双方仍在探讨哪些政策工具可以解决非市场政策和做法,并正在探索合作的措施。

（二）避免新的和不必要的贸易壁垒的合作进展

在处理应对全球贸易挑战的工作时,美国和欧盟特别注重避免在新兴技术领域的贸易中形成新的和不必要的贸易壁垒。对此,全球贸易挑战工作组制定了具体的行动方向,包括信息交流和促进贸易便利化等措施。双方在处理该问题上的协调行动取得了一定进展,除了保持政策信息的交流外,最显著的成果体现在贸易便利化措施的推进上。

1. 探索促进贸易的数字工具

在 2022 年 12 月第三次 TTC 部长级会议上,美欧提出要增加数字化工具的使用,利用数字化技术来简化商业行为者与政府在贸易相关政策、法律要求或监管要求方面的互动或降低其成本。美国和欧盟打算制定使用数字化工具的联合最佳做法,并讨论如何最好地促进这种数字化工具的兼容性。这一方面的工作在 TTC 促进中小型企业（SME）获得和使用数字化工具工作组中有更具体的体现。

另外,在第四次 TTC 部长级会议上,美欧表示将更多地使用数字化工具来加强贸易,包括加强贸易便利化合作以简化进出口程序并使之现代化。其中,电子发票是美欧合作协调的一个重点方向,在 2024 年 4 月 5 日发布的 TTC 第六次联合声明中,美欧表示将继续协调各自的电子发票系统,加强双方电子发票互操作性,并发布了《加强欧盟与美国之间电子发票互操作性的联合声明》。[①]该声明阐述了美欧在电子发票系统上共认的原则,包括:(1)一次链接,连接所有方;(2)接入点(AP)之间不收取漫游费用;(3)开放交易(Open exchanges),用户可以自由选择接入点。在此共识下,欧盟和美国正在继续努力解决双方使用的数据模型之间的业务流程描述和术语问题,以提高兼容性,特别是在业务和技术互操作性方面,具体做法是:(1)确定政府专家,以推动欧盟和美国之间增强电子发票互操作性。对于欧盟来说,这将涉及欧盟委员会贸易总局(DG TRADE)、内部市场、工业、创业和

① CIRCABC, Joint declaration Enhancing eInvoicing interoperability between the EU and the United States, April 5, 2024,载于欧盟委员会网。

中小企业总局(DG GROW)、通信网络、内容和技术总局(DG CNECT)以及税收和关税同盟总局(DG TAXUD)的专家;对美国来说,这将涉及美国贸易代表办公室的专家、其他联邦机构专家和私营部门参与者(视情况而定);(2)邀请在各方任一地区运营的电子发票网络的接入点(APs)、服务提供商和其他推动者参与合作工作;在必要和适当的情况下,定期召开欧盟和美国政府专家、接入点和服务提供商之间的会议,首次会议已在 2024 年 5 月 2 日举行。实际上,欧盟和美国的电子发票交换框架已经具有相当程度的兼容性了,接下来双方将进一步在数据结构灵活性、漫游设施改进以及数据与业务和技术兼容几方面加强协调。

2. 合格评定程序的合作

在合格评定程序方面,美欧的合作协调包括三个方向:一是双方计划探讨在允许的情况下增加数字化技术的使用,帮助双方的利益相关者更好地利用现有的相互承认协议来促进跨大西洋贸易的增加;二是扩大双方互认协议的范围;三是合格评定横向方法的合作。目前,双方在互认协议方面的协调进展取得了一定成果,数字化技术运用和合格评定方法方面的协调仍在探索。

2023 年 5 月 31 日,美国食品药品监督管理局(FDA)和欧盟(EU)宣布扩大《美国—欧盟互认协议》(MRA)药品良好生产规范(GMP)部门附件的范围,把兽药部门纳入了互认范围。[①]美欧 MRA 于 2017 年 11 月 1 日生效,最初仅包括供人类使用的药品,美欧 TTC 下一步的协调工作将考虑继续扩大药品良好生产规范附件的范围,将疫苗和人类使用的血浆衍生药品纳入互认。此外,美国和欧盟还将探讨扩大现有的美国—欧盟海洋设备互认协议的范围,以将某些无线电设备纳入。

在合格评估方面,为了促进双方无摩擦的贸易,美国和欧盟正在探讨包括机械部门在内的一系列部门的合格评估,并继续探索合格评估的横向方法的合作。为此,美国和欧盟将首先进行利益相关者的宣传,组织欧盟委员会的相关部门和美国的机构定期召开专家会议。

(三)贸易和劳工问题的合作进展

全球贸易挑战工作组在贸易和劳工问题上合作的重要目标是促进国际公认的劳工权利,在第一次 TTC 部长级会议所声明的行动方向基础上,美欧在贸易和劳工问题上的工作进展主要体现在以下三个方面:

---

① FDA，FDA and European Union Announce Mutual Recognition Agreement for Pharmaceutical Good Manufacturing Practice Inspections of Animal Drugs，May 31，2023,载于美国食品药品监督管理局网。

1. 促进负责任的商业行为

为了实现这一目标,美国和欧盟的协调行动包括:(1)交流关于制定和实施尽职调查和负责任的商业行为的信息;(2)在经济合作与发展组织(OECD)、国际劳工组织(ILO)、联合国、七国集团、二十国集团、世界贸易组织和其他多边组织中推动负责任的商业行为,包括消除全球供应链中的强迫劳动。2022 年 9 月 15 日,围绕着国际劳工组织新的全球强迫劳动评估报告,美国、欧盟和日本的贸易和劳工部门联合发布了一份三边联合声明,表示将致力于从基于规则的多边贸易体系中消除一切形式的强迫劳动,包括国家支持的强迫劳动,将通过尽职调查等措施促进人权和国际劳工标准,并决心加强国家和国际努力,以履行这一承诺。[1](3)召开一次圆桌会议,重点讨论尽责调查的工具和实用方法。2023 年 3 月 3 日,美国与欧盟举行了圆桌会议,双方交流了供应链中负责任商业行为的尽职调查问题,重点是促进供应链中的劳工权利,包括消除强迫劳动,以及多方利益相关者参与贸易政策的重要性。会上来自各行各业和非政府组织的 400 多名利益相关者与欧盟和美国政府代表会面,对最近的发展、潜在的合作领域、必要的支持措施以及利益相关者在实施有效的供应链尽职调查方面可以发挥的作用进行了讨论。[2]

2. 开展贸易和劳工对话

美国和欧盟认识到让跨大西洋社会伙伴参与贸易和劳工工作组工作的价值,为此,美国和欧盟在 2022 年 5 月 16 日第二次 TTC 会议上宣布建立了三方贸易和劳工对话(TALD),包括美国政府、欧盟委员会、美国和欧盟的工会和企业的相关代表。2022 年 9 月 20 日,首次美欧三方贸易和劳工对话会议召开,各方讨论了欧盟和美国以及社会界代表提出的几个议题,其中包括数字贸易对跨大西洋劳动力的影响、为缓解当前高通胀压力而采取的措施以及如何确保这些措施促进跨大西洋贸易。[3]2023 年 5 月 31 日,欧盟和美国举行了第二次美欧三方贸易和劳工对话会议,重点讨论了如何消除欧盟和美国供应链中的强迫劳动,以及如何使工人和企业的绿色转型取得成功。此次会议上,由美国和欧盟工会和企业的相关代表构成

---

① USTR, Trilateral Joint Statement from the Trade and Labour Ministers of the United States, Japan, and the European Union on the International Labour Organization's Global Forced Labour Estimates, September 15, 2022,载于美国贸易代表办公室网。

② European Commission, EU and US stakeholders work on strengthening due diligence cooperation, March 3, 2023,载于欧盟委员会网。

③ European Commission, EU and US hold first Trade and Labour Dialogue, September 20, 2022,载于欧盟委员会网。

的社会伙伴还发布了《美国—欧盟三方贸易和劳工对话(TALD)社会伙伴关于跨大西洋强迫劳动贸易战略的联合声明》,这是美欧三方贸易和劳工对话机制的第一项成果。该联合声明提出了多方面的建议来消除强迫劳动,包括:(1)制定政策将使用强迫劳动的物品排除在美欧市场之外;(2)呼吁美欧采取适当措施激励企业供应链尽职调查标准符合广泛接受的基准,包括《联合国工商业与人权指导原则》和2011 年《经合组织跨国企业准则》;(3)鼓励两国政府促进企业采纳 2011 年《经合组织跨国企业准则》,包括通过建立强有力和有效的负责任商业行为国家联络点;(4)支持美国根据 1930 年《关税法》和《通过制裁打击美国对手法案》(CAATSA)①等有效执行禁止进口全部或部分使用强迫劳动制成的商品的禁令,以及支持欧盟的强迫劳动立法;(5)呼吁美国和欧盟就各自有关强迫劳动产品政策的执行建立密切对话和协调等。②在第六次 TTC 会议期间,美欧三方贸易和劳工对话会议召开了第三次讨论,在之前的讨论以及 2024 年 1 月 30 日在跨大西洋可持续贸易倡议(TIST)框架内与欧盟和美国雇主和劳工组织举行的研讨会的基础上,此次讨论听取了劳工和企业利益攸关方对绿色转型主题的看法并探讨了美欧三方贸易和劳工对话机制的未来。美国和欧盟重申其承诺,将按照社会伙伴 2023 年 5 月联合建议的要求,合作消除全球供应链中的强迫劳动现象,并表示打算继续开展技术对话,以交流信息,并分享执行强迫劳动政策方面的最佳做法。

(四)贸易与环境及气候问题的合作进展

在全球贸易挑战工作组下,美国与欧盟在贸易与环境及气候问题的合作主要以信息交流为主。其中,在第三次 TTC 部长级会议期间启动的"跨大西洋可持续贸易倡议"(TIST)将加强全球贸易挑战工作组下环境与气候领域的工作。该倡议旨在促进跨大西洋贸易和投资,以进一步部署对过渡到更循环和净零经济至关重要的商品和服务、加强关键供应链的复原力和可持续性、确保绿色转型的公平性和包容性以及努力推进全球向低排放和绿色未来的过渡。2023 年 5 月,在第四次TTC 会议期间,跨大西洋可持续贸易倡议发布了首份工作方案,该工作方案的内容涉及 TTC 的多个工作组,其中与第十工作组中气候和贸易有关的合作内容包括:(1)探索在合格评定方面开展合作,重点关注有助于推动绿色转型的商品;

---

① Countering America's Adversaries Through Sanctions Act(Public Law 115-44),该法案在 2017 年 8 月 2 日由美国总统签署生效。

② European Commission, EU-US social partners' joint recommendations on combating forced labour, June 2, 2023,载于欧盟委员会网。

（2）在供应链透明度和可追溯性以及尽职调查方面开展合作，以帮助确保可持续和负责任的商业实践；（3）启动一项关于跨境部署数字工具的研究，以促进支撑欧盟和美国绿色转型的核心供应链的双边贸易联系；（4）就如何在多边组织和进程中推进贸易、劳工和环境目标进行讨论和分享意见，特别是在国际劳工组织、七国集团、二十国集团、经济合作与发展组织、世界贸易组织环境结构化讨论（TESSD）、世界贸易组织环境委员会以及世界贸易组织《政府采购协定》的可持续采购工作组等平台；（5）深化合作，支持伙伴国政府在与欧盟和美国各自的贸易协定中实施劳工和环境条款；（6）启动跨大西洋循环经济倡议，为可重复使用、可修复、翻新或再制造产品的双边贸易创造条件；（7）探索为减少跨大西洋贸易中使用的包装和产生的包装废物而可能开展的合作等。这些工作计划在第四次和第五次 TTC 部长级会议期间进行，不过直至 2024 年 4 月召开的第六次 TTC 部长级会议，上述讨论中涉及的工作仍在推进当中。

此外，2024 年 1 月 30 日至 31 日，美国和欧盟还联合举办了"打造跨大西洋绿色市场"活动，其重点仍是为美欧进行合作促进可持续发展和气候中性经济转型提供交流讨论的平台，这表明经济绿色转型已经成为美欧多个合作领域的共同方向。

（五）与贸易有关的经济胁迫问题的合作进展

美国和欧盟在 TTC 机制下就经济胁迫问题开展的双边协调活动并不多，2022 年 5 月该议题在第二次 TTC 部长级会议上被纳入全球贸易挑战工作组，此后的 TTC 部长级会议联合声明主要对双方在经济胁迫问题上的共同关切进行了重申，并表示将继续利用包括七国集团经济胁迫问题协调平台在内的相关论坛加强合作，增进美欧和其他"志同道合"伙伴之间的协调。而在美欧各自的政策工具发展层面，应对经济胁迫的成果更为显著，例如欧盟的《反胁迫工具》（ACI）在 2023 年 12 月 27 日已经正式生效，美国也在 2022 年及 2023 年连续提出了《反经济胁迫法案》的提案。

第二节　美国采取的相关措施述评

全球贸易挑战工作组涉及近几年全球经济贸易活动中出现的各类新的矛盾，其中受到美国特别关注的包括非市场政策和做法、与贸易有关的劳工和环境问题、经济胁迫问等，这几方面也是美国近年来贸易政策和对外合作活跃的领域。

一、关于应对非市场政策和做法的政策措施及动态

非市场政策和做法与 WTO 制度体系有关,虽然 WTO 规则体系不涉及市场经济制度问题,但以美国为代表的发达国家成员期待所有 WTO 成员都能实施以市场为导向的开放贸易政策,与之相对的便是被排斥的所谓非市场政策和做法。此外,从 2017 年到 2021 年,美国、日本和欧盟还特意发布了八次三方贸易部长联合声明,针对性的提出了在处理非市场化政策和做法上三方的共同目标,特别指出在产业补贴、国有企业、知识产权强制转移等领域存在导致产能严重过剩、对工人和商业构成不公平竞争条件、阻碍创新技术的开发与利用并破坏国际贸易的正常运转的政策和做法,三方为此将展开相应工作并就解决这些问题进行合作。

2021 年 9 月底 TTC 成立后,为了处理产业补贴、国有企业、知识产权强制转移等领域的非市场政策和做法问题,实际上主要以中国为制约对象,美国从加强贸易执法、新的立法、拓展外交伙伴关系等多个维度采取行动,相关内容归纳分析如下。

(一)持续运用"301"条款打击影响美国利益的不公平贸易

根据美国《1974 年贸易法》第 301 条实施的 301 关税行动是美国惯用的贸易保护手段。2017 年 8 月 18 日,美国以解决强制技术转让相关的政策、行为和做法为由对中国发起了 301 调查,并在 2018 年根据调查报告结果宣布对中国出口美国的近 500 亿美元的产品征收关税。随后美国对中国实施了多轮 301 关税措施,先后涵盖四批清单商品,涉及贸易额高达 3 700 亿美元。2024 年 5 月 14 日美国贸易代表发布了针对中国的 301 关税行动的四年期审查综合报告,认为虽然 301 关税起到了效果,但中国仍未消除影响技术转让、知识产权和创新相关的政策和做法,因此该报告保留了目前受 301 条款关税约束的中国产品,包括电动汽车、半导体和太阳能电池板等,并修改了部分战略部门产品的关税。该报告还提出了以下建议:(1)建立针对国内制造业所用机械的排除程序,包括针对某些太阳能制造设备的项目排除建议;(2)为美国海关和边境保护局增拨资金,以加大条款行动的执行力度;(3)加强私营公司与政府部门之间的协作与合作,打击国家支持的技术盗窃行为;(4)继续评估支持供应链多样化的方法,以提高美国供应链的应变能力。①2024 年 9 月 13 日,美国贸易代表宣布了法定审查的最终修改意见,对部分产品的关税适

---

① USTR,U.S. Trade Representative Katherine Tai to Take Further Action on China Tariffs After Releasing Statutory Four-Year Review,May 14,2024,载于美国贸易代表办公室网。

用进行了更新：(1)对口罩、医用手套、针头和注射器征收关税的更新时间和更新税率；(2)肠道注射器的豁免条款；(3)关于额外钨、晶片和多晶硅关税税目覆盖范围的建议；(4)对 2024 年 5 月 14 日之前订购的船岸起重机的豁免条款；(5)扩大机械豁免程序的范围，增加五个关税税目；(6)修改太阳能制造设备拟议豁免条款的覆盖范围①。

除了上述已受 301 关税约束的产业部门外，2024 年 4 月 17 日，美国总统拜登宣布美国贸易代表将对中国政府在造船业的做法展开调查，特别是因钢铁产能过剩引起的造船业市场扭曲，并呼吁美国贸易代表考虑根据 301 条款对从中国进口的钢铁和铝征收三倍关税，以保护美国钢铁和造船业。美国还将加强与墨西哥的合作，以防止中国及其他国家的钢铁产品规避第 232 条或第 301 条规定的关税进入美国市场。②

（二）修改现有贸易法规加强对不公平贸易的打击力度

美国国内长期以来认为汇率低估是不公平贸易的主要原因之一，国会议员多次提出提案，要求对汇率低估问题采取反补贴措施，或者对汇率低估国的出口产品征收统一的反补贴税，但都没有获得通过。2020 年美国商务部改变其长期立场，通过修改反补贴调查规则利益计算方法和专向性认定的相关规定，避开国会立法，将争论已久的汇率问题纳入反补贴调查范围内③。随后商务部在对越南乘用车和轻型卡车轮胎、中国扎带反倾销反补贴案中对汇率低估问题进行调查，提高了相关产品被反补贴调查的几率和相关的反补贴税。

2024 年 3 月 25 日，美国商务部发布关于完成贸易救济规则全面修订的最终规则，全称是《通过管理反倾销和反补贴税法完善和加强贸易救济执法条例》④。该规则对美国现有反倾销反补贴规定进行修改，允许美国商务部对跨境补贴进行调查，扩大了反补贴调查的适用范围；将因公司违反劳动法、环境法或知识产权法而未收取的罚款视为财政资助，纳入补贴调查项目，处理政府在劳工、知识产权等方

---

① USTR, Notice of Modification: China's Acts, Policies and Practices Related to Technology Transfer, Intellectual Property and Innovation, September 18, 2024, 载于美国联邦注册官网。

② The White House, FACT SHEET: Biden-Harris Administration Announces New Actions to Protect U.S. Steel and Shipbuilding Industry from China's Unfair Practices, April 17, 2024, 载于白宫网。

③ Department of Commerce, Modification of Regulations Regarding Benefit and Specificity in Countervailing Duty Proceedings, Feb 4, 2020, 载于美国联邦注册官网。

④ Department of Commerce, Regulations Improving and Strengthening the Enforcement of Trade Remedies Through the Administration of the Antidumping and Countervailing Duty Laws, March 25, 2024, 载于美国联邦注册官网。

面不作为所带来的不公平贸易;将前述政府不作为引入替代基准价格的考虑因素,一旦判定即可认为该国存在价格扭曲,不能被作为替代国价格,增大了提高反倾销税的可能性。这些修改加强了美国贸易救济措施在实践中的保护效力。

此外,针对美国日益关注的小额豁免商品激增问题,2024 年 9 月 13 日,拜登政府发布有关于解决日益严重的滥用小额豁免情况的说明文件,即将采取的措施包括制定新规,将受《1974 年贸易法》第 201 节或第 301 节或《1962 年贸易扩展法》第 232 节关税影响的所有产品排除在小额豁免规则之外,加强海关对小额装运的问责制和执法力度,美国海关与边境保护局(CBP)将加强信息收集,增加小额豁免货物的透明度,消费品安全委员会(CPSC)将要求进口商在入境时以电子方式向美国海关与边境保护局和美国消费品安全委员会提交合格证书(CoC),防止小额装运规避安全标准。

(三)通过推动国内的战略性投资应对非市场政策和做法

自 2021 年起,美国在清洁能源、芯片和基础设施、生物制造等战略部门的投资激增,一方面是促进美国在全球贸易格局变化环境下的经济竞争,另一方面是为美国企业创造机会增加供应链选择,[①]解决不公平贸易带来的竞争挑战和供应链风险。

2021 年 11 月和 2022 年 8 月相继签署生效的《基础设施投资和就业法》《芯片与科学法》和《通胀削减法》是当中的典型代表,三部立法为美国的基础设施建设、芯片的研发制造和清洁能源的部署和研发提供了资金庞大的支持,在接下来的十年中将提供近 2 万亿美元投资用来修复、重建和现代化美国的基础设施以及能源和技术生产能力,预计在增进美国的产业竞争能力以及全球供应链的管理方面会产生重要影响,逐渐消除美国在芯片、清洁能源等关键产业部门供应链上对他国依赖的风险。

(四)通过与盟友的协调应对非市场政策和做法

除了国内的执法和立法等措施外,美国还通过与盟友的联合声明来确立处理和应对非市场政策和做法的协调立场,例如 2023 年 6 月,美国与澳大利亚、加拿大、日本、新西兰、英国签署了一份《反对与贸易相关的经济胁迫和非市场政策和做法联合声明》,表明了六国对助长产能过剩的产业政策和做法、普遍的补贴、国有企业的歧视性和反竞争活动、强制技术转让、监管和透明度不足以及国家支持的商业

---

① USTR,2024 Trade Policy Agenda and 2023 Annual Report,March 1,2024,载于美国贸易代表办公室网。

秘密盗窃等非市场政策和做法的共同关切态度,承诺将分享这些政策和做法的相关信息、数据和分析,并探索开发新的外交和经济工具,支持和加强基于规则的多边贸易体系,以应对这些挑战。①2024 年 7 月的 G7 贸易部长会议上,美国等 G7 成员也声明了将有效利用现有贸易工具并酌情开发新工具来应对非市场政策和做法。②

二、有关贸易与劳工的政策措施和动态

拜登政府上任以后,推出了"以工人为中心"的贸易方针,主要旨在解决美国工人和行业面临的与不允许工人行使国际公认劳工权利的贸易伙伴之间的竞争,减少其遭受的损害。对此,近年来美国与劳工有关的贸易政策行动较多,主要包括以下几种类型的措施。

(一)加强打击强迫劳动的立法

TTC 成立以后,打击供应链中强迫劳动行为成为了美欧应对贸易挑战的一项重要共识。美国加强了以打击强迫劳动为内容的立法,在相继推出的新法案中以及在世界贸易组织等多边平台均表明了其禁止强迫劳动的立场。

在立法方面,包括《基础设施投资和就业法》以及《2022 财年国防授权法》等均涉及强迫劳动的规则。例如,2021 年 11 月 6 日通过的《基础设施投资和就业法》(IIJA)规定:(1)接受其拨款的公共工程项目,优先给予遵循美国高水平劳工标准的公司,将不遵循美国标准的公司排除;(2)要求国务卿、商务部共同研究强迫劳动对电动汽车供应链的影响;(3)国防部长应与美国海关和边境保护局(CBP)协调,确保其拨款资金不得用于购买涉及强迫劳动生产的产品或材料。

除了国内立法外,美国也积极推动在 WTO 渔业补贴协定的谈判中纳入对存在强迫劳动的船只以及以强迫劳动方式所获渔产品的禁止规定,虽然在 2022 年 6 月 WTO 第 12 届部长级会议上达成的第一阶段《渔业补贴协定》中未加入关于强迫劳动的内容,但美国仍致力于将打击强迫劳动纳入 WTO 多边规则内。③

(二)增强劳工执法落实高标准劳工规则

美国行政措施可执行性强,且较少受到司法审查,因此行政措施是美国政府实

---

① Joint Declaration Against Trade-Related Economic Coercion and Non-Market Policies and Practices,June 9,2023,载于美国贸易代表办公室网。

② G7,Declaration of the G7 Meeting on Trade,July 16—17,2024.

③ Brett Fortnam,U.S. plans proposal on forced labor outside of fisheries negotiations,February 28,2024,载于 Insidetrade 网。

施人权劳工贸易执法的最为倚重的手段。自 2021 年，美国政府加大涉及劳工标准的贸易执法力度，所实施的行动以各行政执法机关增加"清单"为主，主要包括：(1)美国海关和边境保护局、商务部工业与安全局、财政部外国资产控制办公室、劳工部针对部分产品分别发布限制进口的暂扣令(WRO)、限制出口的出口管制清单实体、制裁清单、限制政府采购；(2)美国贸易代表(USTR)加强《美墨加协定》的劳工执法。根据《美墨加协定》附件 31-A(美国与墨西哥的快速反应劳工机制)，当墨西哥受规范设施(covered facility)工厂或公司的劳工结社自由(free association)和集体协商(collective bargaining)权利受到侵害时，任何利益相关方(包括墨西哥境内相关组织)可向美国劳动监督委员会(ILC)申请或 ILC 自行发起快速反应劳工机制，由墨西哥政府进行自我审查，如果存在劳工侵权，双方应就补救措施进行磋商，与此同时，美国可以暂停受规范设施相关产品的清关。墨西哥自我审查程序如果未能妥善解决纠纷，将进入特别专家组程序，专家组的裁决报告将具有贸易可执行性，即美国可据此采取贸易限制措施。这一机制使得美国可以通过贸易协定实现劳工执法，将美国的劳工保护要求适用到本土以外，从而防止侵犯劳工权利的公司从《美墨加协定》中受益。自 2021 年以来，美国已根据《美墨加协定》的快速反应劳工机制对包括汽车、服装、采矿和服务在内的各个行业的设施向墨西哥进行了19 次审查。[①]

（三）实施劳工奖励保障美国工人利益

除了通过贸易手段实施劳工保护之外，美国《基础设施投资和就业法》以及《通胀削减法》中均以对企业给予优惠的方式来提高对美国劳工权益的规定。例如，《基础设施投资和就业法》将劳工标准纳入联邦政府援助项目合同考虑范围，将不遵循劳工标准的公司排除，以保护本国企业和工人。"戴维斯—培根系列法"(下文统称"戴维斯—培根标准")[②]规范了参与美国联邦财政援助的公共工程项目的雇员(laborers)和技工(mechanics)之最低工资标准，即不得低于美国劳动部依照相同地区工资情形计算的"普遍工资"(prevailing wage)。2023 年 8 月，美国劳工部公布了《实施戴维斯—培根系列法(DBRA)最终规则》(以下简称《DBRA 最终规

---

① USTR, FACT SHEET: The USMCA Rapid Response Mechanism Delivers for Workers, February 9，2024，载于美国贸易代表办公室网。

② "戴维斯—培根系列法"(DBRA)包括：(1)《戴维斯—培根法(40 USC 3141)》；(2)1938 年《公平劳动标准法修正案(29 USC 201)》；(3)1965 年《麦克纳马拉—奥哈拉服务合同法修正案(41 USC 351)》；(4)《合同工时和安全标准法修正案(40 USC 3701)》；(5)《沃尔什—希利公共合同法(41 USC 35)》；(6)《科普兰"反回扣"法》；(7)《为联邦承包商设立带薪病假的第 13706 号行政令》。

则》),对戴维斯—培根标准进行了全面更新,《基础设施投资和就业法》明确规定"戴维斯—培根标准"适用于由《基础设施投资和就业法》资助的公共工程项目,包括:道理、桥梁、公共交通、机场跑道、登机口、滑行道改善项目、水基础设施、电网、关键矿物和其他清洁能源供应链等。因此,若企业想获得政府的公共项目将需要满足《基础设施投资和就业法》的劳工待遇标准。《通胀削减法》则对符合戴维斯—培根标准的项目提供了额外的税收优惠。《通胀削减法》修订了《国内税收法典》第30C、45、45L、45Q、45U、45V、45Y、45Z、48、48C、48E 和 179D 节的内容,增加了现行工资和学徒要求,即戴维斯—培根标准中所规定的工资标准和学徒要求,满足两项要求的项目可以将税收抵免优惠增加 5 倍。[1]这些激励措施将极大地鼓励美国企业(包括在美投资的外国企业)按照最新的劳工标准实施劳工待遇,从而提高美国工人的福利。

三、有关应对经济胁迫的政策措施和动态

美国和欧盟近年来持续对经济胁迫表示担忧,尽管没有直接点名,但美国的许多主张均是针对中国的。美国作为一个时常采取经济制裁措施的国家,其本身并未受到所谓的经济胁迫,但为了与其盟友和伙伴共同应对贸易中的经济胁迫问题,2021 年 10 月 15 日美国参众两院议员提出了一项针对中国的法案,提议成立跨部门工作组,该法案在国会未获通过;2023 年 2 月美国众议院三位议员再次提出了《2023 年反经济胁迫法案》(HR 1135),将经济胁迫定义为"外国对手采取的行动、做法或威胁,以任意、反复或不透明的方式不合理地限制、阻碍或操纵贸易、外国援助、投资或商业活动,意图造成实现战略政治目标或影响主权政治行动的经济损害"。提案议员认为伤害美国盟友的行为将威胁美国的经济,为此该法案将为总统提供具体工具,为遭受经济胁迫的外国伙伴提供拨款、降低关税、加快出口等快速经济支持,并惩罚经济胁迫的肇事者。[2]不过该法案至今没有进一步的动态,将在第 118 届国会立法期间届满后被清除,但有关处理经济胁迫问题的工具仍会被美国持续考虑。

除了国内的立法提案外,2023 年 6 月 9 日,美国还与澳大利亚、加拿大、日本、

---

① Internal Revenue Service(IRS), U.S. Department of the Treasury, Prevailing Wage and Apprenticeship Initial Guidance Under Section 45(b)(6)(B)(ii) and Other Substantially Similar Provisions, November 30, 2022.

② Jacob Katz Cogan, Two Approaches to Economic Coercion, August 9, 2024,载于耶鲁大学网。

新西兰以及英国在经合组织部长级会议期间发布了《反对与贸易有关的经济胁迫和非市场政策与做法的联合声明》[①],表明将共同关注并反对与贸易相关的经济胁迫,并对经济胁迫的手段和目标进行了描述,即以滥用、任意或借口的方式使用或威胁使用影响贸易和投资的措施,以施压、诱使或影响外国政府采取或不采取决定或行动,以实现战略政治或政策目标,或阻止或干扰外国政府行使其合法主权权利或选择。

四、与贸易有关的环境和气候政策措施和动态

拜登政府上任后将气候问题作为其贸易政策的优先事项,除了重返《巴黎协定》以外,还对与贸易有关的环境和气候问题给予了更多的关注,增强了对内对外多领域的行动。

(一)通过新的国内立法加强了对气候目标的支持

前述章节提到的《通胀削减法》和《基础设施投资和就业法》等法律中均包含对美国清洁能源产业和相关基础设施的支持,同时设置了授予优惠措施的区域规则,将对清洁能源产业投资和产品的贸易带来影响。另外,2023 年 6 月,美国贸易代表要求美国国际贸易委员会调查并发布报告来评估美国生产的钢铁和铝的温室气体排放强度,以为美欧之间有关拟议的可持续钢铁和铝全球安排的讨论提供信息。目前美国国际贸易委员会正在展开调查收集,预计将在 2025 年 1 月 28 日向美国贸易代表提交评估报告。[②]

此外,美国还通过执法活动实现其气候和环境目标,尤其是在打击非法、未报告和无管制(IUU)的捕捞方面,通过禁止渔获产品进入美国市场以及扣留渔船等执法行动实现保护海洋生态系统的目标。2022 年 6 月 27 日,美国发布了《关于打击非法、未报告和无管制捕鱼及相关虐待劳工行为的备忘录》,阐述了美国在打击非法、未报告和无管制捕捞及海上渔船强迫劳动的全面做法,包括国内各个机构的分工和协调以及与盟友的合作,例如美国贸易代表和商务部等在世界贸易组织推进禁止非法、不报告和不管制(IUU)补贴和渔业活动中强迫劳动的谈判,美国国家海洋和大气管理局(NOAA)和美国海关和边境保护局(CBP)等在海关执法上的协

---

① USTR, Joint Declaration Against Trade-Related Economic Coercion and Non-Market Policies and Practices, June 9, 2023,载于美国贸易代表办公室官网。

② U.S. International Trade Commission, Greenhouse Gas Emissions Intensities of the U.S. Steel and Aluminum Industries at the Product Level, Investigation No.332—598,载于美国国际贸易委员会官网。

调等,以及与欧盟、日本、其他 G7 成员和其他伙伴国家共同或单独合作,努力打击西非、拉丁美洲和加勒比地区以及印太地区的有害捕鱼做法等。①从这份备忘录看,虽然打击 IUU 捕捞以保护海洋环境为核心目标,但美国已将 IUU 捕捞与防止强迫劳动深度绑捆,进而加强了对 IUU 捕捞的管理。2022 年 10 月 19 日,由 21 个美国联邦机构组成的非法、无管制和未报告的捕捞活动机构间工作组发布了一份《打击非法、无管制和未报告的捕捞活动国家五年战略》,该战略详细说明了美国未来五年打击 IUU 捕捞和促进海上安全的优先事项和计划,并显示了美国在全球范围内打击 IUU 捕捞活动的意图,其中包括提高政府和区域实施和执行国内法规以及国际规则和规范的能力的措施,以及帮助外国伙伴持续努力打击非法、未报告和无管制的捕捞活动以及相关威胁。②

（二）在对外的双边及多边行动中加强对环境和气候议题的主导和参与

首先是通过美国已有的经贸协定来促进环境和气候目标实现,这在《美墨加协定》有具体表现。《美墨加协定》包含了美国贸易协定中最全面的环境承诺,包括解决野生动植物贩运、非法采伐、IUU 捕捞、渔业补贴、海洋垃圾以及空气和水污染条款。美国通过与墨西哥和加拿大政府就条约的履行进行磋商和高级别的讨论来敦促缔约方落实环境条款。例如在 2022 年 2 月 10 日,美国贸易代表根据《美墨加协定》环境章节与墨西哥展开磋商,讨论墨西哥执行其环境法律的有效性以及遵守其与保护小头鼠海豚、防止非法捕鱼和石首鱼贩运相关的《美墨加协定》环境承诺,并领导了许多技术层面的磋商,以加强墨西哥在加利福尼亚湾上游地区执行其与渔业相关的环境法律与《美墨加协定》环境承诺。③此外,美国还通过与越南签订的《木材协议》来解决美国在越南木材 301 条款调查中的担忧,该协议让越南做出了将非法采伐或交易的木材排除在供应链之外并保护环境和自然资源的承诺。美国还将继续监督所签贸易协定的环境条款的实施情况,包括《美国—智利自由贸易协定》《美国—秘鲁贸易促进协定》《美国—巴拿马贸易促进协定》等,以利用贸易政策来应对气候危机和保护环境。

另外,在 2023 年美国主办 APEC 会议期间,美国在 APEC 贸易和投资委员会

---

① The White House, Memorandum on Combating Illegal, Unreported, and Unregulated Fishing and Associated Labor Abuses, June 27, 2022,载于白宫网。

② NOAA, Federal Agencies Release Joint U.S. Strategy for Combating Illegal, Unreported, and Unregulated Fishing, October 19, 2022,载于美国国家海洋和大气管理局网。

③ USTR, 2024 Trade Policy Agenda and 2023 Annual Report, March 1, 2024,载于美国贸易代表办公室网。

下主导了一项可回收材料政策计划(RMPP)。根据该计划,美国成功主办了一次研讨会并编写了一份报告,以指导各经济体在可堆肥生物塑料产品的贸易和投资方面的努力,以减少 APEC 地区的塑料污染。2024 年,美国将继续在再制造商品贸易、核验某些商品、服务和技术对环境的贡献以及支持相关新技术的开发、部署和采用(零排放和自动驾驶汽车)等领域进一步推进 APEC 的工作。

第三节 欧盟采取的相关措施述评

欧盟历来关注公平竞争和环境保护等问题,面临新兴国家追赶、全球气候变化、地缘政治风险等诸多挑战,欧盟面临更大的治理压力,为了推动战略自主、促进经济复苏,近年来欧盟立法活跃,实施了更加积极的经济防御政策,例如率先推出了碳边境调节机制、《外国补贴条例》、反经济胁迫工具等,在与美国的协调性立法上走在了前头。

一、关于应对非市场政策和做法的政策措施及动态

欧盟认为在欧盟单一市场上重新建立公平竞争不仅对公司重要,而且对于恢复欧洲对全球贸易的信心也很重要。对此,欧盟在保持其单一市场开放性的同时,加大了维护公平竞争的力度,其中一项重要行动是防止来自欧盟外获补贴的公司对欧盟内部市场造成扭曲,2023 年 7 月 12 日实施的欧盟《外国补贴条例》正是应对该问题的最新政策工具。另外,为了使欧盟公司在参与全球政府采购时的商业利益不被损害,欧盟还在 2022 年 6 月 23 日通过了《国际采购工具》法规,以改善在政府采购活动上与其他国家的互惠效果。

(一)通过《外国补贴条例》限制受外国补贴的实体进入欧盟市场

2023 年 1 月 12 日,欧盟第 2022/2560 号《关于扭曲欧盟内部市场的外国补贴条例》(简称《外国补贴条例》)正式生效,并从 2023 年 7 月 12 日起开始实施。根据《外国补贴条例》,欧盟委员会有权调查非欧盟政府对在欧盟境内运营的公司的财务支持情况。如果欧盟委员会发现这些财务支持构成扭曲性补贴,则可以采取措施以纠正扭曲的效果。2023 年 7 月 10 日,欧盟委员会通过了第 2023/1441 号《外国补贴条例实施细则》,该实施细则规定了经营者集中和公开采购招标的申报程序和申报内容、计算时限的规则以及涉嫌扭曲性外国补贴案件初步审查和深入调查的程序规定。《外国补贴条例》为欧盟委员会引入了"交易事先申报""公共采购项

目事先申报""依职权主动发起调查"三种审查工具,未按要求申报的企业可能被处以上一年度总营业额 10％的罚款。根据审查结果,欧盟委员会可能采取减少产能或市场参与、禁止投资、公布研发成果、剥离资产、终止集中、要求返还补贴本金及利息、要求企业调整治理结构等措施。①据此,欧盟委员会可在投资和政府采购领域对外国参与实体实施监管,这将对企业在欧盟的经营活动产生诸多影响。

（二）通过《国际采购工具》应对政府采购领域的不公平/不对等做法

在政府采购方面,欧盟在很大程度上向第三国开放了公共采购市场,而许多其他经济体开放市场准入的兴趣有限。2019 年后,在国际贸易中创造公平竞争环境的必要性受到更多认识,欧盟获得了更多动力来推进关于国际采购工具立法。2022 年 6 月 23 日,欧洲议会和欧洲理事会最终通过了欧盟《国际采购工具》(EU 2022/1031)并于 2022 年 8 月 29 日起实施。

《国际采购工具》为欧盟委员会提供了一个程序框架,用于调查非 WTO《政府采购协定》成员的第三国政府机构采取的措施或做法是否导致欧盟公司在这些国家的政府采购市场的准入受到严重的、经常性的损害。具体而言,欧盟委员会可以主动发起调查,或者在欧盟相关方或欧盟成员国提出实质投诉后启动调查。经过初步评估后,欧盟委员会可以决定正式立案调查,并在欧盟官方公报上发布启动案件调查的通知。如果欧盟委员会认为市场准入障碍依然存在,并且对欧盟利益产生足够的影响,那么它可以根据《国际采购工具》采取救济措施,包括:(1)要求欧盟当地的招标人对来自该第三国公司的投标进行评分调整(即增加这些公司的中标难度);(2)排除该第三国某些公司提交的投标。《国际采购工具》旨在通过对第三国企业参与欧盟政府采购实施限制对第三国的政策进行施压,从而加强欧盟企业进入非欧盟国家公共采购市场时的能力,并促进国际公共采购市场的互惠互利。②

随着欧盟在追求开放战略自主的背景下采取更加强硬的立场,欧盟成员国将《国际采购工具》视为在全球范围内追求欧盟商业利益的更合法和必要的工具,同时《国际采购工具》传达了欧盟采取行动重新平衡其在新兴经济体方面的竞争地位的政治信息。③

---

① Official Journal of the European Union, Regulation(EU) 2022/2560 of the European Parliament and of the Council of 14 December 2022 on foreign subsidies distorting the internal market, December 14, 2022, 载于欧盟委员会网。

② European Union, The EU's International Procurement Instrument—IPI, 载于欧盟委员会网。

③ European Parliamentary Research Service, EU international procurement instrument, November 2022, 载于欧盟委员会网。

二、有关贸易与劳工的政策措施和动态

在美欧 TTC 的协调下,欧盟近年来加强了对贸易中劳工问题的约束,不仅在《企业可持续发展报告指令》(CSRD)加强了对企业社会和环境信息披露的要求,还通过了针对强迫劳动产品的《欧盟市场禁止使用强迫劳动产品条例》,将在产品供应链中全面提高对劳工权利保护的力度。

(一)《企业可持续发展报告指令》中的对人权、社会责任的披露要求

《企业可持续发展报告指令》(CSRD)于 2023 年 1 月 5 日生效,该指令对欧盟企业、在欧盟达到一定净营业额门槛的非欧盟企业以及在欧盟市场上市受监管的证券公司引入了更详细的可持续发展报告要求。《企业可持续发展报告指令》从2024 年 1 月 1 日起分阶段实施,首先适用于某些大型公司和欧盟上市公司,并将在2028 年 1 月 1 日之前适用于所有范围内的公司。企业需要按照欧盟可持续报告标准(European Sustainability Reporting Standards,ESRS)进行信息披露,报告的内容包括环境、社会和治理(ESG)等方面的信息,其中包括公司员工和价值链中的工人等具体主题。

在公司员工和价值链的工人主题下,企业需要报告的信息包括[①]:

(1)工作条件,具体为:确保就业;工作时间;足够的工资;社交对话;结社自由、劳资委员会的存在以及工人的信息、咨询和参与权;集体谈判,包括集体协议涵盖的工人费率;工作与生活的平衡以及健康与安全等。

(2)享有平等的待遇和机会,包括:性别平等和同值工作同工同酬;培训和技能发展;残疾人的就业和包容;防止工作场所暴力和骚扰的措施等。

(3)其他与工作相关的权利,包括:童工;强迫劳动;适宜住房;水和卫生设施;隐私。

《企业可持续发展报告指令》要求企业在报告中采用"双重重要性"原则。企业不仅要披露其经营活动对环境和社会的影响(外部重要性),还要报告环境和社会问题对企业财务表现和经营的影响(内部重要性),同时企业的可持续发展报告还需由第三方机构进行鉴定,这些要求在加强对劳工权利保护的同时,极大提高了企业的合规经营成本。

---

① Official Journal of the European Union, Commission Delegated Regulation(EU) 2023/2772 of 31 July 2023 supplementing Directive 2013/34/EU of the European Parliament and of the Council as regards sustainability reporting standards, December 22, 2023,载于欧盟委员会网。

（二）《欧盟市场禁止使用强迫劳动产品条例》全面打击强迫劳动产品

除了要求特定范围的企业对其自身和供应链中的劳工待遇情况进行披露以外，针对"强迫劳动"这一特定议题，欧盟委员会在 2022 年 9 月 14 日发布了《欧盟市场禁止适用强迫劳动产品条例》提案，[①]该条例于 2024 年 4 月 23 日在欧洲议会通过，后续还需要经过欧盟理事会正式批准并在官方公报上发布后生效，欧盟国家将有三年的时间开始实施新规则。[②]

该条例禁止在欧盟市场投放、提供以及从欧盟出口使用"强迫劳动"生产的产品。包括在线及远程销售。其中，"使用强迫劳动生产的产品"是指在提取、收获、生产或制造的任何阶段全部或部分使用"强迫劳动"的产品，包括在供应链的任何阶段与产品生产加工有关的环节使用"强迫劳动"的产品；"强迫劳动"是指国际劳工组织 1930 年《强迫劳动公约》（第 29 号）第 2 条定义的强迫或强制劳动，包括强迫童工。如果产品被认为是使用强迫劳动生产，将无法在欧盟市场（包括在线）销售，其制造商必须将产品从欧盟单一市场撤回，并捐赠、回收或销毁。违反此项规定的公司可能会被罚款。如果公司从供应链中消除了强迫劳动，产品可能会被允许重返欧盟单一市场。

不同于美国的立法文件，《欧盟市场禁止适用强迫劳动产品条例》并非仅针对中国，而是针对全球范围内的强迫劳动产品。

三、有关应对经济胁迫的政策措施和动态

欧盟认为地缘政治紧张局势使得国家通过经济工具来追求战略和地缘政治目标的现象越来越多，即一国通过限制贸易或投资对另一国进行胁迫，以干涉他国的主权选择。因此，为了应对欧盟及其成员国近年来成为经济胁迫的目标，欧盟委员会于 2021 年 12 月 8 日发布了一项提案，要求通过一项反胁迫工具，使欧盟能够在全球范围内更有效地应对此类挑战。2023 年 12 月 27 日，《欧盟反经济胁迫工具》正式生效。

《欧盟反经济胁迫工具》全称为《欧洲议会和欧盟理事会关于保护欧盟及其成员国免受第三国经济胁迫的第 2023/2675 号（欧盟）条例》。欧盟委员会将经济胁

---

① Proposal for a regulation on prohibiting products made with forced labour on the Union market, COM(2022) 453 final，载于欧盟委员会网。

② 截至 2024 年 9 月 28 日，该法案尚未在欧盟官方公报（EU Official Journal）发布，因此还未正式生效。

迫定义为："通过实施或威胁实施影响贸易或投资的措施,试图阻止或促使欧盟或成员国停止、修改或通过特定行为,从而干扰欧盟或成员国的合法主权选择"。《欧盟反经济胁迫工具》的首要目的是对经济胁迫起到威慑作用。如果威慑未能奏效,仍然发生了胁迫的情况,该工具允许欧盟按规定程序作出反应,阻止胁迫。欧盟委员会可以主动或根据从任何来源收到的信息启动对强制措施的审查。如果确定存在胁迫行为,欧盟委员会将通知有关第三国,要求其停止胁迫行为,并在适当情况下修复欧盟或其成员国所遭受的损害。[①]当有关国家拒绝取消胁迫时,欧盟可以采取一系列可能的反制措施,包括征收关税、限制服务贸易和与贸易有关的知识产权、限制外国直接投资和公共采购。[②]欧盟宣称,这一工具为欧盟提供了遏制和应对经济胁迫的手段,使其在全球舞台上更好地捍卫欧盟及其成员国的利益。[③]

四、与贸易有关的环境和气候政策措施和动态

环境和气候政策是欧盟关注的传统议题,近年来,为应对气候变化和实施绿色转型,欧盟提升了其气候雄心,同时也进一步扩大了气候和环境政策与经济政策的关联度,从 2019 年年底的《欧洲绿色协议》(*European Green Deal*)到 2023 年年初的《绿色协议工业计划》,欧盟相继在碳边境措施、供应链环境调查、产品碳排放监管等方面采取了新的立法,可以说增强了与贸易有关的绿色技术壁垒。

(一)通过碳边境调节机制将碳排放要求与贸易挂钩

2019 年欧盟在《欧洲绿色协议》中提出建立碳边境调节机制(CBAM),2021 年 7 月欧盟委员会公布了立法提案,历经立法机构的数次讨论修改,CBAM 法规最终在 2023 年 5 月 17 日正式生效。根据该法规的规定,碳边境调节机制适用于进口的钢铁、铝、水泥、化肥、氢和电力,碳边境调节机制将分成两个阶段执行,2023 年 10 月 1 日起到 2025 年年底为过渡期,该阶段仅报告碳排放数据不收取费用,报告的数据包括产品生产中的直接排放和间接排放数据;2026 年 1 月 1 日开始全面实施期,进口商将按照 CBAM 法规的规定缴纳碳排放费用。

从 2026 年开始,欧盟的钢铁、铝、水泥、化肥、氢和电力等进口商需要支付碳排放费用,该费用的计算公式为:该产品进口数量(t)×一吨该产品的碳排放

---

① European Parliamentary Research Service, EU anti-coercion instrument, March 2024,载于欧盟委员会网。

② Jacob Katz Cogan, Two Approaches to Economic Coercion, August 9, 2024,载于耶鲁大学网。

③ 石伟:《〈欧盟反经济胁迫工具〉主要内容及对中国影响》,2024 年 2 月 1 日,载于威科先行·法律信息库网。

量(CO_2/t)×CBAM 证书(1 个 CBAM 证书＝排放 1 吨二氧化碳当量的费用)。如果进口的上述产品在出口国已经被收取过碳排放费用,包括在出口国碳排放交易市场支付了排放配额费用或者在出口国缴纳了碳税,则可按每吨缴费进行抵减。从碳边境调节机制规定的费用计算方式看,碳边境调节机制旨在填平受约束产品在欧盟内部与外部市场的碳价差,从而保护欧盟产品的市场竞争力。碳边境调节机制过渡期的启动意味着该机制进入了实质执行阶段,欧盟将根据过渡时期在数据排放计算规则运用、监测、核验和报告与企业及第三国的互动情况,对后一阶段进行调整。对国际贸易而言,碳边境调节机制的影响效应将逐渐显现。

(二)通过新的电池法规将环境与气候要求嵌入电池产品及其供应链

随着气候议题的迅速推进,美欧在绿色治理上的方略不断明确,除了规制贸易领域的碳密集型产品外,清洁能源产业是竞争的重点。电池作为新能源经济中的关键产品,为了确保竞争优势和安全,美欧均在立法上对该行业实施了不同的监管。从欧盟的立法看,2023 年 8 月 17 日修订生效的新电池法规①对电池的生产、设计、回收、原材料、碳足迹规则以及供应链尽职调查等提出了更详细和严格的要求,在环境和气候监管上达到了新的高度。

从环境要求看,欧盟此次新的电池法规不仅对电池的耐用性、资源效率提出了要求,还重点通过回收规则来减轻电池制造的环境负担,包括回收材料的使用和电池回收率两方面要求,虽然该规则另一个突出目标是通过使用回收材料增强欧盟的本土制造能力,但不可否认其环境友好因素。此外,新电池法规还更新了电池企业的尽职调查义务,即制造商(财政年度净营业额低于 4 000 万欧元的中小企业除外)在采购原材料时应进行尽职调查,识别、预防和解决与电池中所含锂、钴、镍和天然石墨等原材料的采购、加工和交易相关的社会和环境风险。

从气候要求看,新电池法规制定了严格的碳足迹信息披露规则。新法规要求电动汽车、轻型运输工具和可充电工业电池这三类用量大的电池需披露从上游矿产、材料到电池生产、回收及再利用各环节的碳排放数据,并标识碳足迹等级,在随附技术文档中证明电池生命周期内的碳足迹低于法规设定阈值。相关的披露义务

① Official Journal of the European Union, REGULATION(EU) 2023/1542 OF THE EUROPEAN PARLIAMENT AND OF THE COUNCIL of 12 July 2023 concerning batteries and waste batteries, amending Directive 2008/98/EC and Regulation(EU) 2019/1020 and repealing Directive 2006/66/EC, July 28, 2023,载于欧盟委员会网。

最早将从 2025 年 2 月 18 日开始,由电动汽车电池率先执行,2028 年将为电动汽车电池设定碳足迹阈值,超出该阈值的电动汽车电池将不能投入欧盟市场;2026 年可充电工业电池需要提出碳足迹声明,2033 年提出碳足迹阈值;轻型运输工具从 2028 年开始提交碳足迹声明,2031 年引入碳足迹阈值。

虽然欧盟的电池新规不像美国《通胀削减法》对电池的原材料和组件提出了区域成分要求,但是上述电池全生命周期的碳足迹、供应链尽职调查以及回收效率和回收材料使用规则仍将影响电池行业上下游企业,将促使企业考虑电池短闭环生产,以减少流程的复杂性和规则体系的差异,从而影响电池全产业链的布局。

(三)通过企业可持续发展报告提高欧盟范围企业的环境合规义务

上述《企业可持续发展报告指令》(CRSD)要求企业在环境、社会和治理(ESG)各个方面完成信息披露。根据欧盟可持续报告标准(ESRS),受监管的企业在可持续发展报告中环境项下的信息披露涉及包括气候变化、污染、水和海洋资源、生物多样性和生态系统、资源利用和循环经济几个主题。其中,气候变化主题下包括适应气候变化、减缓气候变化、能源三个子项。污染主题下包括空气污染、水污染、土壤污染、活生物和食物污染、关注物质、高关注物质、微塑料。水和海洋资源主题下包括水、海洋资源。生物多样性和生态系统主题下包括生物多样性丧失的直接影响驱动因素、对物种状况的影响、对生态系统范围和条件的影响、对生态系统服务的影响和依赖。资源利用和循环经济则包括资源流入、与产品和服务相关的资源流出、废弃物等。

欧盟可持续报告标准要求公司报告与其相关的实质性影响、风险和机遇,并考虑整个价值链上的影响、风险和机遇,因此企业还需要识别和披露在其供应链、生产、分销、销售以及产品使用和废弃等各个环节中可能产生的重要影响,包括温室气体的排放,以促进企业更全面地理解和管理其运营对环境和社会的影响,推动整个价值链的可持续性改进。

除了上述立法外,欧盟通过绿色协议工业计划还致力于打造有韧性的绿色产业供应链,新的立法《关键原材料法》和《净零产业法》在 2024 年相继通过,采取了更具支持性的措施来扩大欧盟的绿色产业的制造能力,以帮助欧盟在绿色转型中应对全球竞争并维护战略行业的供应链安全,因此也将影响全球清洁能源产业的布局和竞争环境。此外,2024 年 7 月 18 日生效的《可持续产品生态设计法规》(ESPR)与欧盟新电池法规类似,不过该法将为所有产品提供更环保和循环的指导框架,旨在显著提高投放欧盟市场的产品的循环性、能源性能和其他环境可持续性。①通过逐步实施这些立法,欧盟将通过其单一市场的力量来影响并培育更可持续的贸易和商业模式。

① European Commission,Ecodesign for Sustainable Products Regulation,载于欧盟委员会网。

后　　记

　　本报告是中心全球贸易投资与产业运行监控团队 2024 年度监控工作的集中展现。本报告从年度选题、整体架构到最终定稿,均是在王新奎教授的指导下完成。具体参与撰写人员包括黄鹏、林惠玲、伍穗龙、阮淑慧、常丽娟、徐丽青、梅盛军、侯佩尧、杨洁。

　　报告的统稿工作由黄鹏、伍穗龙完成。中国浦东干部学院王丹副教授及上海图书馆任晓波先生对报告内容提出了修订意见,中心其他同志均在不同场合为本报告的撰写提供了帮助。

上海市开放战略研究中心(上海 WTO 事务咨询中心)

2025 年 6 月 5 日

图书在版编目(CIP)数据

2024 年全球贸易投资与产业运行监控报告：美欧贸
易技术委员会机制下的规则协调 / 黄鹏等著. -- 上海 :
上海人民出版社，2025. --（全球贸易与投资监控系列研
究成果 / 王新奎主编). -- ISBN 978-7-208-19579-0

Ⅰ. F74

中国国家版本馆 CIP 数据核字第 2025H6M060 号

责任编辑 王　吟
封面设计 陈　楠

全球贸易与投资监控系列研究成果

王新奎　主编

2024 年全球贸易投资与产业运行监控报告
——美欧贸易技术委员会机制下的规则协调

黄　鹏 等著

出　　版　上海人民出版社
　　　　　（201101　上海市闵行区号景路 159 弄 C 座）
发　　行　上海人民出版社发行中心
印　　刷　上海商务联西印刷有限公司
开　　本　720×1000　1/16
印　　张　12.75
插　　页　2
字　　数　214,000
版　　次　2025 年 6 月第 1 版
印　　次　2025 年 6 月第 1 次印刷
ISBN 978 - 7 - 208 - 19579 - 0/F·2916
定　　价　58.00 元